Über dieses Buch Das Buch vermittelt ein neues, frisches Bild von der Offenheit und dem Reichtum der psychoanalytischen Anfänge. Überzeugend zeigt Haynal, daß die Fragen, die Freud und Ferenczi beschäftigten und die zu dem bekannten tragischen Dissens geführt haben, Fragen, die auch Michael Balints Werk prägten, heutzutage eher noch an Aktualität gewonnen haben. Balint hatte offensichtlich recht, als er davon sprach, daß diese Kontroverse in der Geschichte der Psychoanalyse ein Trauma gesetzt hätte. Die Diskussion der Behandlungstechnik ist nicht nur von Spezialisteninteresse, sondern enthält viele Punkte, die von der seriösen Psychoanalyse-Kritik heute wieder ins Feld geführt werden. Das Buch ist also keineswegs nur von historischem Interesse. Haynals Darstellung der Freud-Ferenczi-Kontroverse dürfte die ausgewogenste aller bisherigen Veröffentlichungen sein.

Der Autor André Haynal, 1930 in Budapest geboren, hat dort Philosophie und anschließend in Zürich Medizin studiert. Er ist heute praktizierender Psychoanalytiker in Genf und hat dort an der Medizinischen Fakultät eine Professur inne. Er war zweimal »visiting professor« an der Universität Stanford in Kalifornien. Haynal hat eine Reihe von Büchern zu psychoanalytischen Fragestellungen verfaßt, die in mehrere Sprachen übersetzt worden sind.

André Haynal

Die Technik-Debatte in der Psychoanalyse

Freud, Ferenczi, Balint

Aus dem Französischen von
Elke vom Scheidt

Fischer
Taschenbuch
Verlag

Geist und Psyche
Begründet von Nina Kindler 1964

Deutsche Erstausgabe
Veröffentlicht im Fischer Taschenbuch Verlag GmbH,
Frankfurt am Main, Oktober 1989
Titel der französischen Originalausgabe
»La technique en question; Controverses en psychanalyse«
Veröffentlicht im Verlag Payot, Paris 1987

Umschlaggestaltung: Buchholz / Hinsch / Hensinger
Gesamtherstellung: Clausen & Bosse, Leck
Printed in Germany
ISBN 3-596-42311-2

Inhalt

Vorwort

Von Beginn seiner Geschichte an hat der Mensch versucht, sich seiner Ängste, seines Unbehagens und seiner Konflikte zu entledigen. Verschiedene religiöse und philosophische Systeme dienten ihm als Werkzeug, um sein Unwohlsein zu überwinden und seine innere Welt zu erforschen. Die Psychoanalyse ist das Mittel für Menschen des 20. Jahrhunderts. Ihre Ausgangspunkte sind die der Moderne: weltlich, von Darwinismus, Biologie und Physiologie des zu Ende gehenden neunzehnten Jahrhunderts geprägt (Brücke, Fechner), steht sie in der Kontinuität der Fragen Goethes, Kants, Nietzsches, der deutschen und englischen philosophischen Tradition (vor allem mit Stuart Mill), der Soziologie – die damals im Entstehen war – mit Auguste Comte und der Klinik von Charcot und Bernheim. Der Eintritt Freuds und der Psychoanalyse in die europäische Ideengeschichte ist ausführlich untersucht worden (Assoun, 1981; Ellenberger, 1970; Kaufmann, 1980; etc.). Der Leser, der an diesem Thema und an den Vorläufern der Psychoanalyse interessiert ist, kann sich diesen Werken sowie dem von Chertok und de Saussure (1973) zuwenden.

Was uns hier in erster Linie beschäftigt, ist die Frage, wie die Psychoanalyse als *Methode* Gestalt angenommen hat und welche Kontroversen die Ausarbeitung einer solchen Methode *innerhalb* der Gruppe auslöste, in der ihre ersten Praktiker versammelt waren. Bedeutendes stand auf dem Spiel. Es handelte sich darum, die Kräfte einzukreisen, aufzuspüren und zu benennen, die in der menschlichen Psyche wirkten, und zwar bis in ihre dunkelsten Regionen und Finsternisse hinein, und dann, von diesen Entdeckungen ausgehend, einen wissenschaftlichen Diskurs einzuführen und die Natur dieses Diskurses nach und nach zu verstehen.

Eine solche Arbeit ging nicht ohne Konflikte vonstatten. Freud wollte Kriterien für sie finden, entweder in der endgültigen Zurückverweisung an die biologischen Wissenschaften – er schien sein ganzes Leben lang zu glauben, daß Begriffe wie »Energiequanten« schließlich den zukünftigen Entdeckungen der Biologie entsprechen würden – oder aber in den bewirkten Veränderungen, welche die Richtigkeit der Theorie bezeugen sollten. Doch ging es nicht vielmehr um eine *andere* Art von Wahrheit, und falls ja, um welche? »Die Geschichte der Wissenschaft ist die Wissenschaft selbst« – vielleicht ist dieser Spruch nirgends zutreffender als auf dem Gebiet der Psychoanalyse. Wenn wir mit Hilfe eines Längsschnittes, also in einer diachronen Dimension, die Entwicklung gewisser Probleme in der Psychoanalyse und der damit verbundenen Kontroversen verstehen könnten, müßte uns dies gestatten, die Natur der psychoanalytischen Praxis besser zu erfassen und den auf ihr begründeten wissenschaftlichen Diskurs einzukreisen.

Wir werden uns im vorliegenden Buch auch mit der Frage der psychoanalytischen Praxis befassen, nicht ohne den Leser darauf hinzuweisen, daß es sich um den ersten Teil einer Studie handelt, die darauf abzielt, die den »technischen« Aspekten der Psychoanalyse innewohnenden Schwierigkeiten zu verstehen.

Obwohl es unser Ziel war, eine *Ideen*geschichte zu schreiben, haben wir beschlossen, zwei biographische Kapitel darin aufzunehmen, (eines über Ferenczi, das andere über Balint), um nur wenig bekannte kulturelle und persönliche Hintergründe zu erhellen.

Ausgehend von der Praxis Freuds und dem, was er selbst darüber sagen konnte, führt diese Arbeit die Kontroverse zwischen Sigmund Freud und Sándor Ferenczi wieder vor Augen sowie das Werk des wichtigsten Schülers und Nachfolgers Ferenczis, das von Michael Balint. Letzterer hat eine Denkrichtung von Budapest nach London verpflanzt, die sich für die psychoanalytische Praxis als sehr wichtig erwiesen und einen tiefen Einfluß auf die Gruppe ausgeübt hat, die man gemeinhin als englische »middle group« bezeichnet (oder auch als Gruppe der »Unabhängigen«, um sie von den »Freudianern« und den »Kleinianern« zu unterscheiden). Er war auch der erste, der verstanden hat, was bei diesen Kontroversen theoretisch auf dem Spiel stand.

Die Herkunftsgeschichte – vor allem die Geschichte der Herkünfte, die sich über den Umweg der Auswanderungen von Analytikern ergaben – ist sehr komplex. Wir haben uns in dieser Studie darauf beschränkt, einem Faden in der verflochtenen Geschichte der Psychoanalyse zu folgen; dieser sollte dazu dienen, die Aktualität der zeitgenössischen psychoanalytischen Praktiken in Europa und folglich in der Welt besser zu verstehen.

Wir haben versucht, die Entwicklung der Beschäftigung mit dem Unbewußten darzustellen, wie sie aus der Geschichte der analytischen Situation erkennbar wird.

Dieses Buch behauptet also nicht, die *gesamte* Geschichte der Technik abzudecken: die Periode nach 1950 wird nicht behandelt. Wir sprechen auch nicht von den Theorieanfängen und alternativen Techniken.

Wir hoffen, hier eine Ideengeschichte vorlegen zu können, die vielleicht zu einem neuen Verständnis für das große Abenteuer des modernen Menschen beiträgt, das die Psychoanalyse darstellt.

Für unsere Untersuchung und die Niederschrift des Buches konnten wir die Korrespondenz und die Aufzeichnungen des verstorbenen Dr. Michael Balint benutzen, die sich gegenwärtig im Balint-Archiv in Genf befinden. Wir hatten Zugang zu unveröffentlichten Quellen wie der Korrespondenz zwischen S. Freud und S. Ferenczi, und zwar dank der Zustimmung des Komitees für die Herausgabe der Korrespondenz Ferenczi-Freud, das aus Enid Balint (London), Judith Dupont (Paris), Ilse Grubrich-Simitis (Frankfurt), Mark Paterson (London) und uns selbst besteht. Diese Korrespondenz befindet sich gegenwärtig in der Österreichischen Nationalbibliothek in Wien. Die Schriften der Protagonisten Freud, Ferenczi, Balint und anderer sowie die Erinnerungen der Zeitzeugen waren von vordringlicher Bedeutung für unsere Arbeit.

Unser Dank gilt an allererster Stelle Frau Enid Balint (London), die uns großzügigerweise handgeschriebene Aufzeichnungen, Briefe und anderes Material von Michael Balint überließ, was die Gründung des oben erwähnten Balint–Archivs in Genf ermöglichte.

Sehr zu Dank verpflichtet sind wir auch Professor John Balint (Albany, N. Y.), Herrn Louis Barton (Brighton, G. B.), Dr. Andrew Peto (New York) und Dr. Livia Nemes (Budapest), die uns zahlreiche Informationen über Michael Balint und die ungarische psychoanalytische Gruppe gegeben haben. Dr. Judith Dupont (Paris) hat uns sehr kostbare Dokumente zur Verfügung gestellt und war stets bereit, alle unsere Fragen und Nachforschungen zu beantworten.

Marie-Christine Beck, Psychologin und Psychotherapeutin, hat die Stücke des Balint-Archivs klassifiziert und anhand dieses Materials Aufzeichnungen angefertigt, die sehr wertvoll für uns waren, sowie die bibliographische Liste der Werke von Michael Balint zusammengestellt, die sich am Ende des vorliegenden Bandes befindet. Zusammen mit Theodora Heer und Maud Struchen hat sie auch an zahllosen bibliographischen Recherchen mitgewirkt.

An dieser Stelle möchten wir auch Herrn André Baudet danken, Bibliothekar der Institutions Universitaires de Psychiatrie (Genf), Frau Brigitte Weyermann, Bibliothekarin der Bibliothek der Schweizerischen Gesellschaft für Psychoanalyse in Zürich, sowie den zahlreichen Personen, die so freundlich waren, uns bei der Vervollständigung der Liste der Werke von Michael Balint zu helfen.

Die Arbeit wurde in engem Zusammenwirken mit Maud Struchen vollendet, die uns seit fünfzehn Jahren unablässig in allen wissenschaftlichen Arbeiten unterstützt: ohne ihre Hilfe hätten wir unsere Veröffentlichungen niemals realisieren können. Unsere Gefährtin Véronique Haynal-Reymond gewährte uns ihre unwandelbare Unterstützung.

Die Genfer Universität und die »Institutions Universitaires de Psychiatrie« haben uns ermöglicht, dieser Arbeit einen Teil unserer Zeit zu widmen. Die Niederschrift wurde erleichtert durch unseren Aufenthalt in den Vereinigten Staaten an der Universität Stanford (Kalifornien).

Ihnen allen sehr herzlichen Dank.

Literaturverzeichnis

ASSOUN, P. L. (1981): Introduction à l'épistémologie freudienne. Payot, Paris.

CHERTOK, L. und DE SAUSSURE, R. (1973): Naissance du psychanalyste. Payot, Paris.

ELLENBERGER, W. (1970): A la découverte de l'inconscient. Simep, Villeurbanne, 1974.

KAUFMANN, W. (1980): Discovering the mind. 3 Bde. McGraw Hill, New York.

I. Prolegomenon: Freud

»Es gibt keine induktive Methode, die zu den fundamentalen Konzepten der Physik führt.«
(»There is no inductive method which leads to the fundamental concepts of physics.«)

(Albert Einstein)

»Man kann nur das untersuchen, was man zuvor geträumt hat. Die Wissenschaft bildet sich eher anhand einer Träumerei als anhand einer Erfahrung, und viele Erfahrungen sind nötig, um die Nebel des Traumes zu zerstreuen.«

(Gaston Bachelard)

Was ist die Psychoanalyse? »Ein Gespräch zwischen zwei... Personen« (Freud, 1904a, S. 5): »Es geht nichts anderes zwischen ihnen vor, als daß sie miteinander reden« (Freud, 1926e, S. 213). Man weiß allerdings, daß eine solche Definition unzureichend ist. Dem Austausch von Worten muß das Bezugssystem desjenigen der beiden hinzugefügt werden, der zuhört; dazu noch die Anerkennung der Phänomene des Unbewußten, der Übertragung und des Widerstandes, die dessen Grundpfeiler sind (Freud, 1914d, S. 54; 1923a, S. 222). Freud schreibt an Groddeck: »Wer erkennt, daß Übertragung und Widerstand die Drehpunkte der Behandlung sind, der gehört nun einmal rettungslos zum wilden Heer« (Freud, 1960a, Brief vom 5.6.1917). Freud hat eine gewisse Anzahl von Regeln erdacht, die dazu bestimmt waren, die Begegnung zu ermöglichen, die er »Psychoanalyse« genannt hat. Was die Technik und ihre Entwicklungsmöglichkeiten betrifft, so meinte er, daß vieles erst »eben jetzt klar zu werden beginnt«, und nahm an, daß die technischen Probleme mit der Person des Therapeuten verbunden sind, etwa mit seinen Schwierigkeiten, sich über seine eigenen Gefühle klar zu werden (Freud, 1910d, S. 108). Er hat deutlich ausgesprochen: »Ich tue aber gut daran, diese Regeln als ›Ratschläge‹ auszugeben und keine unbedingte Verbindlichkeit für sie zu beanspruchen« (Freud, 1913c, S. 454)[1] Pfister gegenüber kritisiert er sogar diejenigen seiner Schüler, die die Tendenz haben könnten, »Vorschriften wörtlich zu nehmen oder zu übertreiben« (Freud, 1963a, Brief vom 22.10.1927). »Diese Technik hat sich als einzig zweckmäßige für meine Individualität ergeben: ich wage es nicht in Abrede zu stellen, daß eine ganz anders konstituierte ärztliche Persönlichkeit dazu gedrängt werden kann, eine andere Einstellung... zu bevorzugen«, schrieb er noch (Freud, 1912e, S. 376). So bleibt das Problem der psychoanalytischen Technik und Praxis nicht nur bestehen (wie könnte es anders sein), sondern steht jahrzehntelang im Mittelpunkt von Kontroversen, und es legt das ganze Gewicht seiner Untersuchungen auf die Praxis, die Theorie und deren wechselseitige Verbindungen.

Bei Freud weisen die mit der Technik verbundenen Probleme eine doppelte Zweideutigkeit auf: In seinen technischen Schriften stellt er Regeln auf, während er diese an anderer Stelle zu entwerten scheint und sagt, diese Ratschläge seien wie Brücken für »Anfänger«. So soll Freud, Blanton zufolge, gesagt haben: »Natürlich haben die Anfänger zweifellos ein Minimum an technischen Prinzipien nötig, um zu beginnen... Doch sie müssen vor allem lernen, ihre persönliche Technik zu entwickeln...« (Blanton, 1971, S. 48). Hier kann man übrigens feststellen, daß das Problem der Faktoren, die dazu beitragen, die Technik persönlich zu machen, bislang noch nicht wirklich untersucht worden ist. Die zweite Zweideutigkeit – scheinbar oder real – liegt bei Freud in dem Widerspruch zwischen seiner *Praxis,* wie sie uns durch seine Fallbeschreibungen und aus Zeugenaussagen bekannt ist, und seiner »offiziellen« *Position,* wie sie in seinen Schriften über die Technik erscheint.

Zwischen den Zeilen zeichnet sich eine fundamentale theoretische Frage ab: Welches sind die Beweggründe der Heilung und Veränderung, also der emotionalen *Auswirkung* des Prozesses, der zwischen den beiden Protagonisten abläuft? Nach der Epoche der Hypnose und der Katharsis-Theorie wirft die Verwendung neuer Konzepte wie der Übertragung und der Gegenübertragung diese Frage erneut auf: Welches sind also die Kräfte, die den Wiederholungszwang auf der psychoanalytischen Bühne in Gang halten, und welches sind die Möglichkeiten, sie zu modifizieren?

Freuds Leidenschaft bestand darin, das menschliche Seelenleben zu verstehen und aufzudecken, was sich unter seiner Oberfläche verbirgt, was in seinen »Tiefen« vergraben ist. Als »Erbe« des deutschen romantischen Denkens, sogar mit dieser Metapher von den »Tiefen«, hat Freud seine ganze wissenschaftliche Tätigkeit der Aufdeckung von Gesetzen der Finsternis gewidmet. »Mich interessiert nur das Unbewußte«, soll er zu Melanie Klein gesagt haben (M. Spira; pers. Mitteilung). Stets fasziniert von der Idee dessen, was im Menschen verborgen ist, wird er es, nach Nietzsche und Groddeck, als »Es« bezeichnen und sich so seinerseits in die Tradition der deutschen Philosophie einreihen

(z. B. Feuerbach, Kant, Lichtenberg; vgl. H. Will, 1985). Wir möchten allerdings präzisieren, daß es unmöglich ist, Freuds Denken dem der deutschen Romantiker gänzlich gleichzustellen, und zwar insofern, als Freud sich das Ziel setzt, die Ergebnisse seiner Erforschung des Seelenlebens in einem wissenschaftlichen Diskurs wiederaufzunehmen, wie es seine Lehrer Brücke und Helmholtz ebenfalls getan hatten. Die Erforschung der Träume zur Aufdeckung ihrer Gesetze, die Annäherung an das Unbewußte, um es bewußt zu machen, das Bemühen um das »Wo Es war, soll Ich werden« (Freud, 1933 a, S. 86) – all das folgte nicht dem Weg der romantischen deutschen Medizin – hin zum Vitalismus: Freud schob vielmehr die Grenzen des objektiven Wissens hinaus, um ein bis dahin unbekanntes Territorium zu betreten. Als »Conquistadorentemperament« (Masson, 1985, Brief an Fließ vom 1.2.1900, S. 437) der Wissenschaft kann er stolz feststellen, daß die Psychoanalyse »Ordnung in das Chaos« gebracht habe (Freud, 1937 c, S: 72).

Freud hat sich leidenschaftlich für die theoretische Erforschung eingesetzt, doch die Technik, die Praxis und die einzigartige Beziehung standen nicht immer im Mittelpunkt seines Interesses. Wir haben von Freud selbst Aussagen, die darauf hinweisen. So schrieb er in der »Neuen Folge der Vorlesungen«: »Ich war nie ein therapeutischer Enthusiast« (1933 a, S. 163). Eines Tages sagte er zu Kardiner: »Die therapeutischen Probleme interessieren mich nicht sehr. Ich bin gegenwärtig viel zu ungeduldig. Ich leide unter einer gewissen Anzahl von Behinderungen, mit denen ich kein großer Analytiker sein kann« (Kardiner, 1977, S. 69). Ferenczi seinerseits hat geschrieben: »Ich teile z. B. nicht Ihre Ansicht, daß der Heilungsprozeß ein zu vernachlässigender oder unwichtiger Vorgang ist, den man, nur weil er uns nicht so interessant erscheint, vernachlässigen dürfte. Auch ich fühlte mich oft ›fed up‹ damit, doch überwand ich diese Regung und kann Ihnen mit Freude berichten, daß gerade hier anscheinend eine ganze Reihe von Fragen in anderes, schärferes Licht gerückt wird, vielleicht selbst das Problem der Verdrängung!...« (J. Dupont, 1985, S. 14). Ferenczis wesentliche Aussage lautete, daß therapeutische Fortschritte die Theorie voranbringen: Freud hätte vermutlich geantwortet, daß man mit der Weiterentwicklung der Theorie auch die Therapeutik voranbringt. Dennoch hat auch er durchaus die fundamentale Bedeutung des psychoanalytischen Prozesses für den Fortschritt seiner Konzeptualisierung unterstrichen; so schrieb er: »Sie wissen, die Psychoanalyse ist als Therapie entstanden, sie ist weit darüber hinausgewachsen, hat aber ihren Mutterboden nicht aufgegeben und ist für ihre Vertiefung und Weiterentwicklung immer noch an den Umgang mit Kranken gebunden. Die gehäuften *Eindrücke,* aus denen wir unsere *Theorien entwickeln*[2], können auf andere Weise nicht gewonnen werden« (Freud, 1933a, S. 163).

Wir können annehmen, daß die psychoanalytische Vorgehensweise schon zwischen 1895 und 1900 entwickelt wurde (M. Gill, 1982, Bd. 1, S. 2; Lipton, 1977, S. 261). 1895, also am Ausgangspunkt, betrachtet Freud sich noch als wissenschaftlichen Forscher, der seinen Patienten zu seinem »Mitarbeiter« macht (Freud, 1895d, S. 285): »Indem man ihn aufklärt, ihm von der wundersamen Welt der psychischen Vorgänge Mitteilungen macht, in die man selbst durch solche Analysen Einblick gewonnen hat, gewinnt man ihn selbst zum Mitarbeiter, bringt ihn dazu, sich selbst mit dem objektiven Interesse des Forschers zu betrachten, und drängt so den auf affektiver Basis beruhenden Widerstand zurück«, schreibt er und fährt dann fort: »Man wirkt, so gut man kann, als Aufklärer, wo die Ignoranz eine Scheu erzeugt hat, als Lehrer, als Vertreter einer freieren oder überlegenen Weltauffassung, als Beichthörer, der durch die Fortdauer seiner Teilnahme und seiner Achtung nach abgelegtem Geständnisse gleichsam Absolution erteilt« (Freud, 1895d, S. 285).

Die Ausarbeitung des Begriffs der *Übertragung* wird die Perspektiven seiner Theoriebildung radikal verändern. Anhand dieses Konzepts wird Freud auch versuchen, eine Kontinuität zwischen der Hypnoseerfahrung und den Phänomenen herzustellen, die bei dieser neuen Art des Zuhörens und Verstehens zu Tage treten, die er sich nach und nach erschließt (vgl. Freud, 1916–17, S. 469). In seiner Arbeit über den Fall Dora fragt er sich (1905e): »Was sind die Übertragungen? Es sind Neuauflagen, Nachbildungen von den Regungen und Phantasien, die während des Vordringens der Analyse erweckt und bewußt gemacht werden sollen, mit einer für die Gattung charakteristischen Ersetzung einer früheren Person durch die Person des Arztes.« Weiter geht er auf die Notwendigkeit ein, die Übertragung zu »bekämpfen«: »Wenn man sich in die Theorie der analytischen Technik einläßt, kommt man zu der Einsicht, daß die Übertragung etwas notwendig Gefordertes ist. Praktisch überzeugt man sich wenigstens, daß man ihr *durch keinerlei Mittel ausweichen kann,* und daß man diese letzte Schöpfung der Krankheit wie alle früheren zu *bekämpfen* hat.« Er vertieft seine Entdeckung und beobachtet: »Die psychoanalytische Kur *schafft* die Übertragung nicht, sie deckt sie bloß, wie anderes im Seelenleben Verborgene, auf« (Freud, 1905e, S. 279–281). In seiner »Selbstdarstellung« kommt er darauf zurück: »Die Übertragung wird von der Analyse nur aufgedeckt und isoliert. Sie ist ein allgemein menschliches Phänomen, entscheidet über den Erfolg bei jeder ärztlichen Beeinflussung«; schließlich unterstreicht er noch, daß die Übertragung ein *universales Phänomen* ist: »Sie beherrscht überhaupt die Beziehungen einer Person zu ihrer menschlichen Umwelt« (Freud, 1925 d, S. 68).

Nachdem die fundamentale Rolle der Übertragung bei der Kur einmal entdeckt worden war, konnten ihre Anwendungen aufgrund der Zurückhaltungen, ja sogar Widerstände nur allmählich erkannt und akzeptiert werden. »Mit der Übertragung ist es ja überhaupt ein Kreuz«, hat Freud darüber gesagt (Freud, 1963 a, S. 37; Brief vom 5.6.1910). Ebenso spricht er im »Rattenmann« vom »schmerzhaften Wege der Übertragung« (Freud, 1909 d, S. 429). In einem Brief an Abraham (Freud, 1965 a; Brief vom 15.12.1924) räumt er ein, er habe sich vor den Wiederholungsphänomenen der Analysanden »gefürchtet« und »schätze« in dieser Hinsicht die von Ferenczi und Rank angebrachte »Korrektur«, das »Erleben« in der Analyse sei »nützlich«. Er wiederholt eindringlich, die Übertragungsphänomene stellten den Analytiker vor »die größten Schwierigkeiten«, doch sie würden »den unschätzbaren Dienst erweisen, die verborgenen und vergessenen Liebesregungen der Kranken aktuell und manifest zu machen, denn schließlich kann niemand *in absentia* oder *in effigie* erschlagen werden« (Freud, 1912 b, S. 374).

Die Schlüsselbedeutung der Übertragung war damit klargelegt, doch die Grenzen – wenn es sie gibt – ihrer Rolle im analytischen Prozeß und die Notwendigkeit, sie zu *deuten* – und in welchem Maße –, war damit noch nicht evident. Wie die früheren Entdeckungen bezüglich des Unbewußten sich in der Übertragung darstellen, bleibt ein Problem, das nur langsam besser verstanden wird: Der Weg von der »Traumdeutung« (1900 a) zur *Handhabung* der Traumdeutung *in der Psychoanalyse«* (1911 e)[3] wird auf den verschiedenen Gebieten der psychischen Manifestationen nur sehr langsam zurückgelegt.

Freud wich nie von seiner Einstellung als wissenschaftlicher Beobachter ab, der das Unbewußte erhellt; seine Schriften bezeugen das umfassend, ebenso wie die veröffentlichte Beschreibung seiner Analysen und die Erinnerungen seiner ehemaligen Analysanden. So gesteht er, daß er die Mutterübertragung seiner Patienten auf ihn nicht möge (»Ich fühle mich so männlich«, sagt er zu Hilda Doolittle, 1956), und er vermeidet die Begegnung mit Psychotikern (»... daß ein solches Zusammenarbeiten beim Psychotiker regelmäßig mißlingt«, Freud, 1937 c, S. 80). Lipton (1977) hat sicherlich recht, wenn er behauptet, bei Freud sei die Übertragung nie zum ausschließlichen Instrument für das Verständnis und die Aufrechterhaltung des Prozesses der Kur geworden. Er erinnert daran, daß Freuds Tätigkeit sich nicht auf die Deutung beschränkte, sondern daß er auch eine »persönliche, nicht technische« (S. 261) Beziehung zu seinen Patienten einging. Freud sagt übrigens selbst, »außerdem sei nicht jede gute Beziehung zwischen Analytiker und Analysiertem, während und nach der Analyse, als Übertragung einzuschätzen. Es gebe auch freundschaftliche Beziehungen, die real begründet sind und sich als lebensfähig erweisen« (Freud, 1937c, S. 65f.). Als Beispiel führt Lipton eine Mahlzeit an, die Lorenz serviert wurde, dem berühmten »Rattenmann«, und zwar am 28. Dezember 1907 (Lipton, 1977, S. 259, 264; Freud, 1974, S. 210). Außerdem schickt Freud dem »Rattenmann« eine Postkarte (Freud, 1974, S. 180) und leiht ihm ein Buch (ibid., S. 218). Lipton erinnert daran, daß Freud 1924 eine Fußnote an die Veröffentlichung des Falles der Emmy von N. anfügte, in der es heißt, kein Analytiker könne diese Krankengeschichte »ohne ein mitleidiges Lächeln lesen« (Freud, 1895d, Ergänzung von 1924, Fußnote auf S. 162); man kann jedoch feststellen, daß er bei den folgenden Neuauflagen des Rattenmann-Falles keine derartige Bemerkung machte.[4] Für Lipton (1977) gibt es also kein Indiz für die Annahme, Freud habe seine Technik im Laufe seines Lebens geändert, insbesondere durch eine ausführlichere Berücksichtigung der Übertragung.

Interessant erscheinen in diesem Zusammenhang außer den Schriften Freuds die Aussagen seiner Analysanden, selbst wenn man dabei die unvermeidliche Subjektivität ihrer Erinnerungen auf einem emotional so besetzten Gebiet wie der eigenen Analyse berücksichtigen muß. Trotz einiger Variationen scheinen sie übereinzustimmen. So war für Money-Kyrle (1979) »die Technik Freuds der ähnlich, die heute benutzt wird, wenn auch etwas weniger streng. Gelegentlich kam es vor, daß er sich von den Übertragungsdeutungen entfernte«. Er fügt hinzu: »Doch das war so selten, daß ich dafür nur zwei Beispiele anführen kann: er illustrierte einen besonderen Aspekt der Urszene mit Hilfe von Material, das aus der Analyse einer anderen Patientin stammte, und schloß mit den Worten: ›Sie würden sie mögen. Sie ist eine Prinzessin.‹ Vermutlich wollte er damit sagen, daß er mich für einen Snob hielt; und natürlich habe ich sehr rasch verstanden, um wen es sich handelte... Das andere Beispiel ist folgendes: Er führte mich eines Tages in das Zimmer neben seinem Sprechzimmer, um mir seine Euchaptis[5] zu zeigen, und erklärte mir, ihre Farbe sei verblaßt, weil sie ausgegraben worden seien – wie Reliquien aus dem Unbewußten« (S. 267).

Jeanne Lampl-de-Groot meint, Freud habe »sorgfältig ein Abwechseln... von strenger Neutralität und menschlichen Beziehungen ausgewählt«. Für sie hatten Freuds frühe Empfehlungen bezüglich der Haltung eines »Spiegels« (Freud, 1912e, S. 384) vor allem das Ziel, den Analytiker daran zu hindern, »den Patienten mit seinen persönlichen Affekten, seinen Problemen und seinen Konflikten zu belasten« (Lampl-de-Groot, 1976, S. 284). In Wirklichkeit war er manchmal sehr direkt und teilte seinen Analysanden seine eigenen Gefühle mit. So beschreibt Hilda Doolittle den Zorn von Professor Freud, während er »mit der Faust auf die Lehne der Couch« hämmerte (S. 47). Ein andermal soll Freud ihr gesagt haben: »Das Schlimme ist – ich bin ein alter Mann –, Sie halten es nicht für der Mühe wert, mich zu lieben« (S. 47). Das Buch dieser Autorin vermittelt einen Eindruck von der Arbeit Freuds, seinen sehr direkten Interventionen, manchmal an der Grenze zur Brutalität, und von der Art der Lehrer-Schüler-Beziehung. Ruitenbeek (1973, S. 19) vertritt rundweg die Auffassung, Freud habe nicht das angewandt, was zum Modell des Nicht-Eingreifens geworden ist: Er stellt ihn im Gegenteil eher als sehr gesprächig und unter gewissen Umständen sogar klatschhaft dar.[6]

In diesem Zusammenhang kann man noch erwähnen, was Masud Khan (1973) über die Analyseerinnerungen von Frau Alix Strachey berichtet, der Intellektuellen aus Bloomsbury, deren Name durch die Veröffentlichung der *Standard Edition* der Werke Freuds berühmt wurde: »Diese Analysewoche war sehr schwierig«, habe sie ihm erzählt; sie hatte jedoch zu einem bedeutsamen Traum geführt. Sie berichtete ihn dem Professor, und sie arbeiteten daran. Dann gab er eine Deutung und stand auf, um sich eine Zigarre anzuzünden, wobei er sagte: »Eine solche Einsicht muß man feiern!« Alix Strachey erwiderte schüchtern, sie habe den Traum nicht vollständig erzählt, worauf der Professor antwortete: »Seien Sie nicht gierig, als Einsicht genügt das für eine Woche!« (Don't be greedy, that is enough insight for a week!«) (S. 370).

Die Gesamtheit dieser Bemerkungen übermittelt eine Atmosphäre, in der die Gefühle des Analytikers gelegentlich direkt geäußert werden können, ohne übermäßige Sorge um ein analytisches »Incognito«. Die Interventionen Freuds deuten eine Lehrer-Schüler-Beziehung zwischen ihm und seinen Patienten an, die manchmal sogar eine erzieherische Färbung hat: Die Analyse ist eine »Nacherziehung«, hat er übrigens gesagt (Freud, 1916–17, S. 469). Bei der Beschreibung einer Szene, bei der er das Gefühl hat, sein Patient äußere unbewußt einen feindseligen Gedanken gegen ihn – wenn der Analysand beispielsweise die Tür zum Sprechzimmer offen läßt in der Annahme, außer ihm komme ohnehin niemand zu diesem Analytiker –, hält er sogar eine »scharfe Zurechtweisung« für nötig, um zu vermeiden, daß der Patient sich weiter »unmanierlich und respektlos« verhält (Freud, 1916–17, S. 254). Hatte das mit dem Stil der Epoche zu tun? Und auch damit, daß er praktisch nur noch Schüler in Analyse hatte?[7] Lag es auch daran, daß seine Schüler nur für eine begrenzte Zeit nach Wien kamen und er mit ihnen eine Art kurzer, didaktischer Psychoanalyse abhielt in der Annahme, die Kur könne unter solchen Bedingungen nur »kurz und unvollständig« sein, doch man müsse dem Schüler »die sichere Überzeugung von der Existenz des Unbewußten« geben und ihm »an einer ersten Probe die Technik« zeigen, »die sich in der analytischen Tätigkeit allein bewährt hat« (Freud, 1937c, S. 95).[8]

Müssen also bestimmte Ratschläge Freuds[9] mit der Tatsache in Verbindung gebracht werden, daß er sich an Analysanden wendet, die »Schüler« sind? Liegt es am unterschwellig didaktischen Plan, daß er manchmal bei der Traumanalyse so aktiv ist (ibid., S. 53)? Wenn man Raymond de Saussure (1956) glaubt, dann hatte »Freud die Suggestion zu lange praktiziert, um nicht gewisse Reflexe zurückbehalten zu haben. Wenn er von einer Wahrheit überzeugt war, konnte er es kaum erwarten, daß sie im Geist seines Kranken auftauchte, er wollte ihn sofort überzeugen, und deshalb redete er zu viel. ... man spürte rasch, mit welcher theoretischen Frage er beschäftigt war, denn oft entwickelte er ausführlich die neuen Gesichtspunkte, die er in seinem Denken gerade aufklärte. Das war von Nutzen für den Geist, aber nicht immer für die Behandlung« (S. 138f.). In der Beschreibung von Blanton (1971) gibt Freud Kommentare wie: »Sie waren viel freier als vorher« (S. 27) oder macht andere Bemerkungen dieser Art: »Das ist sehr interessant. Sie müssen Geduld haben. Wenn wir tiefere Ebenen erreichen, werde ich nicht mehr so oft schweigen, ich werde Ihnen mehr von mir geben« (S. 28). Immer entsteht der Eindruck einer tröstenden pädagogischen Einstellung: »Sie sehen, wieviel interessanter die Sitzung ist, wenn Sie zu Ihren Träumen assoziieren« (S. 31); pädagogisch und erklärend: »Für einen Analytiker gilt es als ernsthafter Widerstand, seine Träume nicht zu berichten« (S. 30).

Diese Haltung könnte natürlich als konträr zum Prinzip der konsequenten Analyse der Übertragung erscheinen. Auch die unerschütterliche Haltung des Chirurgen, die Freud empfahl (1912e, S. 380), tritt in diesen Beschreibungen nicht zu Tage. Von Vertretern der nächsten Analytikergeneration ist später Kritik geübt worden, beispielsweise am Fall des »Rattenmannes«. Kris (1951, S. 17) fand, es handele sich um eine »offenkundige intellektuelle Indoktrinierung« des Patienten. Ihm und Kanzer (1952) zufolge hatte Freud die Übertragungsbedeutung dessen, was sich zwischen seinem Patienten und ihm selbst abspielte, nicht begriffen oder sich nicht auf die »Deutung der Übertragungsneurose beschränken« können oder wollen (Zetzel, 1966, S. 128). Man könnte auch sagen, daß sie nicht »durch Deutungen aufgelöst wurde« (Gedo und Goldberg, 1973, S. 187). Die Kritik von Kardiner geht in die gleiche Richtung: »Der Mann, der den Begriff der Übertragung erfunden hatte, erkannte diese Übertragung nicht, als sie auftrat. Eine einzige Sache war ihm entgangen: Ja, natürlich hatte ich Angst vor meinem Vater, als ich klein war, doch jetzt war der Mann, den ich fürchtete, niemand anderer als Freud. Er konnte mir das Leben geben oder es zerstören, was bei meinem Vater nicht der Fall war. Seine Art des Verstehens verwies meine gesamte Reaktion zurück in die Vergangenheit, und gleichzeitig machte sie aus dieser Analyse eine historische Rekonstruktion« (Kardiner, 1977, S. 58).[10]

Damit stellt sich wieder die Frage nach den Grenzen der Übertragung. Es ist interessant, hier eine von Blanton berichtete Anekdote anzuführen (1971, S. 40): Nachdem Freud ihm seine Bücher geschenkt hatte (genauer, die *Collected Papers* in vier Bänden), sagte er bei der nächsten Sitzung: »... in Ihrer Übertragung ist eine Veränderung eingetreten, wahrscheinlich aufgrund der Tatsache, daß ich Ihnen meine Bücher geschenkt habe. Daran können Sie sehen, welche Schwierigkeiten Geschenke in der Analyse immer mit sich bringen.« Der Mann, der so überzeugend von der Bedeutung der Gegenübertragung und ihrer Auswirkung auf die Notwendigkeit eigener Analyse geschrieben hatte, hat bei anderen Gelegenheiten zu diesem Thema Vorbehalte geäußert, wie Grinker berichtet (1940): »Er glaubte, die persönliche Analyse sei eine notwendige Vorbereitung auf die analytische Arbeit, bemerkte aber, einige wenige sehr ausgeglichene Individuen wie etwa Abraham könnten darauf verzichten. Er empfahl dringend, keine unterbrochene Analyse wiederaufzunehmen, sondern eine neue Analyse zu beginnen, wenn ein Intervall von fünf Jahren vergangen sei« (S. 183). Boss (1973) berichtet erstaunt: »Noch größer aber war die Verblüffung darüber, daß sich Freud die ganze Analysenzeit über, die mir bei ihm durchzumachen vergönnt war, völlig anders verhielt, als er es eigentlich seiner eigenen deterministischen Triebtheorie und seiner Spiegelplatten-Vorstellung vom Analytiker gemäß hätte tun sollen« (S. 81). Er fährt fort: »... er stund vielmehr nicht an, das ihm zu zahlende Honorar sogleich auf ein Minimum zu reduzieren, als er vernahm, daß ich seinetwegen zu hungern gezwungen war. Mehr als einmal steckte er mir sogar 10 Schillinge aus seiner Tasche zu« (S. 82). Schließlich fügt er noch hinzu – und diese Bemerkung ist interessant –, sein damaliger Züricher Analytiker Hans B. Eichenburg »hielt sich erheblich strenger an die psychoanalytische Theorie, als deren Schöpfer getan hatte« (ibid.). In den Erinnerungen von Kardiner (1977) sieht es so aus, als enthülle Freud Elemente seines persönlichen Lebens: familiäre Sorgen, den Tod seiner Tochter Sophie, die Analyse Annas, die Tatsache, daß sie nicht heiratete. Ebenfalls Kardiner (1977) zufolge sollen sich Strachey und Rickman ihrerseits beklagt haben, Freud habe nur sehr wenig oder praktisch gar nicht mit ihnen gesprochen. An anderer Stelle berichtet Kardiner noch eine Episode, die den Eindruck erwecken könnte, Freud habe seine Gegenübertragung regelrecht ausagiert. Er schreibt: »Oberndorf stand vom ersten Tag seiner Analyse an schlecht mit Freud. Er kam mit einem fertigen Traum, den er ihm in der ersten Stunde berichtete. Der Traum war folgender: Oberndorf fuhr in einer von zwei Pferden gezogenen Kalesche; das eine Pferd war weiß, das andere schwarz; sie gingen auf ein unbekanntes Ziel zu. Zu träumen, daß man einem unbekannten Ziel entgegenfährt, ist eine geläufige Sache, wenn man mit einer Analyse beginnt. Doch der betreffende Traum berührte zufällig einen besonders schwachen Punkt bei Oberndorf. Hier die Deutung Freuds: Es werde Oberndorf nie gelingen, sich zu verheiraten, weil er sich nicht zwischen einer weißen und einer schwarzen Frau entscheiden könne; er befinde sich also in einer Sackgasse. Tatsächlich war er zu dieser Zeit nicht verheiratet, und er ging auch später nie eine Ehe ein. Er war ein Mann aus dem Süden, in Atlanta in Georgia geboren und von einer schwarzen Amme aufgezogen. Oberndorf war über diese Deutung außer sich, und sie stritten monatelang über diesen Traum, bis Freud, der Sache müde, die Analyse beendete. Freud gab schonungslos dem Charakter und den Fähigkeiten Oberndorfs die Schuld und ging später sogar so weit, ihm ein Vorwort zu einem Buch zu verweigern« (Kardiner, 1977, S. 75f.). Man kann hier ein Gegen-Agieren von seiten Freuds vermuten, und interessant ist, daß er, wie Natterson (1966) schreibt, bei bestimmten Gelegenheiten die Verwendung von Rollenspielen durch den Analytiker angeraten haben soll, wie Alexander es später empfehlen sollte: »Die Fähigkeiten Freuds als Berater der Psychoanalyse wurden deutlich, als etwa Reik Schwierigkeiten hatte, die Übertragungsgefühle einer Patientin ans Tageslicht zu bringen. Freud sagte nur zu ihm: ›Machen Sie sie eifersüchtig.‹ Als diese Patientin beim nächsten Mal nach der Sitzung fortging, begrüßte Reik die nächste Patientin sehr herzlich, und zwar so, daß die erste Patientin ihn hören konnte. In der folgenden Sitzung wurde die Patientin, die sich bisher sehr distanziert gezeigt hatte, wütend auf Reik, äußerte freimütig ihren Zorn, und die Analyse nahm einen wirksameren Fortgang.« Im gleichen Artikel lesen wir noch: »Reik erlernte auch die Technik, die darin besteht, die Analyse zu einem therapeutischen Zweck zeitweilig zu unterbrechen; Freud sprach von ›fraktionierter‹ Analyse bei einer Kur, bei der durch die Reisen eines Patienten notwendig gewordene Unterbrechungen sich als therapeutisch wertvoll erweisen konnten« (S. 256).

Obige Ausführungen vermitteln das Bild eines Freud, der unsicher war in bezug auf die theoretischen und praktischen *Konsequenzen* seiner fundamentalen Entdeckung der Übertragung. Daß er die Mutterübertragung nicht mochte – wie er erklärte – und sich vor psychotischen Patienten hütete, bezeugt das deutlich...

Freud war nicht der einzige, der klagte, wie schwierig es sei, persönlich der Übertragung ausgesetzt zu sein: Sein Hauptgesprächspartner bei diesem Thema, Sándor Ferenczi, spricht seinerseits von der »Siedehitze der Übertragung«, die er dennoch für notwendig hält, wenn man »*wesentlich* neue Erkenntnisse über sich selbst«[11] gewinnen wolle (Ferenczi-Groddeck, 1982). Belehrt durch den Fall Dora, sieht Freud die Übertragung als »eine artefizielle Krankheit... die überall unseren Eingriffen zugänglich ist« (Freud, 1914 g, S. 135). Als er in den Jahren vor 1920 das Verständnis für die Beziehung zwischen Analytiker und Analysand vertieft, konzipiert er bereits den Gedanken abgespaltener, vom Ich getrennter Teile, wobei er sowohl auf die Verdrängung als auch auf die Abspaltung im späteren Sinne dieses Begriffs anspielt: »... die große Einheit, die wir sein Ich heißen, (fügt) sich alle die Triebregungen ein, die bisher von ihm abgespalten und abseits gebunden waren« (Freud, 1919 a, S. 186). Das zweite topographische Modell ermöglicht ihm, eine der Triebkräfte der Kur als Vorstellung eines Über-Ich zu formulieren, das durch das tolerantere Über-Ich des Analytikers aufgelockert wird (Freud, 1940 a, S. 100); so übersetzt er das Thema des »Beichthörers« und das der »Absolution« in eine metapsychologische Sprache (S. 105). Noch immer im Rahmen des zweiten topographischen Modells setzt er seine Überlegung fort: »Der analytische Arzt und das geschwächte Ich des Kranken sollen, an die reale Außenwelt angelehnt, eine Partei bilden gegen die Feinde, die Triebansprüche des Es und die Gewissensansprüche des Über-Ichs. Wir schließen einen Vertrag miteinander ... In diesem Vertrag besteht die analytische Situation« (ibid., S. 98). Und auch: »Die analytische Situation besteht bekanntlich darin, daß wir uns mit dem Ich der Objektperson verbünden, um unbeherrschte Anteile ihres Es zu unterwerfen, also sie in die Synthese des Ichs einzubeziehen« (1937 c, S. 79).

Es gibt bei Freud noch andere, weniger explizite Modelle: in »Zur Dynamik der Übertragung« (1912 b, S. 367 f.) äußert er den Gedanken, der analytische Prozeß sei charakterisiert durch den Kampf des Patienten, sich an alte Objekte zu klammern; die Übertragung diente gleichzeitig dazu, dieses Anklammern aufrechtzuerhalten und den Patienten zu veranlassen, sie aufzugeben. Wir finden hier den Keim einer Theorie über die inneren Objekte und einer Untersuchung ihrer Aufgabe (das heißt der Trauer, ein Thema, das in »Trauer und Melancholie« wieder aufgenommen wird, Freud 1917e; Haynal, 1976).

Die Vertiefung der Übertragungsdimension in der Beziehung des Patienten zum Analytiker eröffnet neue Perspektiven: »Wir eröffnen ihm die Übertragung als den Tummelplatz, auf dem ihm gestattet wird, sich in fast völliger Freiheit zu entfalten, und auferlegt ist, uns alles vorzuführen, was sich an pathogenen Trieben im Seelenleben des Analysierten verborgen hat« (Freud, 1914g, S. 134). Mit den Begriffen »Tummelplatz« und »Zwischenreich« schlägt Freud Töne an, die später diejenigen Ferenczis, Balints und Winnicotts sein werden... »Wenn der Patient nur so viel Entgegenkommen zeigt, daß er die Existenzbedingungen der Behandlung respektiert, gelingt es uns regelmäßig, allen Symptomen der Krankheit eine neue Übertragungsbedeutung zu geben, seine gemeine Neurose durch eine Übertragungsneurose zu ersetzen, von der er durch die therapeutische Arbeit geheilt werden kann. Die Übertragung schafft so ein *Zwischenreich* zwischen der Krankheit und dem Leben, durch welches sich der Übergang von der ersteren zur letzteren vollzieht. Der neue Zustand... ist gleichzeitig ein *Stück des realen Erlebens,* aber durch besonders günstige Bedingungen ermöglicht und von der Natur eines *Provisoriums*«[12] (ibid.). Dieses Stück des realen Erlebens, also eine Erfahrung, führt zum Wiedererleben von Erinnerungen und konfrontiert den Patienten mit seinen Widerständen: »Von den Wiederholungsreaktionen, die sich in der Übertragung zeigen, führen dann die bekannten Wege zur Erweckung der Erinnerungen, die sich nach der Überwindung der Widerstände mühelos einstellen« (ibid.). 1914 gelangt Freud also zu einem Verständnis der Übertragung als Erleben, zu einem Standpunkt, den er später, wie wir sehen werden, Ferenczi zuschreiben wird. Doch man kann schon hier gedankliche Parallelen zwischen den beiden Männern sehen – und das Fluktuieren der Ansichten Freuds über diese Probleme.

Der Begriff der Übertragung, wie Freud ihn 1905 formulierte, hatte schon 1910 sein Gegenstück bekommen, die Gegenübertragung: »Wir sind auf die ›Gegenübertragung‹ aufmerksam geworden, die sich beim Arzt durch den Einfluß des Patienten auf das unbewußte Fühlen des Arztes einstellt, und sind nicht weit davon, die Forderung zu erheben, daß der Arzt diese Gegenübertragung in sich erkennen und bewältigen müsse.« Sofort stellt er die Verbindung zur Analyse des Analytikers her: »(Wir) verlangen daher, daß er seine Tätigkeit mit einer Selbstanalyse beginne, und diese, während er seine Erfahrungen an Kranken macht, fortlaufend vertiefe« (Freud, 1910d, S. 108).

Zwei Jahre später, 1912, hatte er mit der ihm eigenen extremen Beweglichkeit des Denkens – so reich an Umkehrungen von Perspektiven – verstanden, daß die Gegenübertragung genausowenig wie die Übertragung ein Hindernis für den Analytiker ist, sondern vielmehr ein *Werkzeug.*[13]

Dieser Aspekt des Werks und der Praxis Freuds, den wir zu skizzieren versucht haben, bleibt Schauplatz zahlreicher Fragen und hat zu Divergenzen geführt. Diese sind zwar mit der Vielfalt der Persönlichkeiten und Sensibilitäten verbunden, erhellen aber auch die *Bedeutung* dieser Fragen für die analytische Praxis. Die erste dieser Divergenzen war die Kontroverse zwischen Freud und Ferenczi.

Ferenczi nimmt eine Radikalisierung des Übertragungskonzepts vor. Man kann, so schreibt er, »jeden Traum, jede Geste, jede Fehlhandlung, jede Verschlimmerung oder Besserung im Zustande des Patienten vor allem als Ausdruck des Übertragungs- und Widerstandsverhältnisses« auffassen. Er spricht von Groddeck, der, wie er sagt, »wenn der Zustand eines seiner Kranken sich verschlimmert, immer mit der stereotypen Frage kommt: ›Was haben Sie gegen mich, was habe ich Ihnen getan?‹ Er behauptet, durch Lösung dieser Frage die Verschlimmerungen immer beseitigen zu können; auch konnte er mit Hilfe solcher analytischen Kunstgriffe tiefer in das Verständnis der Vorgeschichte des Falles eindringen« (Ferenczi, 1926, [271], S. 109).

Eine solche Konzeption der Übertragung führt dazu, daß Ferenczi auf seine Art die Bedeutung des Begriffs »Erlebnis« entdeckt: »Unsere eigenen Ausführungen bezeichnen in diesem Sinne den Beginn einer Phase, die wir im Gegensatz zur vorherigen als *Erlebnisphase* bezeichnen möchten. Während man sich nämlich früher bemühte, die therapeutische Wirkung als Reaktion auf die Aufklärung des Patienten zu erzielen, bestreben wir uns nunmehr, das von der Psychoanalyse bisher erworbene Wissen weit unmittelbarer in den Dienst der Therapie zu stellen, indem wir auf Grund unserer Einsicht die entsprechenden *Erlebnisse* in direkterer Weise *provozieren* und dem Patienten nur dieses ihm natürlich auch unmittelbar evidente Erlebnis *erklären«* (Ferenczi, 1924 [264], S. 243). So tritt eine Polarität auf, bei der Freud zeitweilig für die »Einsicht« (das Bewußtwerden) des Geistes der Aufklärung optiert, Ferenczi hingegen für das »Erlebnis«, die gelebte Erfahrung. Doch die Geschichte der Interaktionen dieser beiden Protagonisten ist noch komplexer...

Anmerkungen

1 Übrigens trägt eine der Arbeiten zu diesem Thema tatsächlich den Titel »Ratschläge für den Arzt bei der psychoanalytischen Behandlung« (1912e).
2 Hervorhebung von uns.
3 Hervorhebung von uns.
4 Beispielsweise im Jahre 1923 (Freud, 1919d, S. 431f.) und im Jahre 1924 (ibid., S. 433, 439).
5 Kleine Statuetten in Form von Mumien, die man vom Neuen Reich an in großer Zahl in den ägyptischen Grabmälern fand (wir verdanken diese Auskunft Prof. Jean Rudhardt, Genf).
6 Es kommt vor, daß er seine Meinung über Personen seines Kreises unverblümt äußert; Blanton schreibt (1971): »Über eine der Schülerinnen Ferenczis hat er zu mir gesagt: ›Ich fürchte, sie hat einen schlechten Einfluß auf ihn.‹ Und über K. Horney: ›Sie ist sehr tüchtig, aber übelwollend – sogar böswillig.‹« (S. 68 der franz. Ausgabe).
7 »...nehme ich ja kaum Patienten, sondern Schüler«, schrieb er 1924 an Abraham (Freud, 1965a, Brief vom 15.2.1924).
8 Interessant ist die Feststellung, daß Freud 1904 (1904a, S. 10) von Analysen mit einer Dauer zwischen sechs Monaten und drei Jahren spricht (und nicht nur von einigen Wochen, wie viele denken).
9 Zum Beispiel: »Wenn Sie analytische Arbeiten lesen, dann achten Sie auf das Datum ihrer Abfassung« (Blanton, 1971, S. 51).
10 Übrigens fügt Kardiner zu diesem Thema hinzu: »Im Angesicht von Freud verdrängte ich meine Selbstbehauptung, wie ich es vor meinem Vater getan hatte, um seine Gnade und Unterstützung zu behalten. Dieses in der Übertragungssituation wesentliche Element entging dem Mann, der den Übertragungsvorgang entdeckt hatte« (ibid., S. 145).
11 Hervorhebung im Original.
12 Hervorhebung von uns.
13 Er schreibt: »...in eine Formel gefaßt: er soll dem gebenden Unbewußten des Kranken sein eigenes Unbewußtes als empfangendes Organ zuwenden, sich auf den Analysierten einstellen wie der Receiver des Telephons zum Teller eingestellt ist. Wie der Receiver die von Schallwellen angeregten elektrischen Schwankungen der Leitung wieder in Schallwellen verwandelt, so ist das Unbewußte des Arztes befähigt, aus den ihm mitgeteilten Abkömmlingen des Unbewußten dieses Unbewußte, welches die Einfälle des Kranken determiniert hat, wiederherzustellen. Wenn der Arzt aber imstande sein soll, sich seines Unbewußten in solcher Weise als Instrument bei der Analyse zu bedienen, so muß er selbst eine psychologische Bedingung in weitem Ausmaß erfüllen. Er darf in sich selbst keine Widerstände dulden...« (Freud, 1912e, S. 381f.).

Literaturverzeichnis

BLANTON, S. (1971): Diary of my Analysis with Sigmund Freud. P. Hawthorn, New York.

BOSS, M. (1973): Medard Boss, *in:* Pongratz, L.J. (Hrsg): Psychotherapie in Selbstdarstellungen. Huber, Bern.

DOOLITTLE, H. (1956): Tribute to Freud. Norman Holmes Pearson, 1956; deutsch: Huldigung an Freud. Frankfurt, Berlin, Wien, 1975.

DUPONT, J. (1985): Vorwort *in:* FERENCZI, S., 1985, S. 23–40; deutsch: Sándor Ferenczi, Ohne Sympathie keine Heilung. Das klinische Tagebuch von 1932. S. Fischer, Frankfurt am Main, 1988, S. 11–31.

FERENCZI, S. (1924 [264]; in Zusammenarbeit mit O. RANK); Entwicklungsziele der Psychoanalyse, *in* Bausteine zur Psychoanalyse, Bd. III, S. 220–244.

FERENCZI, S. (1926 [271]): Kontraindikationen der aktiven psychoanalytischen Technik, *in* Bausteine, Bd. II, S. 99–115.

FERENCZI, S.: (1985) Journal clinique. Payot, Paris; deutsch: siehe oben.

FERENCZI, S. und GRODDECK, G. (1982): Correspondance. Payot, Paris; deutsch: Briefwechsel 1921–1933, Fischer Taschenbuch 6786.

FREUD, S. (1895a): Besprechung von Edinger: »Eine neue Theorie über die Ursachen einiger Nervenkrankheiten, insbesondere der Neuritis und Tabes.« Wiener klinische Rundschau 9/2: 27–28.

FREUD, S. und BREUER, J.: Studien über Hysterie, *in* Gesammelte Werke, Bd. 1, S. 77–312, Frankfurt am Main, Fischer, 4. Aufl. 1964.

FREUD, S. (1900a): Die Traumdeutung. G. W. Bd. 2–3.

FREUD, S. (1904a): Die Freudsche psychoanalytische Methode, G. W. Bd. 5, S. 3–10.

FREUD, S. (1905e): Bruchstück einer Hysterie-Analyse, G. W., Bd. 5, S. 163–186.

FREUD, S. (1909d): Bemerkungen über einen Fall von Zwangsneurose, G. W. Bd. 7, S. 381–463.

FREUD, S. (1910d): Die zukünftigen Chancen der psychoanalytischen Therapie. G. W. Bd. 8, S. 104–115.

FREUD, S. (1911e): Die Handhabung der Traumdeutung in der Psychoanalyse. G. W. Bd. 8, S. 350–357.

FREUD, S. (1912b): Zur Dynamik der Übertragung. G. W. Bd. 8, S. 364–374.

FREUD, S. (1912e): Ratschläge für den Arzt bei der psychoanalytischen Behandlung. G. W. Bd. 8, S. 376–387.

FREUD, S. (1913c): Weitere Ratschläge zur Technik der Psychoanalyse: I. Zur Einleitung der Behandlung. G. W. Bd. 8, S. 454–478.

FREUD, S. (1914d): Zur Geschichte der psychoanalytischen Bewegung. G. W. Bd. 10, S. 44–113.

FREUD, S. (1914g): Weitere Ratschläge zur Technik der Psychoanalyse: II. Erinnern, Wiederholen und Durcharbeiten. G. W. Bd. 10, S. 126–136.

FREUD, S. (1916–17): Vorlesungen zur Einführung in die Psychoanalyse. G. W. Bd. 11.

FREUD, S. (1917e): Trauer und Melancholie. G. W. Bd. 10. S. 428–446.
FREUD, S. (1919a): Wege der psychoanalytischen Therapie. G. W. Bd. 12, S. 183–194.
FREUD, S. (1923a): »Psychoanalyse« und »Libidotheorie«. G. W. Bd. 13, S. 211–233.
FREUD, S. (1925d): Selbstdarstellung. G. W. Bd. 14, S. 33–96.
FREUD, S. (1926e): Die Frage der Laienanalyse. G. W. Bd.14, S. 209–286.
FREUD, S. (1933a): Neue Folge der Vorlesungen zur Einführung in die Psychoanalyse. G. W. Bd. 15.
FREUD, S. (1937c): Die endliche und die unendliche Analyse. G. W. Bd. 16, S. 59–99.
FREUD, S. (1940a): Abriß der Psychoanalyse. G. W. Bd. 17, S. 67–138.
FREUD, S. (1960a): Briefe 1873–1939. S. Fischer, Frankfurt am Main, 1968.
FREUD, S. (1963a): Sigmund Freud – Oskar Pfister. Briefe 1909–1939. S. Fischer, Frankfurt am Main, 1963.
FREUD, S. (1965a) und ABRAHAM, K.: Briefe 1909–1926. S. Fischer, Frankfurt am Main, 1965, 1980.
GEDO, J. E. und GOLDBERG, A. (1973) Models of the Mind. Univ. of Chicago Press, Chicago / London.
GILL, M. (1982) Analysis of transference. Bd. I: Theory and technique. Psychological Issues Monograph 53, Int. Univ. Press, New York.
GRINKER, R. R. (1940): Reminiscences of a personal contact with Freud, *in*: RUITENBEEK, H. M. (Hrsg.): Freud as we knew him. Wayne State Univ. Press, Detroit, S. 180–185.
HAYNAL, A. (1976) Le sens du désespoir. La problématique de la dépression dans la théorie psychanalytique. P. U. F., Paris (nachgedr. *in*: Rev. Franç. Psychanal., 41 / 1–2: S. 5–291, 1977).
KANZER, M. (1952): The transference neurosis of the Rat Man. Psychoanal. Q., 21: S. 181–189.
KARDINER, A. (1977): My Analysis with Freud. Reminiscences. Norton, New York.
KHAN, M. M. R. (1973): Obituary: Mrs. Alix Strachey (1892–1973). Int. J. Psycho-Anal., 54: S. 370.
KRIS, E. (1951): Ego psychology and interpretation in psychoanalytic therapy. Psychoanal. Q., 20: S. 15–30.
LAMPL-DE-GROOT, J. (1976): Personal experience with psychoanalytic technique and theory during the last half century. The Psychoanal. Study Child, 31: S. 283–296.
LIPTON, S. D. (1977): The advantages of Freud's techniques as shown in his analysis of the Rat Man. Int. J. Psycho-Anal., 58: S.255–274.
MASSON, J. M. (Hrsg 1985): The complete letters of Sigmund Freud to Wilhelm Fliess 1887–1904. The Belknap Press of Harvard University Press, Cambrigde, Mass. / London; deutsch: Sigmund Freud: Briefe an Wilhelm Fliess. S. Fischer, Frankfurt am Main, 1986.

MONEY-KYRLE, R. E. (1979) Looking backwards – and forwards. Int. Rev. Psycho-Anal., 6: S.265–271.

NATTERSON, J. M. (1966): Theodor Reik bei 1888. Masochism in modern man, *in*: ALEXANDER, F., EISENSTEIN, S. und GROTJAHN, M.(Hrsg.): Psychoanalytic pioneers. Basic Books, New York, S. 249–264.

RUITENBEEK, H. M. (1973): The Professor, *in*: RUITENBEEK, H. M. (Hrsg.): Freud as we knew him. Wayne State Univ. Press. Detroit, S. 17–21.

SAUSSURE, R. DE (1956): Sigmund Freud. Rev. Suisse de Psychol. pure et appliquée, 15: S. 136–139.

WILL, H. (1985): Freud, Groddeck und die Geschichte des »Es«. Psyche, 39: S. 150–169.

ZETZEL, E. R. (1966): 1965: Additional notes upon a case of obsession neurosis, Freud 1909. Int. J. Psycho-Anal., 47: S. 123–129.

II. Sándor Ferenczi:* Die neuen Fragestellungen

> *»Tatsache ist, daß ich ziemlich allgemein als ein unruhiger Geist... bekannt bin. Die Vorschläge, die ich in technischer und theoretischer Hinsicht Ihrem Urteil unterbreite, werden von einer respektablen Mehrheit... bekrittelt. (...) Freud selber... nahm kein Blatt vor den Mund, als ich ihn um seine Meinung bat. Er setzte aber gleich hinzu, daß die Zukunft in mancher Hinsicht mir recht geben mag...«*
>
> (Ferenczi, 1931, [292], S. 491).

Bereits 1909, also ehe Freud seine technischen Schriften publiziert hatte, erkennt Ferenczi (1909 [67]), daß sich in der Übertragung eine universale Tendenz des neurotischen Subjekts manifestiert, »einen möglichst großen Teil der Außenwelt in das Ich« aufzunehmen, »zum Gegenstand unbewußter Phantasien« (B. I, S. 19) zu machen und mit dem anderen zu verschmelzen, was er mit der Gier der Toxikomanen vergleicht (»Süchtigkeit«, ibid.).** Er skizziert eine Übertragungsbeziehung, die der Hypnose nahesteht[1], und findet die regressive Seite, die mit dieser Art von Gier, von ungeheurem Begehren verbunden ist, die von Beginn an in der Übertragung vorhanden ist.

In einem impressionistischen Stil, manchmal nervös und rasch, manchmal von Begeisterung getragen, sehr anders als Freuds strengere, gleichmäßige und beherrschte Ausdrucksweise, bietet er eine außerordentliche Fülle von eleganten klinischen Beschreibungen, die gelegentlich unerwartet sind und seine alltäglichen, beinahe »banalen« Beobachtungen auf überraschende und originelle Weise erhellen.[2] Bei Freud dienen die Träume dazu, das Unbewußte zu erforschen, während bei Ferenczi die Betonung auf ihrem Mitteilungswert liegt (»Wem erzählt man seine Träume?«, 1913 [105]). Nachdem er die Beziehung zwischen Analytiker und Analysand, ausgehend von seiner vorherigen Praxis der Hypnose, erfaßt hat (wie wir schon sagten, bereits 1909 in »Introjektion und Übertragung«), versucht er das Feld der Psychoanalyse zu

* Aussprache: Schandor Ferentsi.

** Wir zitieren die Werke Ferenczis unter Bezugnahme auf das Erscheinungsjahr des Originals. In Klammern erscheint die Zahl, die das Auffinden der Arbeiten in der Bibliographie der Werke Ferenczis gestattet. Die Abkürzung B. bezeichnet »Bausteine«, die römische Ziffer den Band.

beleuchten und zu spezifizieren. Die zudringliche Natur der Assoziationen wird in zwei wichtigen Schriften aus dem Jahre 1919 erwähnt, »Technische Schwierigkeiten einer Hysterieanalyse« und »Zur psychoanalytischen Technik«. In der letztgenannten untersucht er die Reaktionen des Analytikers (Kapitel »Die Bewältigung der Gegenübertragung«) und erkennt, »daß eine solche Übertragung in letzter Linie nur die... Beziehung zu den Eltern, der *gütigen Mutter* oder dem *gestrengen Vater*, wiederholt«[3] (Balint, 1970f., S. 7f.).

Er bringt das Übertragungserleben mit infantilen Situationen des Subjekts in Verbindung und nicht mit einem abstrakten psychologisierenden Gebäude. »Die Psychoanalyse entdeckte also, daß die Nervenkranken wie Kinder sind und als solche behandelt werden wollen« (ibid.). Der Analytiker darf also »nicht mehr nach Herzenslust milde und mitleidsvoll oder grob und hart sein...; er muß es verstehen, seine Anteilnahme zu dosieren... so hat er in der Analyse fortwährend eine doppelte Arbeit zu leisten: einesteils muß er den Patienten beobachten, das von ihm Erzählte prüfen, aus seinen Mitteilungen und seinem Gebaren sein Unbewußtes konstruieren; andererseits hat er gleichzeitig seine eigene Einstellung dem Kranken gegenüber unausgesetzt zu kontrollieren, wenn nötig, richtigzustellen, das heißt die Gegenübertragung... zu bewältigen« (Balint, ibid.). Der Analytiker steht also zunehmend im Mittelpunkt seiner Überlegungen.

C. Reverzy (1985) spricht in diesem Zusammenhang von der »Priorität, die Ferenczi dem Erleben gibt: seine Sorge, angesichts von Dogmatismen weiter autonom denken und handeln zu können, veranlaßt ihn, theoretische Systeme von vornherein zu beargwöhnen, ihnen die Bedeutung und den Wert der Subjektivität, die Daseinsberechtigung des Irrtums gegenüberzustellen. So gelangt er zu einer Methode, die von klinischer Beobachtung und Erfahrung nicht zu trennen ist. Aus dieser Position heraus leistet er seine wesentlichen technischen Beiträge« (S. 9). Außerdem ist er charakterisiert durch den »Wunsch zu heilen: Ferenczi, der sensibel ist für Leid und Verzweiflung, richtet seine Bemühungen immer auf die Pflege, die Heilung, also die Therapeutik. Theorien und Techniken müssen ständig den von den Patienten dargebotenen Problemen angepaßt werden, und möglichst viele sollen einen Nutzen davon haben« (ibid.). Dazu kommt schließlich noch »das intuitive Erfassen der therapeutischen Potentiale der Regression: diese Intuition verstärkt sich noch durch das Interesse Ferenczis an Kindern, an Pädagogik, an Prävention. So richten sich seine Forschungen auf frühe Traumatisierungen« (ibid.).

Für Ferenczi gibt es von seiten des Analytikers immer ein gewisses

Maß an *Aktivität:* »Es handelt sich also hier um die Schaffung eines Begriffes und eines Kunstausdrucks für und die zweckbewußte Verwendung von etwas, was de facto, wenn auch unausgesprochen, immer verwendet wurde...« (Ferenczi, 1921 [234], B. II, S. 63). Indem er so konkret wie möglich untersucht, was seine Aktivität als Analytiker bewirkt, meint Ferenczi nur den Vorschlägen Freuds zu folgen – der selbst aktive Maßnahmen bei Phobikern oder die Festsetzung einer Frist in gewissen Fällen von Zwangsneurosen vorgeschlagen hat. Er versucht, die Untersuchung dieser Vorgehensweisen und ihre Bedeutung zu vertiefen, *explizit* zu machen, was er selbst und viele Wiener Analytiker damals in stagnierenden Momenten der Analysen praktizierten (vgl. Fenichel, zit. von Lorand, 1966; Federn, 1933).

In den letzten Jahren vor 1920 (»Zur psychoanalytischen Technik«, 1919 [216]; »Technische Schwierigkeiten einer Hysterieanalyse«, 1919 [210]) untersucht Ferenczi die *Widerstände*, die sich um die Regeln der freien Assoziation und der freischwebenden Aufmerksamkeit herum organisieren können, und beobachtet, wie diese Regeln selbst sich in der Analyse in den Dienst der Widerstände stellen können. Er nimmt an, der Analytiker könne fähig sein, seine sogenannte passiv-rezeptive Haltung aufzugeben, um dem Patienten beispielsweise vorzuschlagen, eine Frustrationserfahrung zu machen (Verbot einer Geste, einer Bewegung), deren Ziel darin besteht, sicherzustellen, daß die gewöhnlich mittels der Motorik abgeführten Spannungen der Analyse zugänglich werden.[4]

In dem, was man als »technische Experimente« zu bezeichnen übereingekommen ist, stellte Ferenczi den Analytiker selbst in den Mittelpunkt seiner Überlegungen und untersucht seine Haltung dem Patienten gegenüber aus der Sicht einer alternativen Position von der Art »duldsame Mutter / strenger Vater«. In der ersten Phase dieser Untersuchung geht es bei der »aktiven Technik« vor allem um die Versagung; in den späteren Phasen wird sein Interesse dann mehr von den Möglichkeiten der Befriedigung als Fortschrittsfaktor in der Kur angezogen (»Verzärtelung der Patienten«, Ferenczi 1930 [292], B. III, S. 478): ohnehin ist es so, »daß wir... auch jetzt schon mit diesen zwei Prinzipien arbeiten« (ibid.), doch man muß explizit darüber nachdenken, um zu einer gewissen »Plastizität« unserer Technik zu gelangen. »Die Psychoanalyse fordert vom Arzt unermüdliche Empfänglichkeit für alle Ideenverbindungen, Gefühle und unbewußten Vorgänge im Innern des Patienten. Um dieser Forderung zu genügen, muß er selbst eine biegsame, plastische Seele besitzen, was nur erreicht werden kann, wenn er selbst analysiert ist« (1933 [293], B. III, S. 540).

Nach dem Budapester Kongreß von 1918 also, bei dem Freud selbst die Errungenschaften der analytischen Technik wieder in Frage gestellt hat, und zwar seinen Beispielen folgend – etwa der Festsetzung einer Frist im Falle des »Wolfsmannes« oder der Aufforderung an phobische Patienten, sich dem Anlaß ihrer Phobie zu stellen –, fragt sich Ferenczi, ob die passive Haltung des Analytikers immer gerechtfertigt ist oder aber im Kontext der Kur *variieren* sollte. Diese Fragestellung leitet etwas ein, das man als »Epoche der technischen Erfahrungen« Ferenczis zu bezeichnen übereingekommen ist. Diese Erfahrungen gingen von dem Gedanken aus, daß »das Versiegen und die Sterilität der Assoziationen« in bestimmten Fällen »zu erklären sind... durch einen Abzug der Libido von der analytischen Arbeit zugunsten unbewußter Phantasien und unbewußter körperlicher Befriedigungen« (Balint, 1966b, 2. Teil, S. 912) und daß die *aktive Technik* dem Analysanden gestatten müsse, die analytische Arbeit wiederaufzunehmen. Der Analytiker könne in diesem Augenblick seine Haltung modifizieren, wenn er seine Gegenübertragung beherrsche.

Zu den Einstellungen, die bei der Analyse schädlich sind, gehört vor allem die des Schulmeisters; Ferenczi hat von Anfang an, selbst in seinen voranalytischen Schriften (Lorin, 1983), nicht aufgehört, die Lehrer-Schüler-Beziehung zu tadeln (ein Thema, das später von Balint wiederaufgenommen wurde: »Die Bescheidenheit des Analytikers sei also nicht eine eingelernte Pose, sondern der Ausdruck der Einsicht in die Begrenztheit unseres Wissens«, schreibt er (1928 [283], B. III, S. 389), während er die »Überhebung« betont, »mit der bisher der allwissende und allvermögende Arzt sich dem Kranken gegenüberzustellen pflegte« (ibid., S. 390). »Die analytische Einstellung fordert vom Arzte nicht nur die strenge Kontrolle des eigenen Narzißmus, sondern auch die scharfe Überwachung von Gefühlsreaktionen jeglicher Art« (ibid.). »Man könnte förmlich von einem immerwährenden Oszillieren zwischen Einfühlung[5], Selbstbeobachtung und Urteilsfällung sprechen« (ibid., S. 391).

Die zentrale Stellung, die er dem Verständnis des Analytikers und seiner *Aktivität* einräumt, veranlaßt Ferenczi 1928 dazu, eine »Metapsychologie der Seelenvorgänge des Analytikers während der Analyse« vorzuschlagen (Ferenczi, 1928 [282], B. III, S. 395), also eine Untersuchung der Gesamtheit seiner persönlichen Besetzungen, ob es sich nun um Objektliebe, Identifikationen, Selbstkontrolle oder intellektuelle Aktivität handelt. Er unterstreicht auch die Schwierigkeit dieser Aufgabe und schreibt: »Während der langen Tagesarbeit kann er sich dem Vergnügen des freien Auslebens seines Narzißmus und Egoismus in Wirklichkeit überhaupt nicht, und in der Phantasie nur für kürzere

Momente hingeben« (ibid.). Der Text selbst zeigt übrigens, daß er sich der Reichweite solcher Untersuchungen bewußt ist, und zwar so sehr, daß er sich verpflichtet fühlt, Vorsichtsmaßnahmen zu ergreifen: »Mit Rücksicht auf die, wie ich glaube, große Bedeutsamkeit jedes technischen Ratschlages konnte ich mich nicht entschließen, den vorliegenden Aufsatz zu publizieren, ohne ihn vorher der Kritik eines Kollegen unterworfen zu haben.« Was er nicht sagt, was wir aber aus seiner Korrespondenz wissen, ist, daß dieser Kollege Sigmund Freud hieß (Grubrich-Simitis, 1980, S. 163). Man kann sich übrigens fragen, ob er sich nicht aus diesem Grund beeilt, hinzuzufügen: »Ich teile vollkommen die Ansicht meines Kritikers, daß auch diese wie jede vorherige technische Anweisung trotz der größten Vorsicht in ihrer Abfassung unweigerlich zu Mißdeutungen, zu Mißbräuchen führen wird. Zweifellos werden manche, und zwar nicht nur Anfänger, sondern alle, die zu Übertreibungen neigen, meine Ausführungen über die Bedeutsamkeit der Einfühlung zum Anlaß dazu nehmen, das Hauptgewicht in der Behandlung auf den subjektiven Faktor, d.h. auf die Intuition zu legen und den anderen, von mir als entscheidend hervorgehobenen Faktor, die *bewußte*[6] Abschätzung der dynamischen Situation, mißachten« (1928 [283], B. III, S. 396).

Im gleichen Artikel beschreibt er deutlich die Wichtigkeit der »Einfühlung« (Empathie), dieses subjektiven Faktors, aber auch die des Abstandnehmens und der bewußten Einschätzung der Situation, und verfehlt nicht, auf zwei Punkten zu beharren: »Wir trachten zwar, alle Launen des Kranken nachzufühlen, halten aber auch den uns von der analytischen Erfahrung diktierten Standpunkt bis zum Äußersten fest. Den ›Takt‹ seines mystischen Charakters zu berauben, war gerade das Hauptmotiv, das mich zum Schreiben dieses Aufsatzes bewog« (ibid., B. III, S. 397). Er sagt zwar, er stimme hierin mit Freud überein, doch kann ihm nicht entgehen, daß er im Begriff ist, die Erforschung der möglichen Nutzung seiner Subjektivität weiter zu treiben und vor allem die der *Wiederaufnahme* dieser Subjektivität in der analytischen Reflexion. Ist es Zufall, daß er diesen Aufsatz, zweifellos einen seiner fundamentalen Texte, mit der Erwähnung seines »Kampfes« als Analytiker »gegen den unbewußt gewordenen und daher unbeeinflußbaren Teil des Über-Ichs« beschließt? »Allerdings wird er diesem vorbewußten Über-Ich nicht so sklavisch gehorchen müssen, wie vorher der unbewußten Elternimago«: man kann gewiß vermuten, daß dieses Über-Ich auch das der Regeln der Institution ist und vor allem das ihres Begründers, dem gegenüber Ferenczi hier wie anderswo als Analytiker reagiert, das heißt, sich befragt...

In Wirklichkeit *erkennt* Freud (Brief vom 4.1.1928, Grubrich-Simitis, 1980, S. 165) den Wert von Ferenczis Arbeit an und schreibt ihm, sie zeuge »...von jener überlegenen Reife, die Sie sich in den letzten Jahren erworben haben und in der Ihnen niemand nahekommt«. Er fügt übrigens hinzu, seine eigenen »seinerzeit gegebenen Ratschläge zur Technik« seien »wesentlich negativ« gewesen.

Außerdem behandelte Ferenczi Patienten, deren Widerstände nicht mit dem analysiert werden konnten, was er als »klassische Technik« bezeichnete (Rundschreiben vom 15.2.1924, Freud, 1965a, S. 321). Dann sagt er klar, daß für solche Patienten die Aktivität nur ein Vorspiel der Deutung ist (Ferenczi, 1926 [271]); man müsse bei ihnen in den Begriffen der Übertragungsneurose und des analytischen Prozesses denken, die Wichtigkeit der Trauer anerkennen (Ferenczi, 1928 [282]), die Auswirkungen einer nicht ausreichend »guten Fürsorge« durch die Mutter (Ferenczi, 1929 [287]) sowie die Probleme von Verlassenheit und narzißtischem Rückzug berücksichtigen (Ferenczi, 1931 [292]). Er erkennt in ihnen einige jener Kinder wieder, die zu Beschützern ihrer Eltern geworden sind (Ferenczi, 1933 [294]).[7]

Er versucht, in Prozeßbegriffen den *Beitrag des Analytikers* zur Herstellung einer angemessenen psychologischen Atmosphäre zu definieren (Ferenczi, 1930 [291], B. III, S. 478). Er stellte eine Verbindung her zwischen der Persönlichkeit und dem eigenen Stil jedes Analytikers und der psychologischen Atmosphäre der Sitzung. Er zeigt dann, wie der aktiv versagende Stil schließlich dazu führt, die Abhängigkeit des Analysanden von seinem Analytiker zu steigern, wie eine Lehrer-Schüler-Beziehung dazu beitragen kann, daß Affekte nicht geäußert werden, und wie ein lockerer Stil die Rückkehr von Affekten begünstigt, die mit den unerledigten infantilen *Traumata* verbunden und einer psychoanalytischen Technik, die nur auf dem Hervorrufen zugänglicher Erinnerungen basierte, nicht zugänglich sind. Solche Feststellungen implizieren, daß die Deutung immer den Charakter eines dem Patienten vorgebrachten *Vorschlages* haben muß. Die Deutungsarbeit kann in einer regressiven Situation sogar aufgeschoben werden. Denn es ist die Stellung der Regression in der analytischen Sitzung, die hier anerkannt wird – ein Thema, das Michael Balint später wiederaufnehmen und ausarbeiten wird –, wobei eines der sie begünstigenden oder ihr Erreichen gestattenden Elemente das *»Relaxationsprinzip«* (ibid., S. 471) ist: »In einem Gespräch mit Anna Freud über gewisse Maßnahmen meiner Technik machte sie die treffende Bemerkung: ›Sie behandeln ja Ihre Patienten, wie ich die Kinder in den Kinderanalysen.‹ Ich mußte ihr recht geben...« (S. 486).

Ferenczi erkennt an, was er seinem Freund Groddeck schuldet (»Zweifellos war ich... von Eindrücken beeinflußt, die ich bei Georg Groddeck... empfing«), und fügt hinzu: »Ich meinerseits aber blieb nebst dem auch der altbewährten Versagungstechnik der Analyse treu und trachte durch takt- und einsichtsvolle Verwendung beider mein Ziel zu erreichen« (ibid., S. 486). Hier stellt sich also das Problem, ob es *zwei Techniken* gibt – eine, die er selbst als »klassisch« bezeichnet, und eine, die eben Gegenstand seiner »Experimente« ist –, Techniken, die einander weniger widersprechen, als seine Kritiker glauben machen wollten; denn wenn auch die *Haltungen*, die Ferenczi vor und nach 1926 einnahm, in der Tat widersprüchlich waren – liegt es nicht im Wesen des Experimentierens, daß man in verschiedenen Richtungen sucht? Außerdem war die Untersuchung, die diesem Experimentieren zugrunde lag, vollkommen kohärent: Er wollte die *Rolle des Analytikers* – ein Thema, das bis dahin tabu war – und deren Implikation beim analytischen Prozeß verstehen; es handelte sich darum, die Folgen seiner verschiedenen Haltungen, seiner verbalen und nonverbalen Manifestationen und die Art und Weise aufzuklären, wie seine eigene Analyse und die Analyse des Analysanden einander begegneten. Diese Fragen, die immer zwischen den Zeilen seiner Experimente auftauchen, bleiben auch heute noch fundamental. Freud schreibt, seine Arbeiten hätten »alle Analytiker zu seinen Schülern gemacht« (1933c, S. 268); oder, um Balint zu zitieren (1958c, S. 95): »Die letzten Schriften Ferenczis nehmen nicht nur die Entwicklung der psychoanalytischen Techniken und Theorien um fünfzehn bis zwanzig Jahre vorweg, sondern enthalten auch zahlreiche Aufklärungen über die gegenwärtigen und sogar zukünftigen Probleme...«

Er hat durchaus gespürt, daß der Analytiker an den Analysen *sehr beteiligt* ist und daß der Analysand ihn als *verläßlich* empfinden können muß (Ferenczi, 1928 [282], B. III, S. 375): der Patient versucht, »die Tragfestigkeit der Geduld des Analytikers... konsequent und auf die verschiedenste Art auf die Probe zu stellen« und beobachtet dabei »die Reaktionsweise des Arztes... aufs allerscharfsinnigste«. Er entdeckt »die leisesten Anzeichen unbewußter Regungen im Analytiker, der diese Analysenversuche mit unerschütterlicher Geduld zu ertragen hat; eine oft fast übermenschliche Leistung, die aber die Mühe in jedem Fall lohnt« (ibid., S. 375), vor allem bei verzweifelten Fällen, die unbewußt danach streben, zurückgewiesen zu werden (1928 [283], B. III, S. 391). Ferenczi fühlt durchaus, daß die entgegengesetzte Haltung, nämlich die pedantische und distanzierte, einfacher ist, aber nur die »Hypokrisie der Berufstätigkeit« (1933 [294], B. III, S. 514) des Analytikers verraten würde, eine Hypokrisie, die bereits in den Schriften aus seiner Jugend ein Thema ist (C. Lorin, 1983). Aus der Perspektive dieser Besorgnis gelangt er am Ende seines Lebens zu der Notwendigkeit, »die Ursache der Störung in uns selbst zu erraten und sie vor dem Patienten zur Sprache zu bringen« (1933 [294], B. III, S. 514): es handelt sich um gegenseitige, »mutuelle Analyse«: Die Analyse des Patienten impliziert die Analyse des Analytikers.[8] Er wirft hier die Frage (faktisch und graduell) der *Professionalisierung* der analytischen Aktivität im Gegensatz zum Konzept einer persönlichen, einzigartigen und authentischen Beziehung zwischen Analytiker und Analysand auf.

Zur gleichen Art von Gedanken gehören auch seine Überlegungen anläßlich der Gründung der Internationalen Psychoanalytischen Vereinigung. Er versichert, er kenne die »Auswüchse des Vereinslebens« und wisse, »daß in den meisten politischen, geselligen und wissenschaftlichen Vereinen infantiler Größenwahn, Eitelkeit, Anbetung leerer Formalitäten, blinder Gehorsam oder persönlicher Egoismus herrschen anstatt ruhiger, ehrlicher Arbeit für das Gesamtinteresse (1911 [79], B. I, S. 281). Seine Analyse ist scharfsichtig: »Gerade psychoanalytisch geschulte Mitglieder wären am besten dazu berufen, einen Verein zu gründen, der die größtmögliche persönliche Freiheit mit den Vorteilen der Familienorganisation verbindet. Dieser Verband wäre eine Familie, in der dem Vater keine dogmatische Autorität zukommt, sondern gerade so viel, als er durch seine Fähigkeiten und Arbeiten wirklich verdient; seine Aussprüche würden nicht blind wie göttliche Offenbarungen befolgt, sondern wie alles andere Gegenstand einer eingehenden Kritik, und er selbst nähme diese Kritik nicht mit der lächerlichen Überhebung des Pater familias auf, sondern würdigte sie entsprechender Beachtung« (ibid.). Er erinnert daran, daß sich 18 Jahre zuvor die Internationale Psychoanalytische Vereinigung auf seine Initiative hin konstituiert hat, und fährt fort, sie habe es sich zur Aufgabe gemacht, »die Analyse Freuds als selbständige Wissenschaft in möglichster Reinheit zu pflegen und zu fördern. Das Prinzip, das mir beim Gründungsvorschlag vorschwebte, war, daß dieser Vereinigung nur solche angehören sollen, die bezüglich der Grundideen übereinstimmen; neuerdings gehört auch das Analysiertsein zu den Aufnahmebedingungen. Ich glaubte und glaube auch heute noch, daß Diskussionen nur unter Gleichgesinnten förderlich sind und daß Leute mit verschiedenen Grundgedanken ihre eigenen Arbeitszentren haben sollen« (Ferenczi, 1928 [306], B. III, S. 428). Aber »obzwar wir jetzt der Form nach unorganisiert sind, leben wir Analytiker doch schon untereinander in einer Art Familiengemeinschaft« (Ferenczi, 1911 [79], B. I,

S. 282). »Der Präsident ist der Vater, dessen Aussprüche unwiderlegbar, dessen Autorität unverletzbar ist; die anderen Funktionäre sind die älteren Geschwister ... Die große Masse der Mitglieder ... verfolgt mit Haß und Neid die Erfolge der Älteren und möchte sie aus der Gnade des Vaters ausstechen« (ibid., S. 281).

Ferenczi gibt sich sehr klar Rechenschaft über den narzißtischen Gewinn, den die Zugehörigkeit zu einer Avantgarde-Gruppe darstellt, die sich als solche betrachtet und sich durch die Berufung auf die »Technik« rückversichert. So gewinnen wir Analytiker »das ungestörte *Sich-stützen* auf das eigene *Besserwissen* und die Theorien, das Suchen und Finden der Ursachen des Mißerfolgs im Patienten, *anstatt zum Teil in uns selber«* (Ferenczi, 1985, S. 225, S, 249).[9] Meisterhaft faßt er so den von ihm selbst zurückgelegten Weg zusammen und gibt uns ein Zeugnis seiner Sensibilität und gleichzeitig der Entwicklung seines Standpunktes – seiner Gegenübertragung.

Die Technik wird bis zum Ende seines Lebens sein Hauptinteresse bleiben oder, wie Balint sagte (1966 b, S. 904), sein Lieblingsthema. Schon 1916 hatte er in einem Brief an Freud (vom 14. 8. 1916, zitiert nach Grubrich-Simitis, 1980, S. 142) geschrieben, er wolle sich nur mit den »Feinheiten der Technik« befassen; Freud ermutigte ihn übrigens häufig dazu. Später, am 6. November 1921, versichert er Freud (Grubrich-Simitis, ibid.), er werde »mit Verbesserung der Technik bessere Erfolge« erzielen.

Ferenczis Beschäftigung mit dem Thema des Traumas veranlaßt uns, die Beziehungen zwischen psychoanalytischer Theorie und Technik ins Auge zu fassen. Sein Aufsatz »Das unwillkommene Kind und sein Todestrieb« (1929 [287]) führt direkt zu »Kinderanalysen mit Erwachsenen« (1931 [292]), der Text »Sprachverwirrung zwischen den Erwachsenen und dem Kind« (1933 [294]) zu seinen letzten Werken. Er zeigt die Traumata, denen das Kind in seinen Beziehungen zu den Erwachsenen unterworfen sein kann, und betont die Notwendigkeit, daß der Patient diese Traumata in der Analyse wiedererleben muß – aber nicht wiederholen. In seinem Verständnis des analytischen Erlebens ist das Vertrauen, das der Patient seinem Analytiker entgegenbringt, ein wichtiges Element: »Dieses Vertrauen ist jenes gewisse Etwas, das den Kontrast zwischen der Gegenwart und der unleidlichen, traumatogenen Vergangenheit statuiert« (1933 [294], B. III, S. 516). Die Patienten haben ihn gelehrt, »Übertreibungen in beiden Hinsichten zu erkennen und zu beherrschen«, also einerseits »die aggressiven Züge in meiner ›aktiven Therapie‹« und andererseits »die berufliche Hypokrisie in der Forcierung der Relaxation« (ibid.). Abspaltung und (mütterliche)

Freundlichkeit sind zwei Schlüsselworte für die Entdeckungen jener Zeit. »Die Atmosphäre des Vertrauens und das Gefühl vollkommener Freiheit« (1930 [291], B. III, S. 481) sowie »Zärtlichkeit, nicht aber heftige Äußerung der Leidenschaftlichkeit« (ibid., S. 484) sind das, was diese Patienten brauchen. Das führt zu einem »Neubeginn« (1932 [308], B. IV, S. 284), einem Gedanken, der später seinen Weg machen wird (Balint, 1968 a, S. 141 ff. der deutschen Ausgabe).

Wie wir sehen werden, waren Ferenczis letzte Lebensjahre von seiner Entfernung von Freud gezeichnet. In der Darstellung von Jones, bis heute Hauptquelle von Informationen über den Konflikt, ist der Brief Freuds vom 13. 12. 1931 der zentrale Punkt. Jones veröffentlicht ihn *beinahe* vollständig: Als Ferenczi ihm mitgeteilt hatte, eine seiner Patientinnen (allem Anschein nach Clara Thompson) habe nach der Sitzung quasi das Recht auf einen Kuß, antwortete Freud: »Sie haben kein Geheimnis daraus gemacht, daß Sie Ihre Patienten küssen und sich von ihnen küssen lassen ...« Er fügte hinzu: »Es gibt keinen Revolutionär, der nicht von einem noch radikaleren aus dem Feld geschlagen würde. Soundso viele unabhängige Denker in der Technik werden sich sagen: Warum beim Kuß stehenbleiben? Gewiß erreicht man noch mehr, wenn man das ›Abtatscheln‹ dazunimmt, das ja auch noch keine Kinder macht. Und dann werden Kühnere kommen, die den weiteren Schritt machen werden zum Beschauen und Zeigen – und bald werden wir das ganze Reservoir des Demiviergetums und der petting-parties in die Technik der Analyse aufgenommen haben... die Jüngeren unter unseren Kollegen werden es schwer finden, in den angeknüpften Beziehungen an dem Punkt stehenzubleiben, wo sie ursprünglich wollten, und Godfather Ferenczi[10] wird vielleicht auf die belebte Szenerie blicken, die er geschaffen hat, sich sagen: Vielleicht hätte ich mit meiner Technik der Mutterzärtlichkeit doch *vor*[11] dem Kusse haltmachen sollen« (Jones, 1962, Bd. 3, S. 197 f. der deutschen Ausgabe).

Die Geschichte ist komplizierter und interessanter: zu Beginn seines Tagebuchs von 1932 enthüllt Ferenczi, daß Freud in Wirklichkeit durch C. Thompson erfuhr, daß sie sich rühmte: »Ich kann Papa Ferenczi küssen, so oft ich will« (Ferenczi, 1985, S. 41 der deutschen Ausgabe). Ferenczi behandelte das, was er als »die Unannehmlichkeit« bezeichnete, zunächst »mit voller Affektlosigkeit«. Erst sehr viel später wurde die Übertragungsseite dieses ganzen Vorfalls sichtbar: »Sie wurde als Kind vom unbeherrschten Vater weitgehend sexuell mißbraucht... Die Tochter mußte sich am Vater auf indirekte Weise durch den Mißerfolg ihres eigenen Lebens rächen« (ibid., S. 42).

Masson (1984, S. 166 der Originalausgabe) ist überzeugt, daß es Ferenczis Gedanken über das Trauma waren, die Freud unannehmbar fand, und nicht seine technischen Experimente. Unserer Meinung nach hat das zweite Element eine noch wichtigere Rolle spielen müssen. Am unerträglichsten für Freud war wahrscheinlich die Tatsache, daß Ferenczi sich dem »Gottesurteil« stark regredierter Patienten ausgeliefert hatte, was Freud an seine ersten Erfahrungen aus der Breuer-Zeit, an Anna O. und später, 1908–09, an ähnliche Situationen zwischen Jung und Sabina Spielrein erinnern mußte. Eine solche Konfiguration ergab sich auch 1911–12 zwischen Elma Palos und Sándor Ferenczi. Allen gemeinsam ist eine sehr starke Erotisierung der Beziehung zwischen Patientin und Therapeut. Freud war zunächst außenstehender »Dritter« in der Position des Beobachters; hineingezogen wurde er erst, als die Schwierigkeiten einmal eingetreten waren. Wir werden darauf zurückkommen. Das Tolerieren der Regression und übrigens auch die Anerkennung der Rolle des Analytikers wurden Freud schwergemacht durch seine Bestrebungen, eine Situation zu schaffen, die der eines Laboratoriums vergleichbar wäre, um seinen wissenschaftlichen Idealen, wie er sie verstand, und dem Ideal des wissenschaftlichen Charakters der Psychoanalyse zu entsprechen (vor allem, daß das, was sie zu Tage fördert, nicht durch die Aktivität des Analytikers induziert ist): Die Regression und die Überschwemmung durch Sexualität und Psychose stellten eine Bedrohung dieses Bildes dar. Im Kern des Problems finden wir die persönlichen Reaktionen der Therapeuten – in diesem Falle Freuds und Ferenczis – gegenüber regredierten Analysanden. Erinnern wir uns, daß Freud psychotische Patienten nicht mochte... In einem Brief vom 21. November 1907 an Auguste Forel erwähnt Breuer den Fall der Anna O.: »So habe ich damals viel gelernt; viele wissenschaftlich wertvolle Dinge; aber auch... daß es für den Arzt unmöglich ist... einen solchen Fall zu behandeln, ohne daß seine Praxis und sein Privatleben vollkommen ruiniert werden. Damals habe ich mir gelobt, mich *nie wieder*[12] einem solchen Gottesurteil auszusetzen« (zitiert nach Torok, 1984, S. 119). Freud muß eine ähnliche Erfahrung durchlebt haben: Im Rundbrief von 1924 erinnerte er sich an seine Erlebnisse und die Befürchtungen, die sie in ihm weckten – um sich schließlich dem Vorgehen Ferenczis anzuschließen: »Die gemeinsame Arbeit schätze ich als eine Korrektur meiner Auffassung von der Rolle des Wiederholens oder Agierens in der Analyse. Ich hatte mich noch davor *gefürchtet* und diese Vorfälle, *Erlebnisse* heißt Ihr sie jetzt, als *unerwünschte Mißerfolge* betrachtet. Rank und Ferenczi machen auf die *Unausweichlichkeit* und die *nützliche Verwertung* dieses Erlebens aufmerksam«[13] (Freud, 1965a, S. 321).

Damit sind die Divergenzen aber nicht beseitigt. Die Befürchtungen sind zählebig. Da Ferenczi trotz seiner Vorbehalte voranschreitet, wird der Graben zwischen ihm und Freud breiter. Er hat das übrigens durchaus verstanden: »Freud ist so stark in der Festigkeit des Erziehens, wie ich in der Tiefe der Relaxationstechnik« (Ferenczi, 1985, S. 107 der deutschen Ausgabe), und er versteht die Entwicklung seines Freundes folgendermaßen: »...muß ich mich gewisser Äußerungen Freuds erinnern, die er vor mir, offenbar auf meine Diskretion rechnend, fallenließ: ›Die Patienten sind ein Gesindel.‹ Die Patienten sind nur gut, um uns leben zu lassen, und sie sind Stoff zum Lernen. Helfen können wir ihnen ja nicht« (Ferenczi, 1985, S. 142).

»Ich denke mir, daß Freud ursprünglich wirklich an die Analyse geglaubt hat, er folgte Breuer mit Enthusiasmus, befaßte sich leidenschaftlich, hingebungsvoll mit der Heilung Neurotiker (stundenlang auf dem Boden liegend, wenn nötig, neben einer Person in hysterischer Krise). Er muß aber durch gewisse Erfahrungen erstens erschüttert, zweitens ernüchtert worden sein, ungefähr so, wie Breuer beim Rückfall seiner Patientin und durch das Problem der vor ihm plötzlich wie ein Abgrund sich öffnenden Gegenübertragung« (ibid.).

Ferenczi dagegen setzte sich der Erfahrung mit regredierten Analysanden aus und hat so die Bedeutsamkeit der Traumen erfassen können:

» 1. In *allen*[14] Fällen, in denen ich tief genug drang, fand ich die *traumatisch*-hysterische[15] Grundlage der Erkrankung.

2. Wo mir und dem Patienten dies gelang, war die therapeutische Wirkung eine viel bedeutendere...

3. Die kritische Ansicht, die sich dabei in mir allmählich herausbildete, war die, daß die Psychoanalyse viel zu *einseitig Zwangsneurosen-* und Charakter*analyse,* d.h. *Ich-Psychologie treibt,* die organisch-hysterische Grundlage der Analyse vernachlässigend; die Ursache liegt in der *Überschätzung* der Phantasie – und der *Unterschätzung*[15] der traumatischen Realität in der Pathogenese...

4. Die neugewonnenen (wenn auch im Wesen eher auf Altes zurückgreifenden) Erfahrungen wirken natürlich auch auf Einzelheiten der Technik zurück« (Ferenczi an Freud, Brief vom 25.12.1929, zitiert von Dupont, 1985, S. 13 der deutschen Ausgabe).

Im Gegensatz zur Position Massons (1984) sind wir also der Auffassung, daß in dieser Interaktion zwischen einer psychoanalytischen Technik, die das Wiedererleben einer tiefen Regression und das Heraustreten daraus mittels eines »Neubeginns« gestattet, und der Problematik von Trauma und Regression all das liegt, worum es beim Konflikt zwischen Freud und Ferenczi in Wirklichkeit ging.

Zweifellos spielt Freud, als er von »uferlosem Experimentieren« spricht (Freud, 1933 a, S. 165), wieder auf Ferenczi an und warnt diejenigen, die ihm folgen möchten: »Diese Bemühungen... bringen auch die Gefahr mit sich, daß man selbst aus der Analyse hinausgedrängt wird.« Und doch versichert er nach Ferenczis Tod auch: »Es ist nicht glaublich, daß die Geschichte unserer Wissenschaft seiner vergessen wird« (Freud, 1933 c, S. 269). Stimmt das? Stimmt das *trotz* seiner Experimente oder im Gegenteil *wegen* seiner Experimente? Ist es nicht zutreffender, mit Balint anzunehmen, »das historische Ereignis des Zwists zwischen Freud und Ferenczi« habe »in der psychoanalytischen Welt wie ein Trauma« gewirkt (Balint, 1968 a, S. 162 der deutschen Ausgabe) und zur Folge gehabt, das *Stillschweigen*[16], das Ausklammern dieses kontroversen Themas zu fördern? Die Diskussionen über die Technik sind nach Ferenczis Tod vorsichtiger geworden, wenn auch die Analyse der Übertragung von da an von allen als zentral anerkannt wurde; die Probleme bezüglich der Regression[17] und der Gegenübertragung dagegen schienen für eine Weile zu verschwinden, bis 1939 der Artikel von Alice und Michael Balint erschien (1939 a).

Wir haben versucht in diesem Kapitel zu verfolgen, was wir zum Verständnis der Kontroverse zwischen Freud und Ferenczi für wichtig halten. Diese Kontroverse ist nicht von der persönlichen Lebensgeschichte Ferenczis zu trennen, wie wir im folgenden Kapitel, einem dem Leben Ferenczis gewidmeten »Intermezzo«, sehen werden.

Anmerkungen

1 1910 definierte er die Introjektion wesentlich breiter als dies später in der psychoanalytischen Literatur der Fall sein wird.

2 So etwa: »Ein ›passagères‹ Symptom. Position während der Kur« (1913 [115]), »Einschlafen des Patienten während der Analyse« (1914 [139]), »Schwindelempfindung nach Schluß der Analysenstunde« (1914 [138]) etc.

3 Hervorhebung von uns.

4 Beachten wir, daß er weder von Frustration noch von Gratifikation spricht. Das Wort »Versagung«, das man französisch mit »frustration« übersetzt, fließt sehr häufig aus seiner Feder, wie die französischen Übersetzer seiner Werke bemerkt haben (Psychoanalyse, T. 2., S. 12); sie haben außerdem festgestellt, daß Ferenczi diesen Begriff in einem weiteren Sinne benutzt als dem, den man ihm im allgemeinen in der psychoanalytischen Literatur gibt.

Wir machten oben die gleiche Bemerkung bezüglich der Introjektion. Tatsächlich handelt es sich um eine besondere Art, diese Konzepte zu verwenden, die immer die Möglichkeit der Öffnung für Assoziationen noch zu schaffender Konzepte läßt.

5 »Einfühlung«, auch mit »Empathie« übersetzt.

6 Hervorhebung im Original.

7 Charaktertypen, die neuerdings von Alice Miller (1979) wieder beschrieben wurden. Übrigens sind viele jüngere »Entdeckungen«, vor allem während der letzten Jahrzehnte, im Werk Ferenczis bereits vorhanden und oft besser ausgedrückt: vielleicht ein Grund für seine gegenwärtige »Wiederentdeckung«...

8 Sein »Klinisches Tagebuch« bezeugt, daß Ferenczi sich über die Abhängigkeit der Patienten und mehr noch über ihre reparatorischen Tendenzen gegenüber ihrem Analytiker klar war; ein Beispiel: »In R. N. finde ich die Mutter wieder, nämlich die wirkliche, die hart und energisch war und vor der ich Angst habe«, sagt er und fügt hinzu: »R. N. weiß das und behandelt mich mit ausgewählter Zärtlichkeit« (Ferenczi, 1985, S. 88 der deutschen Ausgabe).

9 Hervorhebung von uns.

10 Hier begeht Jones den Fehler, auf den Pierre Sabourin (1982, S. 14) uns aufmerksam gemacht hat, indem er »God the Father« (Gottvater) transskribiert, anstatt »godfather« (Pate) (N. B.: die auf Ferenczi projizierte Megalomanie Jones'?).

11 Hervorhebung im Original.

12 Hervorhebung im Original.

13 Hervorhebung von uns.

14 Hervorhebung im Original.

15 Hervorhebung von uns.

16 Wir werden darauf zurückkommen.

17 »In stillschweigender Übereinkunft wurde die Regression in der analytischen Behandlung zum gefährlichen Symptom erklärt« (Balint, 1968 a, S. 163 der deutschen Ausgabe).

Literaturverzeichnis

BALINT, M. (1958 c): Lettre à l'éditeur: Les dernières années de Sándor Ferenczi, *in:* TOROK, M. (1984 [1983]): La correspondance Freud–Ferenczi. Confrontations, 12: 117–118.

BALINT, M. (1966 b): Die technischen Experimente Ferenczis. Psyche, 20/12, S. 904–925.

BALINT, M. (1968 a): The basic fault. Tavistock Publ., London; deutsch: Klett, Stuttgart, 1970; dtv, 1987.

BALINT, M. (1970f): Vorwort zu »Bausteine zur Psychoanalyse« von S. Ferenczi, Band I, Ullstein, Frankfurt, Berlin, Wien, 1984.

BALINT, M. (1985 [1969i]): Vorwort zum Journal Clinique von S. Ferenczi *in:* FERENCZI, S.: Journal Clinique. Payot, Paris, S. 13–18.

BALINT, M. und BALINT, A. (1939a) Übertragung und Gegenübertragung, *in:* Die Urformen der Liebe. Stuttgart 1966; dtv, 1988, S. 214–221.

DUPONT, J. (1982): Vorwort: Les sources des inventions, *in:* FERENCZI, S. und GRODDECK, G.: Correspondance (1921–1933). Payot, Paris, S. 11–37; deutsch: Die Quellen der Erfindungen, *in:* Briefwechsel, Fischer Taschenbuch 6786, Frankfurt am Main, 1986.

DUPONT, J. (1985): Vorwort *in:* FERENCZI, S.: Journal Clinique. Payot, Paris, S. 23–40; deutsch, Sándor Ferenczi, Ohne Sympathie keine Heilung, Das klinische Tagebuch von 1932. S. Fischer, Frankfurt am Main, 1988.

FEDERN, P. (1933): S. Ferenczi. Int. Z. Psa., 19: 305–321.

FERENCZI, S. (1909 [67]): Introjektion und Übertragung. Bausteine zur Psychoanalyse, Bd. I, S. 9.

FERENCZI, S. (1911 [79]): Zur Organisation der psychoanalytischen Bewegung. Bausteine, Bd. I, S. 237.

FERENCZI, S. (1912 [97]): Zur Erkenntnis des Unbewußten. Bausteine, Bd. III, S. 26.

FERENCZI, S. (1913 [105]): Wem erzählt man seine Träume? Bausteine, Bd. III, S. 47.

FERENCZI, S. (1913 [115]): Ein ›passagères‹ Symptom. Position während der Kur. Bausteine, Bd. II, S. 36.

FERENCZI, S. (1914 [138]): Schwindelempfindung nach Schluß der Analysenstunde. Bausteine, Bd. II, S. 32.

FERENCZI, S. (1914 [139]): Einschlafen des Patienten während der Analyse. Bausteine, Bd. II, S. 31.

FERENCZI, S. (1919 [210]): Technische Schwierigkeiten einer Hysterieanalyse. Bausteine, Bd. III, S. 119.

FERENCZI, S. (1919 [216]): Zur psychoanalytischen Technik. Bausteine, Bd. II, S. 38.

FERENCZI, S. (1921 [234]): Weiterer Ausbau der ›aktiven Technik‹ in der Psychoanalyse. Bausteine, Bd. II, S. 62.

FERENCZI, S. (1926 [271]): Kontraindikationen der aktiven psychoanalytischen Technik. Bausteine, Bd. II, S. 99.

FERENCZI, S. (1928 [282]): Das Problem der Beendigung der Analysen. Bausteine, Bd. III, S. 367.

FERENCZI, S. (1928 [283]): Die Elastizität der psychoanalytischen Technik. Bausteine, Bd. III, S. 380.

FERENCZI, S. (1928 [306]): Über den Lehrgang des Psychoanalytikers. Bausteine, Bd. III, S. 432.

FERENCZI, S. (1929 [287]): Das unwillkommene Kind und sein Todestrieb. Bausteine, Bd. III, S. 446.

FERENCZI, S. (1930 [291]): Relaxationsprinzip und Neokatharsis. Bausteine, Bd. III, S. 468.

FERENCZI, S. (1931 [292]): Kinderanalysen mit Erwachsenen. Bausteine, Bd. III, S. 490.

FERENCZI, S. (1932 [308]): Integration and Splitting, *in:* Fragmentarische Aufzeichnungen aus den Jahren 1920 und 1930–33. Enthalten in ([309]). Bausteine, Bd. IV, S. 214.

FERENCZI, S. (1933 [294]): Sprachverwirrung zwischen den Erwachsenen und dem Kind. Bausteine, Bd. III, S. 526.

FERENCZI, S. (1985): Journal Clinique. Payot, Paris. dt.: Ohne Sympathie keine Heilung; Das klinische Tagebuch von 1932, S. Fischer, Frankfurt am Main 1988.

FREUD, S. (1933 a): Neue Folge der Vorlesungen zur Einführung in die Psychoanalyse. GW, Bd. 15.

FREUD, S. (1933 c): Sándor Ferenczi. GW. Bd. 16, S. 267–69.

FREUD, S. und ABRAHAM, K. (1965 a): Briefe 1907–1926. S. Fischer, Frankfurt am Main, 1965.

GRUBRICH-SIMITIS, I. (1980): Sigmund Freud – Sándor Ferenczi: Sechs Briefe zur Wechselbeziehung von psychoanalytischer Theorie und Technik, *in:* G. JAPPE u. C. NEDELMANN (Hrsg.): Zur Psychoanalyse der Objektbeziehungen, Stuttgart 1980.

LORAND, S. (1966): Sándor Ferenczi (1873–1933), pionnier des pionniers. Le Coq-Héron, No. 85, 1982, S. 3–21.

LORIN, C. (1983): Le jeune Ferenczi. Premiers écrits, 1899–1906. Aubier-Montaigne, Paris.

MASSON, J. M. (1984): The Assault on Truth. Freud's Suppression of the Seduction Theory. New York, Farrar, Straus & Giroux; deutsch: Was hat man dir, du armes Kind, getan? Sigmund Freuds Unterdrückung der Verführungstheorie. Rowohlt, Reinbek, 1986.

MILLER, A. (1979): Das Drama des begabten Kindes und die Suche nach dem wahren Selbst. Suhrkamp, Frankfurt am Main.

REVERZY, C. (1985): L'enseignement de Ferenczi. Ses préoccupations fondamentales. Doktorarbeit, Universität Genf.

SABOURIN, P. (1982): Vizir secret et tête de Turc, *in:* FERENCZI, S.: Psychanalyse, Band 4, Payot, Paris, S. 9–17.

TOROK, M. (1984): La correspondance Ferenczi–Freud. La vie de la lettre dans l'histoire de la psychanalyse. Confrontations, 12: 119–122.

Die vollständigste Aufzählung der Arbeiten Ferenczis ist die in den »Schriften zur Psychoanalyse« von S. Ferenczi veröffentlichte; herausgegeben von M. Balint (S. Fischer, Frankfurt am Main 1970, 2 Bde.).

III. Intermezzo: Ferenczi – Biographische Notizen

»Andererseits hätte ich gewünscht, daß Sie sich aus der infantilen Rolle reißen, als gleichberechtigter Kumpan neben mich hinstellen, was Ihnen nicht gelang, und ferner in praktischer Hinsicht, daß Sie Ihr Stück Aufgabe, die Orientierung in Raum und Zeitlichkeit, verläßlicher durchgeführt hätten. Sie waren aber gehemmt und verträumt.«

(Freud, Brief vom 2.10.1910 an Ferenczi)

Ungarn hatte enge Beziehungen zu Österreich seit 1526, als der ungarische Reichstag, um sich vor der türkischen Gefahr zu schützen, einen Habsburger, Ferdinand I., zu seinem König wählte. Seit 1723 unter Karl III.[1] – dem Vater der Maria Theresia – folgte die Thronfolge der Könige von Ungarn obligatorisch der der Kaiser von Österreich. Doch diese multinationale Struktur wurde von den Ungarn nur widerstrebend akzeptiert. Nach dem Aufstand von 1848, dem Kompromiß (»zwischen dem Haus und der Nation«) von 1867 und der Konstitution eines zweiköpfigen Reiches wurde Ungarn nach und nach zu einem liberalen Land, dessen Hauptstadt eine Bevölkerung beherbergte, in der verschiedene Traditionen – Katholiken, protestantische und jüdische Minderheiten – und verschiedene ethnische Gruppen – Slawen, Deutsche und natürlich Magyaren – zusammenlebten. Allmählich entstand ein Graben zwischen der Hauptstadt und dem Rest des Landes, wie man es übrigens auch in anderen Ländern beobachtete. Die Kultur Budapests wurde zunehmend kosmopolitisch und gewann schließlich trotz der rückschrittlichen feudalen Opposition der Provinzen eine vorherrschende Stellung. In den letzten Monaten der Monarchie und dann nach ihrem Zusammenbruch am Ende des Krieges von 1914/18 ergriff Károlyi an der Spitze einer linksliberalen Partei im Herbst 1918 die Macht und rief die Republik aus. Dann folgte ab Frühjahr 1919 die Kommune von Béla Kun, die einige Monate später durch das präfaschistische Regime des Admirals Horthy abgelöst wurde. In den zwanziger Jahren milderte sich seine Härte zu einem autoritären Regime ab. Die sozialdemokratische Partei war im Parlament vertreten, die kommunistische Partei jedoch verboten, während im Schatten Horthys eine Art »Provinzadel« blühte, umgeben von einer Offizierskaste, die von einem Teil des (katholischen) Klerus unterstützt wurde; dessen Ansichten waren eindeutig sowohl provinziell als auch fremdenfeindlich und antisemitisch. In den dreißiger Jahren und mit dem Aufkommen des Faschismus in Europa wurde Ungarn wieder faschistischer. Unter der Regierung des Premierministers Gömbös (ab 1932) nahmen Chauvinismus, Antikosmopolitismus und Antisemitismus stark zu.

Der begeisterte, mit Fortschrittserwartungen verbundene Nationalismus von 1848 verfällt unter dem nach der Zerstörung der Räterepublik durch Admiral Horthy im Jahre 1919 errichteten Regime zu wildem, provinziellem Chauvinismus und dessen Zwillingsbruder, dem Antisemitismus.

Ferenczi ist ein typischer Vertreter der Budapester Intelligentsia, die Ende des 19. Jahrhunderts jene Hauptstadt charakterisierte, die 1892 durch die Wiedervereinigung von Buda, dem Viertel des königlichen Schlosses, und Pest, der Stadt der Händler, der kleinen Handwerker und der Universität, geschaffen worden war. Diese Intelligentsia, dem provinziellen Ungarn ebenso fern wie die Pariser Rive gauche dem ländlichen Frankreich, bestand aus Emigranten, die aus verschiedenen Gebieten der Monarchie gekommen waren, Deutschsprachigen (genannt »Schwaben«), Juden aus Westpolen (das seit Maria Theresia der Doppelmonarchie angehörte) und Ungarn aus fernen Provinzen (wie Transsylvanien, einem Vielvölkerfürstentum, jahrhundertelang unabhängig, das seit 1919 mit einer ungarischen Minderheit von ungefähr zwei Millionen Einwohnern zu Rumänien gehörte). Im 19. und zu Beginn des 20. Jahrhunderts genossen die Hauptstädte Mitteleuropas, Wien, Prag, Budapest, Triest, ein außergewöhnlich anregendes intellektuelles Leben und erlebten die Entfaltung von Genies wie Einstein, Kafka, Wittgenstein, Freud... Die Bücher *An Arrow in the Blue* (1953) und *The Invisible Writing* (1955) von Arthur Koestler geben uns eine Vorstellung von diesem außergewöhnlichen kulturellen und wissenschaftlichen Schmelztiegel. Im Herzen dieses multinationalen Reiches von 50 Millionen Einwohnern, das eine Art globales Europa ahnen ließ, gleichzeitig konservativ und avantgardistisch, liberal und antisemitisch, sprach man 20 Sprachen, ohne sich jemals wirklich zu verstehen.

Die Intellektuellen Budapests waren typisch mitteleuropäische Kosmopoliten: Der marxistische Philosoph Georg Lukacs und Béla Balázs, Autor der Libretti zweier berühmter Werke Bartoks (»Der holzgeschnitzte Prinz« und »Herzog Blaubarts Burg«), sind sehr bekannte Beispiele hierfür. Bezeichnend für diese Kreise war, daß Lukacs die meisten seiner Werke in Deutsch geschrieben hat; Béla Balázs beherrschte Deutsch und Ungarisch in gleicher Weise. Sándor Ferenczi schrieb sein *Intimes Tagebuch* in Deutsch![2]

Denjenigen, die sich die kulturelle Geographie dieser Länder nur schwer vorstellen können, mag es erstaunlich erscheinen, daß Städte wie Prag oder Budapest von deutschsprachigen kulturellen Bewegungen erfaßt wurden. Doch selbst der große Reformator Ungarns zu Beginn des 19. Jahrhunderts, Graf Széchenyi, schrieb Deutsch: und ist nicht das Jiddische – die in Polen und Rußland gesprochene Sprache der Juden – ein germanischer Dialekt? Die Nationalismen ließen zwar schließlich das Staatsgebilde zerbrechen, doch die kosmopolitische Kultur der Großstädte Mitteleuropas hat unsere Kultur des 20. Jahrhunderts, sogar noch nach deren Zusammenbruch, zutiefst geprägt, indem sie ihre Genies und ihre Talente expatriierte: Freud nach London, Wittgenstein nach Cambridge, Schönberg nach Kalifornien, um nur einige zu nennen.

Nach der Einsetzung des Horthy-Regimes im Jahre 1919 wurde der ganze »Geist Budapests« allerdings in Frage gestellt im Namen sogenannter »christlicher und nationaler« Werte: Vor allem Ferenczi und Herrmann wurden verfolgt. Die unvermeidliche Konsequenz war ein massiver Exodus der ungarischen Intellektuellen nach Wien, nach Berlin, in die Vereinigten Staaten; wie zu Beginn der *zwanziger* Jahre Analytiker wie Alexander und Harnik das Land verlassen hatten (Lorand war nach New York gegangen, doch die meisten von ihnen emigrierten nach Berlin), so emigrierten Ende der *dreißiger* Jahre die besten Physiker wie Léo Szilard, Musiker wie Béla Bartok und unter den Analytikern Robert Bak, Edith (Ludowyk-)Gyömröi, David Rapaport, Géza Roheim, Sándor Feldmann, René Spitz etc. Am Ende dieser Epoche schließlich gingen auch A. und M. Balint fort, und zwar mit Hilfe von John Rickman, der sich nach dem »Anschluß« von London nach Budapest begab, um ihre Abreise zu erleichtern...

Die wachsende Bedrohung durch Deutschland nach dem Anschluß Österreichs (erinnern wir uns, daß Wien 200 Kilometer von Budapest entfernt liegt) endete mit der deutschen Besetzung im Jahre 1944. Das Land wurde von der sowjetischen Armee befreit und besetzt. Die Sowjetisierung Ungarns, vor allem nach 1948, und die Verschiebung Osteuropas (Kants Geburtsstadt Königsberg liegt jetzt in der Sowjetunion!) führten dazu, daß die Städte Mitteleuropas, Hochburgen der Kultur des Kaiserreiches – Prag, Lemberg (Lvov), Budapest, Belgrad – sich in einem kulturellen Niemandsland wiederfanden. Einer der letzten Zeugen dieser außerordentlichen kulturellen Blüte, Georg Lukacs –

obwohl doch marxistischer Philosoph –, mußte seine Gedanken viele Male verleugnen, und endlich erlosch das Feuer...

Diese ganze Epoche spiegelt sich wider in der Lebens- und Familiengeschichte Ferenczis. Sein Vater, ein aus Polen eingewanderter Jude, war in die ungarische Armee eingetreten, getragen von seiner Begeisterung für den Unabhängigkeitsaufstand und die liberalen Reformen von 1848. Er hatte seinen Namen – »Fraenkel« – zu »Ferenczi« magyarisieren lassen. Die Gründe für diese Namensänderung waren mit seinem Enthusiasmus für die Sache von 1848 verbunden und nicht mit dem Wunsch, seine jüdischen Ursprünge, denen er sehr verbunden blieb, vergessen zu machen. Nach dem Scheitern des Aufstandes eröffnete er eine Buchhandlung in einer Provinzstadt, Miskolc, wo er unter anderem die anti-habsburgischen politischen Gedichte des berühmten Poeten (und calvinistischen Pfarrers) Michel Tompa herausgab und Lehrlinge ausbildete, die später berühmt wurden, so etwa Georg Fischer, den Gründer eines sehr bekannten deutschen Verlags.

Sándor wurde 1873 als achtes von zwölf[3] Kindern geboren; er verlor seinen Vater noch in den Jugendjahren (er war 15 Jahre alt). Angeregt vom Leben in einem an Büchern und Musik reichen Zuhause, schrieb er bereits zu jener Zeit Gedichte im Stil Heines. Seine Oberschulausbildung erhielt er am Kolleg von Miskolc, sein Medizinstudium absolvierte er an der Universität Wien. 1897 kehrte er nach Budapest zurück, wo er zunächst als externer Arzt in einer Abteilung für Prostituierte am Krankenhaus St. Rochus arbeitete. Dann, 1900, trat er in die Abteilung für Neurologie und Psychiatrie des Armenkrankenhauses St. Elisabeth ein und 1904 in die Poliklinik einer kooperativen Krankenkasse (Rajka, 1973). Danach eröffnete er seine eigene Praxis als Allgemeinarzt und Neuropsychiater und wurde psychiatrischer Gerichtsgutachter. Um sich ganz seiner psychoanalytischen Tätigkeit widmen zu können, gab er die Allgemeinmedizin im Jahre 1910 auf.

Ferenczi hatte schon als Oberschüler Erfahrungen mit Hypnose gemacht, und die »Traumdeutung« Freuds las er auf Anraten seines Kollegen und Freundes Fülöp Stein als junger Arzt; Anfang 1908, Ferenczi war damals 34 Jahre alt, arrangierte Stein für ihn ein Gespräch mit Freud. Letzterer war »augenscheinlich so beeindruckt von Ferenczi, daß er ihn aufforderte, beim ersten Psychoanalyse-Kongreß im April 1908 in Salzburg einen Vortrag zu halten und ihn in Berchtesgaden zu treffen, wo die Familie Freud ihre Sommerferien verbringen sollte« (Balint, 1964g, S. 9). Im folgenden Jahr begleitete er Freud nach Amerika. Während ihrer Morgenspaziergänge diskutierten sie über die Themen aller fünf Vorlesungen, die Freud an der Universität Clark (Worcester, Massachusetts) halten sollte. Daraus entwickelte sich ihre Freundschaft. Während des Ersten Weltkriegs, zwischen 1915 und 1916, gab es zwei Perioden, in denen Ferenczi formell durch Freud analysiert wurde (Balint, 1970f., S. 8; Grunberger, 1974, S. 528; Grubrich-Simitis, 1980, S. 140). Selbst Jones (Balint, 1964g, S. 10) – der sonst nicht ohne Kritik an seinem Analytiker von 1913, Ferenczi, war – schrieb, in dieser Periode sei es schwer festzustellen, wem die tiefgreifenden Gedanken und Einsichten zuzuschreiben seien, die in den Arbeiten Freuds und in denen Ferenczis auftauchten. Freud spricht darüber so: »In den Herbstferien mehrerer aufeinanderfolgender Jahre verweilten wir zusammen in Italien, und mancher Aufsatz, der später unter seinem oder meinem Namen in die Literatur einging, erhielt dort in unseren Gesprächen seine erste Gestalt« (Freud, 1933c). Hatte er nicht von ihrer Beziehung gesagt, sie sei gewesen wie eine »innige Lebens-, Gefühls- und Interessengemeinschaft« (Freud, Brief vom 11.1.1933, in: Grubrich-Simitis, 1980, S. 139)?

Balint (1964g) zufolge war Ferenczi der einzige Analytiker, der jemals eingeladen wurde, Freud auf seinen Ferienreisen zu begleiten. Er war sein bevorzugter Gesprächspartner, vor allem bezüglich der Probleme von Übertragung und Gegenübertragung und analytischer Beziehung. Von Beginn ihres Verkehrs an sah Freud in ihm gern seinen zukünftigen Schwiegersohn (Balint, 1964g, S. 7) und hegte den Gedanken an eine Heirat mit seiner Tochter Mathilde (Jones, 1955, S. 74f.). Jones zufolge soll Ferenczi Freud 1926 vorgeschlagen haben, nach Wien zu kommen, um ihn zu analysieren, und Freud schien über dieses Angebot bewegt (Jones, 1957).

Ihre lange und sehr enge Beziehung spiegelt sich wider in einer noch unveröffentlichten Korrespondenz von Anfang 1908 bis kurz vor dem Tod Ferenczis am 22. Mai 1933. Mit den Briefen an Wilhelm Fliess (die vor drei Jahren vollständig erschienen sind; Masson, 1985) ist die Korrespondenz Freud–Ferenczi gewiß die intimste, die Freud mit einem Freund und Mitarbeiter geführt hat. Insgesamt stellt sie eine Reihe von offenen Kommentaren zu den praktischen und theoretischen Problemen dar, die in ihrem Leben auftauchen. Sie ist von unschätzbarem Wert für das Verständnis und für die (noch fehlende) kritische Herausgabe der Werke Freuds. Zur Untersuchung der Kontroversen in der Psychoanalyse (ausführlich ist von Adler, Jung, Rank und Reich die Rede) und später der Meinungsverschiedenheiten zwischen den beiden Briefschreibern bieten uns diese Briefe die Möglichkeit, sowohl die implizierten epistemologischen Probleme und die Natur der psychoanalytischen Begriffsbildung und des psychoanalytischen Wissens als auch die Bedeutung persönlicher Faktoren nuancierter zu verstehen, die man von der psychoanalytischen Praxis nicht trennen kann.

Diese Korrespondenz ist mit Sicherheit ein wichtiger Beitrag zur Biographie von S. Freud und von S. Ferenczi, zum Verständnis des Lebens dieser beiden außergewöhnlichen Persönlichkeiten und des psychoanalytischen Denkens des 20. Jahrhunderts in seinen Bindungen an das kulturelle Leben von Wien und Budapest. In diesem Sinne ist sie auch ein äußerst bedeutsames Dokument der Kulturgeschichte.

Es liegt in der Natur der Sache, daß die Korrespondenten in diesen nicht für die Öffentlichkeit bestimmten Briefen offener sprechen und sich weniger Disziplin auferlegen: Indem sie sich spontan, sensibel und persönlich zeigen, werden sie menschlicher in ihren Fehlern wie in ihrer Größe.

Verschiedene Probleme, die mit familiärer Pietät und dem Schutz der Privatsphäre noch lebender Personen zu tun haben, haben für eine gewisse Zeit die Veröffentlichung dieses wichtigen Materials verhindert, doch das dürfte nicht mehr lange dauern. 1985 wurde formell ein Komitee gegründet, um die Publikation zu ermöglichen.

1910, beim Kongreß von Nürnberg, schlug Ferenczi auf Anregung Freuds die Gründung der Internationalen Psychoanalytischen Vereinigung vor. 1913 rief er die Ungarländische Psychoanalytische Gesellschaft ins Leben, deren Sekretär Sándor Rado und deren Vizepräsident István (Stefan) Hollós war. Unter den ersten Mitgliedern der Gesellschaft befanden sich der Literaturkritiker Hugo Ignotus, der Internist Lajos Lévy (Schatzmeister der Gesellschaft) und Anton von Freund-Toszeghy, ein reicher Brauer aus der Stadt Budapest. »Anton von Freund, wohl die liebenswerteste Gestalt aus den Anfängen der Psychoanalyse, (machte) das Angebot, zur Förderung der Ideen Freuds eine beträchtliche Summe (DM 300 000,–) zur Verfügung zu stellen und ein Institut zu errichten, das a) der Massen-Psychotherapie, b) der psychoanalytischen Ausbildung und c) der analytischen Forschung dienen sollte.« (Balint, 1948 b, S. 319). »Anton von Freunds Pläne wurden durch die Ereignisse zunichte gemacht. Die ungarische Inflation verschlang den Fonds bis auf einen kleinen Betrag, mit welchem unser Verlag in Wien gegründet wurde. Während der ungarischen Revolution 1919 wurde unter Ferenczis Leitung ein Institut eröffnet (es war in der Tat das erste in der ganzen Welt), dem aber nach wenigen Monaten die Konterrevolution ein Ende bereitete« (ibid.).

1914 wurde Ferenczi zum Militär einberufen. Er wurde Militärarzt in Pápa, einer kleinen Garnisonsstadt. Freud kam ihn manchmal besuchen, und er selbst hatte oft die Gelegenheit, »hinauf« nach Wien zu kommen. In dieser Zeit fanden, wie wir schon sagten, mehrere Abschnitte seiner Analyse statt. Am Ende des Ersten Weltkrieges veränderte sich die politische Landschaft Ungarns radikal: Im Oktober 1918, nach der sogenannten Asternrevolution[4], übernahm eine linksliberale Regierung die Macht, alliiert mit den Sozialisten und unter der Präsidentschaft des »roten Grafen« Károlyi. Unter dieser Regierung wurde Ferenczi infolge einer Petition der Studenten zum Professor für Psychoanalyse vorgeschlagen – das war eine Weltpremiere –, nachdem Géza Roheim, ebenfalls Psychoanalytiker, den Lehrstuhl für Anthropologie und Géza Révész[5] den für medizinische Psychologie erhalten hatte. Sein damaliger Assistent war Imre Hermann. Nachdem die Regierung rasch gewechselt hatte und Béla Kun an die Macht gekommen war, wurde die Nominierung im April 1919 von Zsigmond Kunfi bestätigt, dem Kommissar der Räterepublik. Deshalb wurde sie bei der Machtergreifung Horthys sofort annulliert.

Ferenczi verliebte sich in Gizella Palos (1863–1949), geborene Altschul – er war auch zwei oder drei Jahre lang in deren Tochter Elma verliebt. Im Oktober 1911 teilte Ferenczi Freud mit, er habe sich in Elma Palos verliebt, die Tochter Gizellas, seiner Geliebten (wahrscheinlich seit 1904), die wegen einer Depression bei ihm in Analyse war (infolge des Selbstmords ihres Freundes): »Die kühle Überlegenheit des Analytikers konnte ich Elma gegenüber nicht bewahren« (Brief an Freud vom 3.12.1911), gesteht er, um am Ende des Jahres (30.12.1911) sogar die Wahrscheinlichkeit einer Heirat anzukündigen...

Er befindet sich also in einer echten Dreieckssituation zwischen seiner Geliebten und der jungen Frau, seiner Patientin, und, was noch schlimmer ist, wird vom Zweifel gequält, »daß hier nicht von Verheiratung, sondern von Krankenbehandlung gesprochen werden darf« (Brief an Freud vom 1.1.1912). Im gleichen Brief fordert Ferenczi Freud gebieterisch auf, die Analyse dieser jungen Frau, nun seiner Verlobten, zu übernehmen. »Fragen Sie nicht nach meinen Neigungen und Voraussichten, sondern *verlangen* (im Original unterstrichen) von mir, daß ich es unternehme, so muß ich natürlich zusagen. Ich habe eigentlich keine Stunde frei...« (Brief Freuds an Ferenczi vom 2.1.1912). Darauf folgt eine Zeit der Unsicherheit, widerrufener Entscheidungen, obwohl Ferenczi erkennt, daß er, indem er sich in das Abenteuer stürzte, der Realisierung seines eigenen Familienromans nahekam und am Ende des Weges »ein bescheidener Mensch« wurde (Brief an Freud vom 3.1.1912). Es gibt einen erstaunlichen Austausch von privaten Mitteilungen zwischen Freud und Ferenczi, wobei ersterer unverblümt die intimsten Dinge beschreibt, die er von seiner Analysandin erfährt. Ferenczi gewinnt nach und nach Abstand, er spricht von dem »Malheur« (im Text französisch), das ihm die »Zügel der Selbstbeherrschung« aus den Händen genommen habe (Brief vom 20.1.1912). Nach einem Analyseabschnitt, den Elma zwischen Neujahr und Ostern 1912 bei Freud macht, nimmt Ferenczi sie zur Fortsetzung der Analyse *wieder auf*, unter sehr schwierigen Umständen, wie man wohl nicht zu sagen braucht, und mit dem Mut, den er jedesmal bewies, wenn es um das Eingeständnis ging, daß er sich geirrt hatte. Diese Episode hinterließ in ihm eine schwer zu bewältigende Trauer – die er vielleicht nie ganz überwand.

Dieser Aspekt des persönlichen Lebens von Ferenczi ist von großer Bedeutung, wie man sich vorstellen kann, um so mehr, als Freud dabei eine Rolle spielt.[6] In einem Brief vom 27. Februar 1922 (Ferenczi–Groddeck, 1982, S. 64) schrieb er: »Prof. Freud beschäftigte sich mit meinen Zuständen 1–2 Stunden lang; er beharrte bei seiner früheren Meinung, die Hauptsache bei mir sei der Haß gegen *ihn*[7], der (gleich wie seinerzeit der Vater) meine Ehe mit der jüngeren Braut (jetzige Stieftochter) verhindert hat. Darum also meine Mordabsichten gegen ihn...«[8] Wie dem auch sei, er konnte Gizella 1919 heiraten; ihr früherer Ehemann, Palos, starb am Tag ihrer Heirat an einem Herzanfall (Dupont, 1982, S. 35).

Im September 1918, beim Budapester Kongreß, wurde Ferenczi zum Präsidenten der Internationalen Psychoanalytischen Vereinigung gewählt (Balint, 1949 a). Aufgrund der politischen Isolation und der Unsicherheit der Kommunikationswege nach Ungarn (vor allem der Störung des Postverkehrs) glaubte Ferenczi einige Monate später, zurücktreten zu müssen.

Der Budapester Kongreß, der Aufenthalt Freuds in Ungarn und die Wahl Ferenczis zum Präsidenten der Internationalen Vereinigung trafen mit dem Höhepunkt seiner Freundschaft zu Freud zusammen. 1914 hatte Freud (1914 d, S. 73) noch geschrieben: »Das Österreich geographisch so nahe verbundene, ihm wissenschaftlich so entfremdete Ungarn hat der Psychoanalyse bisher nur einen Mitarbeiter geschenkt, S. Ferenczi, aber einen solchen, der wohl einen Verein aufwiegt«, und 1918 erwog er, Budapest zum Zentrum der psychoanalytischen Bewegung zu machen (Freud–Abraham, 1965 a, Brief vom 27.8.1918).

Tatsächlich scheint die ungarische Kultur der Jahrhundertwende ein fruchtbarer Boden für die Psychoanalyse gewesen zu sein. Vielleicht hat diese Kultur weniger Affinität zu stark abstrahierten Gedanken – wie der Philosophie – und mehr Sinn für Bereiche wie Musik, Malerei und, dank ihrer Verbindungen zur Wiener medizinischen Schule, für die therapeutische Aktivität gezeigt. Die entstehende ungarische psychoanalytische Schule bewies Unabhängigkeitsgeist (etwa in ihrem Ausbildungssystem), weniger Glauben an die Autorität – was sie sehr früh bereits in Gegensatz zur Berliner Schule brachte, deren Ausbildung von Anfang an gut organisiert und systematisiert und deren Denken strukturiert war.

Ferenczi war der unbestrittene Anführer des ersten Kreises von Budapester Psychoanalytikern. Man fand dort Persönlichkeiten wie Hollós, einen Psychiater, der wahrscheinlich einer der ersten war, die sich für ein psychoanalytisches Verständnis der Psychosen und die Liberalisierung der Anstalten interessierte[9]; vermutlich unter seinem Einfluß schrieb der Professor für Psychiatrie der Budapester Fakultät, Moravcsik, schon 1913 einen Artikel, in dem er die Bedeutung der Forschungsarbeiten Freuds anerkannte. Hollós ist auch der Autor eines Romans über die psychiatrischen Kliniken, der in den dreißiger Jahren sehr geschätzt wurde und dessen Titel lautet »Mein Abschied vom gelben Haus«[10]. Nach dem Tode Ferenczis wurde er Präsident der Ungarländischen Psychoanalytischen Gesellschaft (1933). Auch Kata Lévy gehörte dazu, Kinderpsychoanalytikerin und Schwester von Anton von Freund-Toszeghy, sowie ihr Mann Lajos Lévy, der der Hausarzt Ferenczis wurde. Lévy interessierte sich sehr für die Psychoanalyse der in der Bibel enthaltenen ersten Mythen. Es gibt die Anekdote, er sei der Urheber eines berühmten Lapsus am Bett Ferenczis gewesen, der damals schwer krank war, und habe über ein Medikament, das er ihm verschrieb, gesagt: »Das ist todsicher!«

Vom Ende der dreißiger Jahre an sollten Imre und Alice Hermann die Leiter der Gruppe werden, und dies bis zum Tode Hermanns, der 1984 im 95. Lebensjahr starb; er ist der Autor des Konzepts des »Klammerinstinkts«, angeregt von seinen Primatenbeobachtungen in den dreißiger Jahren (Hermann, 1932, 1943). Seine Beschreibung der Tendenzen zum »Sich-Anklammern« (Hermann, 1936) und zum »Auf-die-Suche-Gehen« (Hermann, 1936) haben Balint zweifellos angeregt bei seiner Konzeption von Oknophilie und Philobatismus. Sándor Rado, Jenö (Eugen) Harnik, Franz Alexander (Sohn von Bernhard Alexander, Philosophieprofessor von außerordentlicher Bildung) gehörten ebenfalls der Gesellschaft an. Alle emigrierten Anfang der zwanziger Jahre nach Berlin. Alexander wurde später in Chicago Leiter einer Gruppe, die sich vor allem für psychosomatische Medizin und die Probleme der psychoanalytischen Technik interessierte; zu ihren Mitgliedern gehörten Therese Benedek und Thomas S. Szasz, auch bekannt für ihre Arbeiten über die Probleme der psychoanalytischen Ausbildung, und in der nächsten Generation John Gedö, dessen Überlegungen vor allem Fragen psychoanalytischer Technik und Praxis betreffen. Bei diesen Menschen findet man die geistige Unabhängigkeit und den Nonkonformismus der Budapester Schule wieder. Sándor Rado ging nach New York, wo er an der Universität von Columbia das Psychoanalytische Institut und die Psychoanalytische Gesellschaft gründete. Sándor Feldmann emigrierte direkt in die Vereinigten Staaten, Edith (Ludowyk-) Gyömröi nach Ceylon, dann nach London. Sie war übrigens die Analytikerin eines der größten ungarischen Dichter, Attila Jozsef. Lilla Vészy-Wagner, ebenfalls in London, ist die Autorin des Index der *Gesammelten Werke* Freuds, der vom Verlag Imago in London bestellt wurde (eine Fleißarbeit zu dieser Zeit, die den Computer noch nicht kannte; sie lebte jahrelang inmitten von kleinen Zetteln und Notizen!). Lajos Székely war schon 1930 nach Schweden emigriert; Robert Bak emigrierte, nachdem er ebenfalls Attila Jozsef behandelt hatte, nach New York. David Rapaport wurde erst nach seiner Emigration nach Israel im Jahre 1939 Analytiker und ging dann in die Vereinigten Staaten. Sándor Lorand wirkte ebenfalls vor allem in den Vereinigten Staaten. Lilly Gimes-Hajdu, ebenfalls Psychiaterin, versuchte, vor allem nach dem Zweiten Weltkrieg, zur Liberalisierung der Anstalten beizutragen; nach der Hinrichtung ihres Sohnes aufgrund der revolutionären Ereignisse von 1956 nahm sie sich 1960 das Leben. Géza Roheim, Anthropologe und Psychoanalytiker, emigrierte nach New York; den Statistiken zufolge gehört er mit Lukacs zu den in der westlichen Welt meistgelesenen Autoren ungarischer Abstammung...

Endre Almássy, Präsident der Gruppe, der in Budapest blieb, versuchte, schlecht und recht, während der »braunen Jahre« der Naziverfolgung anständige Arbeits- und Lebensbedingungen für seine Kollegen aufrechtzuerhalten und zu retten, was zu retten war. Die Tragödie war unvermeidlich: sechs der 26 Mitglieder-Analytiker und zwei der elf Kandidaten starben als Opfer des Nationalsozialismus (Nemes, 1985).[11]

Was die Budapester Gruppe charakterisierte, war die zwanglose Atmosphäre und der informelle Geist: Ferenczi traf in den Kaffeehäusern regelmäßig einen Freundeskreis von hervorragenden Künstlern.[12] Seine Freundschaft mit Friedrich Karinthy, dem berühmten Literaten und Humoristen, und mit Hugo Ignotus, Schriftsteller, Poet, Kritiker und Journalist, spiegelt sich in seinen Werken wider (1924 [266], S. 245, der frz. Fassung und 1924 [267], S. 248, der frz. Fassung). Dezsö Kosztolányi, bekannter Dichter und Satiriker[13], und Sándor Hevesi, damals großer Dramaturg und Regisseur und zukünftiger Direktor des Ungarischen Nationaltheaters, gehörten ebenfalls zu diesem Kreis. Später schrieb Ferenczi über diese Zeit nostalgisch: »Wo sind die alten Zeiten, glückliche Vorkriegszeiten unter Franz Josef, eine Epoche ohne Geschichte, wo es vorkam, daß ein Gedicht, ein treffendes Wort, eine wissenschaftliche Idee das Leben reifer Männer mit der Kraft eines wahren emotionalen Schocks beeinflußten« (Ferenczi, 1924 [267], S. 248, rückübersetzt aus der frz. Fassung).

Die Intelligenz traf sich in verschiedenen Zirkeln; die renommiertesten waren ab 1901 die Gesellschaft für Sozialwissenschaften (mit ihrer »Huszadik Szádad«, »Zwanzigstes Jahrhundert«, betitelten Zeitschrift) und ab 1908 der Zirkel Galilei, freidenkerisch und antimilitaristisch. 1908 wurde von Hugo Ignotus und seinen Freunden (Ernö Osvát und Max Fenyö) die modernistische literarische Zeitschrift »Nyugat« (»Okzident«) gegründet. Dieser »Nyugat«-Bewegung gehörten der Schriftsteller Dezsö Kosztolányi, Georg Lukacs (damals Denkern wie Kierkegaard, Simmel und Stefan George nahestehend), der große ungarische Dichter Endre Andy, die Musiker Béla Bartok und Zoltán Kodály – und Ferenczi an (P. Ignotus, 1972, S. 125). In einem anderen, der »Sonntagszirkel« genannt wurde – und den es ab 1915 gab –, finden wir einige derselben Personen wieder, aber auch Béla Balász, Károlyi Mannheim, als Soziologe, zuerst in Frankfurt, dann an der London School of Economics, bekannt, Antal Frigyes, Autor des berühmten »Florentine painting and its social background«, Charles de Tolnay, den zukünftigen Direktor der Casa Buonarotti in Florenz, Jenö Varga, den zukünftigen sowjetischen Ökonomen, Mihaly Polanyi, Wissenschaftler in Großbritannien, und unter den Psychoanalytikern René A. Spitz und Edith Rényi (Ludowyk-Gyömröi) (Karadi und Vezér, 1980). Diese Verflechtung der Psychoanalyse mit progressiven kulturellen Bewegungen war charakteristischer für Budapest als für andere Zentren der entstehenden Psychoanalyse, ein Phänomen, das gewiß mit der Persönlichkeit Ferenczis zu tun hatte...

Nach dem Zusammenbruch des Reiches, unmittelbar nach dem Krieg, geriet Ferenczi unter dem »weißen Terror« des Regimes von Admiral Horthy in Verfolgung aufgrund seiner Ideen, die mit dem damals vorherrschenden militärisch-klerikalen Konservatismus nicht vereinbar waren, und wegen seiner jüdischen Abstammung. Nachdem die Offiziere mit den »Kranichfedermützen« (»Darutollas«), von denen Hermann in seinen Memoiren (1975) spricht, an die Macht gelangt waren, und sogar noch während der Konsolidierung des Horthy-Regimes machte Ferenczi sehr schwierige Jahre durch: Vor allem wurde er aus dem ungarischen Ärzteverband ausgeschlossen. In den zehn folgenden Jahren zog er sich mehr und mehr in sein Arbeitszimmer zurück und widmete sich seinen psychoanalytischen Forschungen, vor allem über technische Probleme.

Mehrere seiner ersten Mitarbeiter und Freunde emigrierten, wie wir bereits erwähnten, einige von ihnen (Rado, Alexander, Harnik, M. Klein[14] etc.) nach Berlin, das damals eine anziehende Hauptstadt und gleichzeitig der Kreuzungspunkt der verschiedensten kulturellen Strömungen war. So litt Ferenczi stark unter einem Gefühl des Ausgeschlossenseins: »Es ist etwas Tragisches darin, wenn einem nach 50jährigem heimatlichem Fühlen und Denken auf einmal die Zugehörigkeit zur nationalen Gemeinschaft strittig gemacht wird« (Ferenczi–Groddeck, 1982, deutsch 1986, S. 75). Als er von seinem Sterbebett aus einen Brief an Freud schrieb, in dem er ihn anflehte, an einen sicheren Ort zu emigrieren, hatte Ferenczi ihm eine Erfahrung voraus...

Lange Zeit hatte er selbst gezögert, Ungarn zu verlassen, und zunächst erwogen, nach Berlin zu gehen (Eitingon, S. 295). In Wirklichkeit zog ihn der Gedanke, eine Tätigkeit in Amerika aufzunehmen wie Otto Rank, noch mehr an. Nachdem er in den Vereinigten Staaten aufgrund seiner Vorträge und seiner Supervisionen bekannt war, empfing er in Budapest – wie Otto Rank in Paris – amerikanische Patienten, die in Dollar bezahlten, und er dachte sogar daran, gegebenenfalls seine Tätigkeit auf den nordamerikanischen Kontinent zu verlegen, wie es Otto Rank später, im Jahre 1935, tun sollte, nachdem er ein Jahrzehnt lang zwischen Paris und New York hin und her gependelt war. Freud wollte seinen bevorzugten Kollegen und Freund nicht verlieren an Amerika, an »Dollarien« (Freud an Ferenczi, 8. 8. 27) und die »Dollarbarbaren« (Freud an Ferenczi, 19. 9. 26). Im übrigen liebte er es ganz allgemein nicht, seine Schüler nach Amerika emigrieren zu sehen. Gefühlsmäßig empfand er solche Weggänge als Zeichen von Untreue (für Rank war die Abreise tatsächlich ein Mittel, um sich vom Meister zu entfernen). So schrieb Ferenczi 1926: »Inzwischen war ich starken Einflüssen ausgesetzt, die mich bestimmen lassen wollten, die Amerikareise aufzugeben und nach Wien zu übersiedeln, um das Präsidium zu übernehmen. Prof. Freud war besonders stark *für* Wien und *gegen* Amerika eingenommen« (Ferenczi–Groddeck, 1982, deutsch 1986, S. 70).[15]

Diese Geschichte ist nicht zu trennen von der Krise, die infolge der Veröffentlichung des Buches von Ferenczi und Rank, *Entwicklungs-*

ziele der Psychoanalyse, im Jahre 1924 aufkam. Nach einer eher günstigen Reaktion von Freud (»Sein Fund ist sehr großartig«, Brief von Freud an Ferenczi vom 1.6.1923) und dem Erscheinen eines zweiten Werkes von Otto Rank über *Das Trauma der Geburt* im gleichen Jahr wurden beide Bücher in psychoanalytischen Kreisen zu Gegenständen der Kritik, und Freud selbst distanzierte sich davon (»...daß er [Rank] wahrscheinlich das Buch nicht geschrieben hätte, wenn er analysiert worden wäre«, Brief von Freud an Ferenczi vom 29.8.1924). Aus Solidarität mit Freud und nach einer Zeit, in der er versucht hatte, den Vermittler zu spielen, entfernte sich Ferenczi schließlich auch von Rank. Zwischen Freud und Rank kam es zu einer langen und schmerzhaften Reihe von Erklärungen, Versöhnungen und erneuten Entfernungen wie bei einem Scheidungsprozeß, bei dem jeder versucht, einen dramatischen Bruch zu vermeiden.

Ferenczi entschied sich für einen längeren Aufenthalt in Amerika: Er kam einer Einladung der *New School for Social Research* in New York nach, Vorlesungen über die Psychoanalyse zu halten, und blieb dort von Oktober 1926 an für acht Monate, begleitet von seiner Frau. Wie er gehofft hatte, stieß er dort auf großes Interesse für seine Arbeit als Analytiker und Supervisor. Dieser Aufenthalt verlief nicht ohne Spannungen aufgrund von Meinungsverschiedenheiten mit der Mehrheit der New Yorker Gesellschaft (die eigenartigerweise von Jones unterstützt wurde) über die psychoanalytische Ausbildung von Nicht-Ärzten (die von Freud und Ferenczi als wünschenswert betrachtet wurde).

Im darauffolgenden Frühjahr kehrte Sándor Ferenczi nach Budapest zurück, nahm seine Tätigkeit wieder auf und gründete drei Jahre später, 1930, sogar die psychoanalytische Poliklinik, die später Michael Balint leitete.

Nachdem wir in unserem Bericht nun zu der Epoche seines Lebens gelangt sind, die von den Schwierigkeiten in seinen Beziehungen zu Freud gezeichnet ist, können wir uns fragen, warum diese für ihn eine so tragische Wendung genommen haben. Vermutlich lieferte er den Schlüssel dazu in einem seiner Briefe an Groddeck: »Ich wollte ja«, schrieb er, »von Freud geliebt werden« (Brief vom Weihnachtstag 1921, Ferenczi–Groddeck, 1982, deutsch 1986, S. 37). Man kann sich noch immer in Mutmaßungen über seine Analyse verlieren[16]: Deren Rekonstruktion ist ein mehr als gefährliches Abenteuer, selbst nach der Lektüre seiner Korrespondenz mit Freud[17], die jedoch gewisse Anhaltspunkte liefern kann. Das Zerwürfnis mit diesem Mann, der gleichzeitig sein Analytiker, sein Freund und älter war als er – und noch mehr, denn Ferenczi hat Freud immer als Genie betrachtet –, verursachte ihm großen Kummer. Im März 1933 vermutet er in einem Brief an Groddeck: »Die psychische Ursache des Niederganges war, nebst der Erschöpfung, auch die Dir bekannte Enttäuschung in Freud« (Brief vom 20.3.1933, ibid., S. 87).

Zwar suchte er neue Wege im Verständnis der analytischen Beziehung, doch ansonsten hing er an der Zusammenarbeit mit seinen Analytikerkollegen, der analytischen Gemeinschaft und der Internationalen Vereinigung, zu deren Gründern er gehörte. Das Gefühl, ausgeschlossen, zurückgewiesen, abgelehnt und unverstanden zu sein, mußte, wenn man seine Sensibilität berücksichtigt, katastrophal sein. Masson (1984) meint, Ferenczi hätte sagen können: »Ich werde nicht dazugehören (zu Ihrer Bewegung)«[18] (S. 186 des Originals). In Wirklichkeit *wollte* er aber gerade *dazugehören* und war überzeugt, ein Recht darauf zu haben: Er wollte, daß Freud seine Positionen anerkenne und akzeptieren könne. Als der Verdacht einer Abweichung oder eines Verrats in der Luft lag, versicherte er entschieden: »Ich halte Ihre Angst, daß ich (mich) zu einem zweiten Stekel entwickele, (für) unbegründet« (Brief vom 27.12.1931, Masson, 1984, S. 173). Dennoch quälte ihn die geringste Divergenz mit Freud; in seinen Briefen kommt er immer wieder darauf zurück, um sich zu vergewissern, daß Freud denkt wie er; er will von ihm geliebt werden und sorgt sich immer darum, seinen Platz nicht zu verlieren, indem er ihn überholt. Eines Tages, in einem Brief aus dem Jahre 1930, wirft er ihm vor, seine negativen Gefühle ihm gegenüber nicht anerkannt zu haben – die Ferenczis gegenüber seinem Analytiker –: Man kennt die Antwort, die Freud sieben Jahre später in »Die endliche und die unendliche Analyse« gab (1937c, S. 65), als er im wesentlichen sagte, das sei nicht möglich. Man spürt die ganze Unzufriedenheit und die Konflikthaftigkeit dieser gleichzeitig freundschaftlichen und analytischen Beziehung in dem, was Ferenczi an Groddeck schrieb: »Nie noch habe ich mich einem Manne gegenüber so freimütig geäußert, auch dem ›Siegmund‹ (Freud) gegenüber nicht... Zeitweise ließ ich mich durch ihn analysieren (einmal 3, einmal 4–5 Wochen lang), jahrelang reisten wir jeden Sommer zusammen: ich konnte mich ihm nicht ganz frei eröffnen... er war mir zu groß, zu viel vom Vater« (Brief vom Weihnachtstag 1921, Ferenczi–Groddeck, 1982, deutsch 1986, S. 36f.). Wie recht hatte er, an Freud zu schreiben: »Nun, im Verhältnis zwischen Ihnen und mir handelt es sich... um eine Verquickung der verschiedenartigsten Gefühls- und Einstellungskonflikte« (Brief vom 17.1.1930)!

Mit den Jahren jedoch wurden diese Konflikte immer mehr in den

Tatsachen sichtbar. Grunberger zitiert das Buch der Schriftstellerin Zsofia Dénes, der Nichte von Ferenczis Frau: »Durch Ferenczi bei Freud eingeführt... war sie überrascht über die extreme Kälte Freuds im Vergleich zum ersten Besuch und übersah nicht, daß etwas Wesentliches in der Beziehung zwischen den beiden Männern passiert war. Ferenczi, ein enger Freund des Hauses, den Freud ›mein lieber Sohn‹ nannte, war diesmal gezwungen, sich anmelden zu lassen, und ihm wurde nur eine kurze und formelle Audienz gewährt. Einzig Gizella erhielt ein freundschaftliches Lächeln, und sie war es, die – beim Hinausgehen in Tränen ausbrach« (Grunberger, 1974, S. 533). Weiter unten schreibt Grunberger: »Diesen Aussagen (denen von Zsofia Dénes, Isette de Forest und Erich Fromm) zufolge hörte der Meister, als Ferenczi ihm seine neuen psychoanalytischen Ansichten darlegte (in der Villa am Semmering, in der Freud seine Sommerferien verbrachte), mit gereizter Ungeduld zu, machte einige sehr trockene Bemerkungen und wandte Ferenczi, als dieser sich verabschieden wollte und ihm die Hand hinstreckte, den Rücken zu und verließ hastig den Raum« (ibid.).

1932 forderte Freud Ferenczi dennoch erneut auf, die Präsidentschaft der Internationalen Psychoanalytischen Vereinigung zu übernehmen. Er schlug ihm dies gewissermaßen in therapeutischer Absicht vor. Tatsächlich schrieb er, beunruhigt, in seinem Brief vom 12. Mai 1932, der von Dupont (1985, S. 28, deutsch 1988, S. 17) veröffentlicht wurde: »Sie sind unzweifelhaft in den letzten Jahren in die Isolierung zurückgegangen... Sie aber sollen die Trauminsel, auf der Sie mit Ihren Phantasiekindern hausen, verlassen und sich wieder in den Kampf der Männer mengen.« Ferenczi entschied sich dafür, bei seinen Phantasiekindern zu bleiben – die Phantasien zu erforschen und sich nicht auf diesen »Kampf der Männer« einzulassen, dessen Pathologie und Eitelkeit ihm sehr klar waren: »Ich meine also wirklich ein nicht unnützes Werk zu tun, wenn ich eine Zeitlang meine jetzige Arbeitsweise fortsetze« (ibid.).

Diese Entwicklung löste Klatsch und Gerüchte aus, man munkelte, Ferenczi ginge es »nicht gut«. Seine – neurologische – Krankheit war damals unheilbar – eine perniziöse Anämie, die man heute mit Vitamin B 12 kuriert. Typische Symptome traten auf, die bewiesen, daß das zentrale Nervensystem angegriffen war. Er starb am 22. Mai 1933. Jones (1957) machte sich zum Echo der Gerüchte. In der Kontroverse mit Balint (Balint, 1958c; Jones, 1958, zitiert nach Sylwam, 1984, S. 118) bezieht er sich tatsächlich auf einen »Zeugen«, den er nicht nennt, um zu belegen, das psychische Gleichgewicht Ferenczis sei beeinträchtigt gewesen – im Gegensatz zu den von zahlreichen qualifizierten Ärzten und Psychiatern angeführten Nachweisen (Balint, 1958c; Lorand, 1966; Hermann, 1975), die Ferenczi kurz vor dessen Tod gesehen hatten. Daß diese Krankheit, die er als tödlich kannte, und sein Zerwürfnis mit Freud und die Schwierigkeiten, die er auf dem Weg der Analyse traf, ihn tatsächlich leiden ließen, kann keinem Zweifel unterliegen, doch zwischen dieser Situation und einem psychotischen Zerfall oder dem Auftreten irgendeines Wahns, bestehen ganz erhebliche Unterschiede... Die Diagnose funikulärer Myelose als Komplikation seiner perniziösen Anämie (von Biermer) mit klassischen Zerebralsymptomen unterliegt heute keinem Zweifel – und der Rest ist nur noch traurige Geschichte.

Man könnte noch gewisse eigenartige Ausdrücke in der Korrespondenz Freuds an Ferenczi erörtern, um sie zu beleuchten. Sie machen nachdenklich. So kann der Ausdruck »Großwesir« (Jones, 1957, Brief vom 13. Dezember 1929), von einem Wiener gebraucht – neben dem »großen Häuptling«, dem Premierminister des ottomanischen Reiches –, auf die *Türken* verweisen, die 400 Jahre lang den *feindlichen*, gefährlichen Nachbarn und – teilweise – den Besatzer darstellen. Wenn man sich vorstellt, daß Ferenczi, wie Sabourin (1982) sagt, nach und nach der »Prügelknabe« (frz.: »tête de Turc«) der psychoanalytischen Bewegung wurde...

Ein anderes Beispiel: In den von Grubrich-Simitis (1980) wiedergegebenen Briefen sieht man Freud das alte – und in diesem Zusammenhang recht zweideutige – Wort vom »Handlungsreisenden« (anstelle des üblicheren »Handelsreisenden«, Brief vom 14.2.1924, S. 161) verwenden, das auch auf »Reisender in Handlungen« anspielen könnte (und außerdem »Behandlung« nahesteht). Der Ausdruck erscheint schon 1912 in der Korrespondenz zwischen Freud und Ferenczi in bezug auf Jung: »... daß es sich *wieder* um den berühmten ›Weg für Handlungsreise(nde)‹ handelt«[19] (Brief vom 28.7.1912). Dieser Ausdruck war also beiden Briefpartnern bekannt (ist er auch eine literarische Anspielung?). Die Tatsache, daß dieser Ausdruck zuerst auf Jung angewandt wurde und dann auf Ferenczi, muß für letzteren schwerwiegend erscheinen.

Nach Mißverständnissen, die bei einem der ersten gemeinsam verbrachten Ferienaufenthalte in Palermo aufgetaucht waren, vergißt Freud, als er an Ferenczi schreibt: »Ich bin auch jener psa. Übermensch, den wir konstruiert haben« (6.10.1910), das »nicht« im ersten Teil des Satzes, was genau den gegenteiligen Sinn ergibt und deutlich Freuds Ambiguität bezüglich seiner eigenen Wünsche in dieser Beziehung zeigt.

Sollten derartige sinnbezogene Zweideutigkeiten mit dem Phänomen in Beziehung zu setzen sein, von dem Freud in der »Traumdeutung« spricht, als er mit erstaunlicher Offenheit sagt: »Ein intimer Freund und ein gehaßter Feind waren mir immer notwendige Erfordernisse meines Gefühlslebens; ich wußte beide mir immer von neuem zu verschaffen, und nicht selten stellte sich das Kindheitsideal so weit her, daß Freund und Feind in dieselbe Person zusammenfielen...« (Freud, 1900a, S. 487)?

Die entscheidendsten Fragen der psychoanalytischen Technik stellten sich also in einer Atmosphäre von Konflikten, manchmal Traurigkeit, von verletzten Narzißmen und heftigen Empfindlichkeiten. Die Zukunft wird nicht sehr anders sein; sie wirft ihre Schatten bereits voraus.

Über die Meinungsverschiedenheiten zwischen Freud und Ferenczi ist viel geschrieben worden. Die Rivalität Jones' gegenüber Ferenczi braucht nicht betont zu werden – man konnte darin die Folge einer nicht gelösten psychoanalytischen Übertragungsbeziehung sehen (erinnern wir uns, daß Jones 1913 von Ferenczi analysiert wurde). Strachey und Glover dachten – nach Roazen (1975) –, daß »Jones ihm nie verzeihen konnte, daß er sein Analytiker gewesen war« (S. 358). Außerdem konnte Jones bei der Niederschrift der Biographie Freuds die Korrespondenz zwischen Freud und Ferenczi lesen; man kann sich vorstellen, daß die Bemerkungen, die er dort über sich selbst fand, seine Freundschaft zu Ferenczi nicht verstärkt haben[20]; seine Idealisierung Freuds dagegen wurde dadurch nicht sichtbar beeinträchtigt. Einige Irrtümer, die Jones unterliefen, vor allem in der Darstellung Ferenczis in diesem Werk, sind später richtiggestellt worden. Dennoch bleibt zutreffend, was auch Balint sagte (1985 [1969i]): »In der Folge der Biographie von Jones kam es zu einer Flut von abfälligen Veröffentlichungen...« (S. 14).

Die Erinnerungen der Überlebenden aus jener Zeit an Ferenczi bezüglich seiner Wärme, seiner Intelligenz, seines Geistes und seiner Vorstellungskraft sind nahezu übereinstimmend. Oft erhellt sich ihr Gesicht, und ein plötzliches Lächeln erscheint, wenn man sie bittet, von Ferenczi zu sprechen. Er wurde von seinen Kollegen sehr geliebt. In seinem Nekrolog spricht Max Eitingon (1933) von Ferenczis »ungewöhnlicher Beliebtheit« und sagt, er schätze Ferenczi in erster Linie wegen seiner großen Liebe zu ihrer gemeinsamen Sache und zweitens wegen der »tiefen Liebenswürdigkeit«, die von seiner Person ausgehe (S. 290). Er fügt hinzu, nach Freud selbst sei Ferenczi am meisten geschätzt worden.

Ferenczi hatte den Ruf eines brillanten Therapeuten. Sterba (1982, S. 88) wollte sogar seinen Freund Wilhelm Reich zu einer erneuten Analyse zu ihm schicken! Er berichtet auch von der Meinung Helene Deutschs, derzufolge Ferenczi »sogar ein Pferd heilen« könne, eine Metapher, die etwas ambivalent ist, denn im Deutschen ist eine »Roßkur« eine besonders anstrengende Kur... Wegen der Regression, die Ferenczi zuließ...?[21]

Das ganze Leben dieses so sensiblen und gewiß etwas labilen Mannes war Schauplatz von Konflikten und Spannungen; in seinem Privatleben gab es die lange Wartezeit, um seine Geliebte heiraten zu können; die politische Situation in Ungarn von Ende 1919 an hatte Auswirkungen auf seine berufliche Tätigkeit, und zwar schon vor dem allgemeineren Aufkommen des Nazismus in Mitteleuropa; er wurde in die Kontroverse um die psychoanalytische Tätigkeit von Nichtärzten verwickelt; mit Freud war er ein überzeugter Verfechter der Laienanalyse und machte sich damit bei seinem Aufenthalt in New York Feinde, wie Jones zu betonen nicht versäumte.

In einer Anzahl von Briefen findet man offenkundige Zeichen von Spannung zwischen Karl Abraham und Ferenczi, zuerst zwischen der Schule von Zürich, dann der von Berlin und der Budapester Schule. Ferenczi wirft der Berliner Schule ihren Mangel an Interesse an der Technik und ihre allzu theoretische Orientierung vor. Vielleicht hat auch das zu einem Antagonismus zwischen Ferenczi und Abraham geführt; ersterer war lebhaft, intuitiv, schalkhaft, letzterer ein guter Organisator, der streng wissenschaftlich dachte und den seine Kritiker manchmal als rigide bezeichneten.

Es wäre interessant zu erfahren, ob der Abstand, den Melanie Klein während ihrer Londoner Jahre zu Ferenczi hielt, eine Folge ihres Aufenthaltes in Berlin war. Ihr Interesse an Kindern und ihre Einstellung zur Übertragungsanalyse wurden zweifellos entscheidend von Ferenczi beeinflußt. Claude Girard vermutet sogar, daß »Jones und M. Klein in ihren theoretischen Annäherungen oder Divergenzen wahrscheinlich von den zweideutigen Spuren ihrer gemeinsamen Abstammung von Ferenczi beeinflußt waren« (Girard, 1983, S. 1190).

»Das war Ferenczis Schicksal: es war nicht leicht, ihn in irgendein vorgefertigtes Schema einzupassen. Er war zu lebendig, zu sensibel und viel zu reaktionsschnell. Er war immer bereit, neue Antworten lange genug auszuprobieren, um durch eine von ihnen zu einer neuen Idee oder einer neuen Einsicht zu gelangen. Zweifellos veranlaßte ihn die spätere Erfahrung, diese neue Idee zu modifizieren oder abzuschwächen, doch in den meisten Fällen war sie aufschlußreich, anregend und

– ein weiterer Aspekt von Ferenczis Schicksal – stieß etwas um, an das andere Personen noch fest glaubten, was ihm den zweifelhaften Ruf eines Bilderstürmers oder eines *enfant terrible* der Psychoanalyse einbrachte« (Balint, 1966b, S. 3f.). »Weiser Säugling«, wie er sich selbst nannte, oder »enfant terrible«, Ferenczi ist in jedem Falle den heuchlerischen Übereinkünften der »Erwachsenen« ferngeblieben – und nahe am Kind im Erwachsenen... und seinen Problemen...

Anmerkungen

1 Karl VI. in Österreich.

2 Als Béla Bartok nach Budapest kam, um seine Studien an der Musikakademie Franz Liszt aufzunehmen, mußte er einem großen Teil seiner Kurse in Deutsch folgen; dies machte ihm nach dem Besuch des *deutschsprachigen* Gymnasiums von Beszterce (Bistricz) in Transsylvanien (dem damaligen Ungarn) keine Schwierigkeiten (Szegö, 1964, S. 42).

3 Eine Tochter verstarb, als Ferenczi fünf Jahre alt war. Vermutlich sprechen deshalb manche Biographen von elf Kindern (Dupont, 1982, S. 28).

4 Die Übersetzung von »öszirósza« lautet »Aster« oder »Gartenaster« und nicht »Nelke« oder »Chrysantheme«, wie einige geschrieben haben.

5 Obwohl selbst kein Psychoanalytiker, stand Révész dem Kreis der Psychoanalytiker sehr nahe: Seine Frau war die Schwester von Franz Alexander, seine Schwester die Frau von Sándor Rado; Imre Hermann arbeitete in seinem Laboratorium in Budapest. Nach 1919 emigrierte er nach Holland und wurde Professor an der Amsterdamer Universität.

6 Ferenczi schrieb noch 1921 über seine Frau an Groddeck: »Ich erzählte ihr wieder von der Unbefriedigung, von unterdrückter Liebe zu ihrer Tochter (die meine Braut hätte sein sollen. Sie war es auch, bis eine etwas abfällige Äußerung Freuds mich dazu bewog, diese Liebe krampfhaft zu bekämpfen, das Mädchen förmlich von mir zu stoßen)« (Ferenczi–Groddeck, 1982, deutsch 1986, S. 37).

7 Hervorhebung im Original.

8 Man kann vermuten, daß seine Angst, sich später bei ihrem Konflikt mit Freud zu streiten, ebenfalls eine Funktion dieses (unbewußten) Hasses ihm gegenüber war.

9 Eine Einstellung, die Freud nicht recht verstand: In einem von Sabourin veröffentlichten Brief (1985, S. 167) sagt er: »...Ich mochte diese Kranken nicht... eine überraschende Intoleranz, die mich eher zu einem schlechten Psychiater macht... Sollte meine Einstellung die Folge einer immer deutlicheren Stellungnahme im Sinne des Primats des Intellekts sein, der Ausdruck meiner Feindseligkeit gegen das Es?« (Nicht original, rückübersetzt, da kein Briefdatum angegeben).

10 Später bei den Editions du Coq-Héron, Paris, in Französisch erschienen (1986).

11 Man bedenke, daß die jüdische Gemeinde nach einer Zählung von 1941 damals etwa 725000 Personen umfaßte; 440000 von ihnen wurden während der deutschen Besetzung zwischen Mitte Mai und Mitte Juli 1944 nach Auschwitz deportiert; nur 250000 überlebten (Braham, 1981, S. 143).

12 Unter anderem im Café Royal auf dem großen Boulevard (ungarisch »körut«, österreichisch »Ring«).

13 Von dem kürzlich mehrere Werke auf Französisch erschienen sind: *Absolve Domine* und *Néron le poète sanglant* bei den Editions Sorlot, *Le traducteur cleptomane et autres histoires* bei den Editions Alinéa und *L'oeil-de-mer, Nouvelles* bei den Presses Orientalistes de France.

14 Melanie Klein lebte von 1911 bis 1919 dauernd in Budapest. Im Januar 1921 ließ sie sich in Berlin nieder, 1926 in London.
Grosskurth bemerkt, daß Melanie Klein sich in ihren theoretischen Werken zwar häufiger auf Abraham bezieht, daß sie aber in ihren autobiographischen Aufzeichnungen sehr viel mehr über Ferenczi zu sagen hatte. Sie freute sich der Gemeinschaft mit einem Mann von ungewöhnlichem Talent (*»a man of unusual gift«*) und fügte noch hinzu: »Er hatte einen Anflug von Genie« (Grosskurth, 1986).

15 Hervorhebung im Original.

16 Wie groß auch immer der (reale oder imaginäre) Einfallsreichtum gewisser Analytiker sein mag, man muß einräumen, daß selbst die Analysen, an denen wir als Analysand oder Analytiker beteiligt sind, sehr schwer zu rekonstruieren sind.

17 Noch nicht veröffentlichte Korrespondenz, die sich gegenwärtig in der Österreichischen Nationalbibliothek in Wien befindet.

18 Unsere Übersetzung von *»I will not be part of it«*.

19 Hervorhebung von uns.

20 Außerdem hat Ferenczi ihn in einem der Rundbriefe des Komitees des Plagiats beschuldigt (Grotjahn, 1976, S. 113).

21 Vielleicht auch eine Anspielung auf seine Arbeit »Zähmung eines wilden Pferdes« (Ferenczi, 1913 [104]).

Literaturverzeichnis

BALINT, M. (1948b): Über das psychoanalytische Ausbildungssystem, *in:* Die Urformen der Liebe und die Technik der Psychoanalyse, Stuttgart 1966, S. 307–322.

BALINT, M. (1949a): Sándor Ferenczi Obiit. 1933. Int. J. Psycho-Anal., 30: 215–219.

BALINT, M. (1958c): Lettre à l'éditeur: Les dernières années de Sándor Ferenczi, *in:* TOROK, M. (1984 [1983]): La correspondance Freud–Ferenczi.

La vie de la lettre dans l'histoire de la psychanalyse. Confrontations, 12: 117–118.

BALINT, M. (1964g): Vorwort zu: FERENCZI, S.: Bausteine zur Psychoanalyse, Bd. I, Huber, Bern, 1964.

BALINT, M. (1966b): Die technischen Experimente Sándor Ferenczis, Psyche, 20/21, S. 904–925.

BALINT, M. (1970f): Vorwort zu: FERENCZI, S.: Psychoanalyse, Tome 2, Payot, Paris, S. 7–10.

BALINT, M. (1985 [1969i]): Vorwort zum Tagebuch von S. Ferenczi, *in:* FERENCZI, S. Journal clinique (Januar–Oktober 1932). Payot, Paris, 1985, S. 13ff., dt.: Einleitung zu Ferenczi S., Ohne Sympathie keine Heilung, S. Fischer, Frankfurt am Main 1988, S. 32–36.

BRAHAM, R. L. (1981): The politics of genocide. The holocaust in Hungary. Columbia University Press, New York.

DUPONT, J. (1982): Vorwort zu: Correspondance Ferenczi–Groddeck, Payot, Paris.

DUPONT, J. (1985): Avant-propos, *in:* FERENCZI, S.: Journal clinique, Payot, Paris, S. 23–40; dt.: Vorwort zu Ferenczi, S., Ohne Sympathie keine Heilung, op. cit., S.11–31.

EITINGON, M. (1933): Abschiedsworte an Sándor Ferenczi. Imago, 19: 289–295.

FERENCZI, S. (1913 [104]): Zähmung eines wilden Pferdes, *in:* Populäre Vorträge über Psychoanalyse. Internationaler psychoanalytischer Verlag, Wien, 1922.

FERENCZI, S. (1924 [266]): Einschläfernde und erweckende Wissenschaft. Nyugat 1924, Nr. 1.

FERENCZI, S. (1924 [267]): Ignotus, der Verständnisvolle. Nyugat 1924, Nr. 23.

FERENCZI, S. und GRODDECK, G.: Correspondance, Payot, Paris, 1982.

FERENCZI, S. und RANK, O. (1924): Entwicklungsziele der Psychoanalyse. Zur Wechselbeziehung von Theorie und Praxis. Internat. Psychoanalyt. Verlag, Leipzig.

FREUD, S. (1900a): Die Traumdeutung. GW Bd. 2–3.

FREUD, S. (1914d): Zur Geschichte der psychoanalytischen Bewegung. GW Bd. 10. S. 43.

FREUD, S. (1933c): Sándor Ferenczi (Nachruf). GW, Bd. 16, S. 267.

FREUD, S. (1937c): Die endliche und die unendliche Analyse. GW, Bd. 16, S. 57.

FREUD, S. (1965a) und ABRAHAM, K.: Briefe 1907–1926. S. Fischer, Frankfurt am Main.

GIRARD, C. (1983): Présence de Sándor Ferenczi. Eléments bibliographiques. Rev. Franc. Psychanal., 47/5: 1185–1195.

GROSSKURTH, P. (1986): Melanie Klein. Her world and her work. Alfred Knopf, New York.

GROTJAHN, M. (1976): Freuds Briefwechsel, *in:* EICKE, D. (Hrsg.): Die Psychologie des 20. Jahrhunderts. Kindler, Zürich, S. 35–146.

GRUBRICH-SIMITIS, I. (1980): Sigmund Freud/Sándor Ferenczi: sechs Briefe zur Wechselbeziehung von psychoanalytischer Theorie und Technik, *in:* JAPPE, G. und NEDELMANN, C. (Hrsg.): Zur Psychoanalyse der Objektbeziehungen. Frommann-Holzboog, Stuttgart.

GRUNBERGER, B. (1974): De la technique active à la »confusion de langues«. Rev. Franç. Psychanal., 38/4: 521–546.

HERMANN, I. (1933): Zum Triebleben der Primaten. Imago, 19: 113–125.

HERMANN, I. (1934): Instinct filial. Denoël, Paris, 1972.

HERMANN, I. (1936): Sich-Anklammern – Auf-Suche-Gehen. Int. Z. Psa., 22: 349–370.

HERMANN, I. (1975): Quelques traits de la personnalité de Sándor Ferenczi. Le Coq-Héron, No. 54, S. 11–14.

IGNOTUS, P. (1972): Hungary. E. Benn, London.

JONES, E. (1955): Das Leben und Werk von Sigmund Freud. Bd. II, Huber, Bern, 1962.

JONES, E. (1957): Das Leben und Werk von Sigmund Freud. Bd. III. Huber, Bern, 1962.

JONES, E. (1958): Kommentar zu »Lettre à l'éditeur: Sándor Ferenczi's last years« von M. Balint. Int. J. Psycho-Anal., 39: 68.

KARADI, E. und VEZER, E. (1980): A vasárapi kör. Dokumentumok. Budapest.

KOESTLER, A. (1952): An Arrow in the Blue, Macmillan, New York.

KOESTLER, A. (1954): The Invisible Writing, Beacon Press, Boston.

LORAND, D. (1966): Sándor Ferenczi (1873–1933), Pioneer of Pioneers, *in:* ALEXANDER, F., EISENSTEIN, S. und GROTJAHN, M. (Hrsg.), Psychoanalytic Pioneers, Basic Books, New York.

MASSON, J. M. (1984): Was hat man dir, du armes Kind, getan. Sigmund Freuds Unterdrückung der Verführungstheorie. Rowohlt, Reinbek, 1986.

MASSON, J. M. (1985): Sigmund Freud: Briefe an Wilhelm Fliess, S. Fischer, Frankfurt am Main, 1986.

NEMES, L. (1985): The Fate of the Hungarian Psychoanalysts During the Time of Fascism. S. Freud House Bulletin, 9/2, S. 20–28.

RAJKA, T. (1973): Sándor Ferenczi. Orvosi Hetilap, 114: 2828–2832.

SZEGÖ, J. (1964): Bartok Béla élete. Ifjusàgi Könyvkiado, Bukarest.

ROAZEN, P. (1975): Freud and his followers. A. A. Knopf, New York.

SABOURIN, P. (1982): Vizir secret et tête de Turc. Vorwort, *in:* FERENCZI, S.: Psychanalyse, Tome 4, Payot, Paris, 1982, S. 9–17.

SABOURIN, P. (1985): Ferenczi, Paladin et Grand Vizir secret. Editions Universitaires, Paris.

STERBA, R. F. (1982): Reminiscences of a Viennese psychoanalyst. Wayne State University Press, Detroit; dt.: Erinnerungen eines Wiener Psychoanalytikers, Fischer Taschenbuch 7354, Frankfurt am Main, 1985.

SYLWAM, B. (1984): An untoward event, ou la guerre du trauma, de Breuer à Freud, de Jones à Ferenczi. Confrontations, Cahier Nr. 12, S. 101–122.

IV. Diskussionen über die psychoanalytische Praxis in den 20er und 30er Jahren

»Man könnte erwarten, daß unter den zahlreichen Themen, die die psychoanalytische Literatur behandelt, die Fragen dominieren, die sich auf das beziehen, was während einer psychoanalytischen Behandlung wirklich geschieht, *sowie auf Mittel, die* dem Psychoanalytiker übertragene Rolle *effizienter zu machen, doch diese Erwatung wird* enttäuscht.«

(O. Fenichel, 1941)

Die Entdeckung der Tatsache, daß die freie Assoziation auf innere Widerstände des Analysanden stößt, hat die Art der Erforschung des Unbewußten tiefgreifend verändert. Was Freud zunächst nur als Hindernis empfinden konnte (Freud, 1913c, S. 478), wurde ab 1923 in seinen Augen ein Faktor, der »in der Dynamik des Heilungsvorganges eine kaum zu überschätzende Rolle« spielt (Freud, 1923a, S. 223). So hatte er 1913 geschrieben: »Solange nun die Mitteilungen und Einfälle des Patienten ohne Stockung erfolgen, lasse man das Thema der Übertragung unberührt. Man warte mit dieser heikelsten aller Prozeduren, bis die Übertragung zum Widerstande geworden ist« (Freud, 1913c, S. 473).[1] Erst später nahm er an, eben die Übertragung ermögliche eine systematische Arbeit am Unbewußten: »Diese Übertragung, welche sowohl in ihrer positiven wie in ihrer negativen Form in den Dienst des Widerstandes tritt, wird in den Händen des Arztes zum mächtigsten Hilfsmittel der Behandlung...« (Freud, 1923a, S. 223).

Die Frage der Übertragung und vor allem die der Deutung der Übertragung als Widerstand steht in engem Zusammenhang mit den ursprünglichen Angeboten der Psychoanalyse: das *Verdrängte* freizusetzen – oder das Unbewußte *bewußt zu machen.*

Auf einer allgemeinen theoretischen Ebene ist die Psychoanalyse dazu bestimmt, den Inhalt (die Natur) des Unbewußten aufzudecken und dessen Ausdehnung zu erfassen. Im übrigen mußten auch die Fragen beantwortet werden, die sich aus der Praxis ergaben: Welche Rolle spielt der Analytiker in der Deutung der Übertragung? In welchem Maße soll sie systematisch gedeutet werden? Welches Instrument hat er, um die Übertragung einzuschätzen?

Mit anderen Worten, die Analytiker haben schon früh versucht, ihren *Standort* gegenüber den Phänomenen zu suchen, die sie entdeckt hatten. Einige von ihnen sind zu einer Untersuchung ihrer eigenen Wahrnehmungen, ihres eigenen Innenlebens gelangt, das sie durch die Kur selbst mobilisiert fühlten: die Übertragung durch die Gegenübertragung zu verstehen, die Aktivität des Analytikers zu untersuchen; das war beispielsweise Ferenczis Vorhaben. Auch andere haben sich die gleichen Fragen gestellt, wie etwa Glover (1924) und später Sterba (1936). Eine andere Schule versuchte, das Unbewußte des Patienten tiefgreifender zu erforschen, indem sie seine Widerstände brach, wie Freud es gesagt hatte, dessen Aufforderung, im wesentlichen die Widerstände zu deuten, wir soeben zitierten.

Auf der einen Seite haben wir Ferenczi, den anziehenden, aufrichtigen Menschen, der sich um die Aufklärung zwischenmenschlicher Beziehungen bemüht – seiner Gefühle und Einstellungen in diesen Beziehungen –, und zwar jenseits aller künstlichen Unterteilungen zwischen Beruf und Privatsphäre: ein Mann, der um jeden Preis größere Klarheit in sich selbst suchte. Auf der anderen Seite zielt das Streben nach Aufklärung darauf ab, Regeln zu etablieren, die wissenschaftlich, objektivierbar und, wenn möglich, äußere, beruhigende Wahrheiten sein sollten. Galionsfigur dieser Strömung war Wilhelm Reich, dessen Arbeiten zu dieser Zeit einen entscheidenden Einfluß ausübten. Seine Stellung als Direktor des technischen Seminars in Wien (zwischen 1924 und 1930 in der Nachfolge Nunbergs, der diese Stellung von 1922 bis 1924 innehatte) hat gewiß dazu beigetragen, die Forschungen in diese Richtung weiterzuentwickeln. Ausgehend von den Problemen, welche die Widerstände aufwarfen, entdeckte er die Bedeutung der feindseligen Gefühle der Analysanden. Für Reich ist die Psychoanalyse eine »Charakteranalyse«; sie muß die Widerstände behandeln, wie sie neben den Symptomen zum Ausdruck kommen durch das Verhalten und den Charakter des Patienten. *Charakteranalyse* war für Reich ein Synonym für Widerstandsanalyse. Die von ihm empfohlene Einstellung des Analytikers bestand darin, die Eigen*dynamik* des psychoanalytischen *Prozesses* aus der Nähe zu verfolgen und nach und nach die Widerstände aufzuheben, die diese auslösten. Wie Ferenczi interessierte sich Reich sehr für die technischen Probleme, denen er stets große Bedeutung beimaß; er schlug vor, sie sollten auf den Kongressen mehr diskutiert werden (Lobner, 1978). Richard Sterba zufolge hatte Reich »eine besondere Sensibilität zum Aufspüren der latenten Widerstände und ihres oft kaum wahrnehmbaren Einflusses auf das bewußte Material des Patienten. Die Art und Weise, wie der Patient sein Material vortrug, die Besonderheiten seiner Sprechweise, seine Art, in das Sprechzimmer einzutreten, zu Beginn und am Ende jeder Sitzung dem Analytiker die Hand zu schütteln (wie es der Brauch in Wien wollte) – Reich hat uns gezeigt, daß alle diese Einzelheiten wichtige Informationen liefern konnten, insbesondere über latente Widerstände« (Sterba, 1982, S. 35).

Die Charakteranalyse kennzeichnet eine Verschiebung des analytischen Interesses vom Symptom auf die Persönlichkeit des Analysanden – sie bleibt allerdings diesseits der Interaktion Patient–Analytiker. Man kann die Auffassung vertreten, daß die spätere Arbeit Anna Freuds (1936) über die Abwehrmechanismen auf dieser Linie angesiedelt ist. Sie bezieht sich auf die Untersuchung einer Person, nämlich des Analysanden, und nicht auf die beider, und sie zielt darauf ab, eine »psychoanalytische Psychologie« *einer* Person zu etablieren. Während dieser ganzen Epoche gibt es – bezeichnenderweise – ein ständiges Schwanken in der Nomenklatur zwischen dem Konzept der »Abwehr« – Funktion des Ich – und dem des »Widerstandes« – ein Begriff, der sich auf den analytischen Prozeß bezieht.

Wie wir schon sagten, ist die Psychoanalyse für Reich *Charakteranalyse.* 1928 (»Über Charakteranalyse«) spricht er sich zugunsten dessen aus, was er als Kohärenz in der Deutung der Widerstandsanalyse bezeichnen wird; wenn man nicht schichtweise vorgeht, gerät man in eine »chaotische« Situation. Ein schönes Beispiel für die aktive Mitwirkung des Analytikers an der Aufrechterhaltung der analytischen Situation und für seine Arbeit an der »Organisation« des Materials! Reich ist sich also durchaus klar über den Beitrag des Analytikers zum psychoanalytischen Prozeß (vgl. Reich, 1927, S. 146), hat es aber vorgezogen, die Überlegungen des Analytikers in einem System zu formulieren, das sich vor allem auf die Beiträge des Patienten bezieht. Die Interventionen des Analytikers werden aus dem Blickwinkel der Regeln betrachtet, die vorzeitige, nicht systematische, nicht konsequente etc. Deutungen betreffen.

Hier liegen die Anfänge der Diskussion zwischen den Analytikern, die für die Deutung des *Widerstandes* sind – unerkannte, unbewußte Komponenten, die den Fortschritt der Kur hemmen –, und jenen, die mittels ihrer Deutungen die *Inhalte* des Unbewußten aufzeigen wollen. Die einen, darunter H. Kaiser, eine tragische und vergessene Gestalt der Geschichte der Psychoanalyse, beharren auf der Aufgabe des Analytikers, eine Dynamik in der Entwicklung der Persönlichkeit in der Kur aufrechtzuerhalten und dabei den Weg der mit dieser Entwicklung verbundenen Bewußtwerdungen zu berücksichtigen sowie sein Interesse und seine verbalen Interventionen (Deutungen) fast ausschließlich auf die *Hindernisse* zu konzentrieren, die diesen Vorgang stören können. Die anderen haben größeres Interesse daran, die *Inhalte* zu benennen, die sich hinter den Widerständen verbergen. Diese Gesichtspunkte sind allem Anschein nach diametrale Gegensätze – sind sie das aber auch in der Art und Weise, wie sie bei den Kontroversen ins Spiel gebracht werden? Gelangt man nicht, wenn man die unbewußten Kräfte anvisiert, die der Behandlung *Hindernisse* entgegenstellen, und der Dynamik der Kur folgt, gerade zur Entdeckung der Inhalte dieses selben Unbewußten?

Der »Kampf« gegen den psychoanalytischen Prozeß und letztlich gegen die Sichtbarmachung der Traumata tritt in der Aggressivität des Patienten zu Tage, die für Reich im Mittelpunkt der psychoanalytischen Arbeit steht und systematisch interpretiert werden muß. Ob es sich um die Arbeiten Reichs oder Kaisers handelt, die Thematik des Widerstandes kehrt immer wieder und mündet in die Konzentration des analytischen Interesses auf die (*unbewußte*) *Opposition des Analysanden* (das, was Kaiser »trotzhaften Charakter« genannt hat und das dem entspricht, was J. McDougall [1972] sehr viel später als »Antianalysanden« bezeichnet hat).[2]

Ausgehend von dem Gedanken, daß der Widerstand immer in der Übertragung ausgedrückt wird, konzentriert Strachey (1934) seinen Blick auf diese *Übertragung*. Aus dieser Sicht haben die Interventionen außerhalb der Übertragung nur sekundäre Bedeutung. Nur dann, wenn die Deutungen das Thema am »Dringlichkeitspunkt« der Affekte und Widerstände berühren, ermöglichen sie dem Patienten Veränderung: Es handelt sich um *»mutative* Deutungen«, ein fundamentaler Begriff für die spätere Entwicklung des Nachdenkens über die psychoanalytische Praxis. Was die latente negative Übertragung und die negative therapeutische Reaktion angeht, so bringt Strachey sie mit der Funktion des Über-Ich in Verbindung, das die Introjektion des Analytikers trägt: Er spricht damit ein Thema an, das seine ganze Bedeutung in den Ausarbeitungen der Schule von Melanie Klein erhalten wird, derjenigen der Verinnerlichung der Vorstellung vom »guten« Analytiker.

Die Untersuchung von *Introjektions*phänomenen auf dem Felde Analytiker–Analysand findet sich wieder in der wohlbekannten Arbeit von Richard Sterba (1934) über das »Schicksal des Ichs in der analytischen Behandlung«. Er spricht von der Strukturierung des Ichs während der Analyse in zwei Teilen, von denen der eine in der Erfahrung der Sitzung enthalten ist, der andere im Verständnis dieser Erfahrung – mittels Identifikation mit der analysierenden Funktion des Analytikers.

Diese Arbeiten kennzeichnen den Beginn *einer neuen Epoche.* Selbst das Wiener Seminar über die analytische Kur wird, wie G. Bibring (1932) mitteilt, nach und nach die beiden großen Themen der zwanziger Jahre aufgeben – Widerstand und Übertragung – und sich mit anderen Problemen befassen. Doch zunächst gab es eine Periode, die wir als intermediäre bezeichnen könnten. Zu diesem Zeitpunkt versuchte Theodor Reik (1933) etwas zu korrigieren, was er als übermäßige Intellektualisierung auffaßte, indem er die Betonung auf das Überraschungselement legte, das jede Analyse enthält. Er empfahl, der Analytiker könne seinem Unbewußten freien Lauf lassen, ohne irgendeine vorgefaßte Meinung, insbesondere eine von den Theorien abgeleitete, hinsichtlich seines Patienten zu hegen. Diese Einstellung wurde später von Bion (1967) übernommen, aber war sie nicht schon von Freud angeraten worden: »Dagegen gelingen jene Fälle am besten, bei denen man wie absichtslos verfährt, sich von jeder Wendung überraschen läßt, und denen man immer wieder unbefangen und voraussetzungslos entgegentritt« (Freud, 1912e, S. 380)? In diesem Sinne hatte Freud sich schon der Position angenähert, derzufolge nicht so sehr die »technischen« Probleme zählen als vielmehr die innere Einstellung des Analytikers. In der Interaktion soll es also darum gehen, den Affekt des Analysanden zu erreichen, ihn – durch *Überraschung* – zu *berühren.*

Charakteristisch für eine der Strömungen der zwanziger Jahre war die Suche nach Regeln, die den Analytikern einen Arbeitsrahmen geben sollten: den der *korrekten* freudianischen Psychoanalyse. Die Schwierigkeiten und Enttäuschungen, die mit einer solchen Suche verbunden waren, nämlich die Heuchelei gegenüber dem Patienten, zu der sie führen konnte, waren unvermeidlich. Die Erkenntnis der Tatsache, daß es offensichtlich *mehrere Techniken* gibt, erzeugte in analytischen Kreisen eine gewisse Unruhe: Die Untersuchung, die Glover 1938[3] durchgeführt hat, zeigt – und damals überraschte das die psychoanalytische Welt –, daß es sogar innerhalb einer einzigen Gesellschaft verschiedene Praktiken gibt; daß diese Unterschiede nicht allein an die Schulen gebunden sind – und auch nicht an die Herkunft –, sondern daß es noch eine Vielfalt von Unterschieden gibt, die vermutlich mit den Personen zusammenhängen. War die *Einheitlichkeit* der psychoanalytischen Techniken also nur eine Illusion? Und warum? Ausgehend von diesen Fragen, entwickelte sich das Interesse an der Gegenübertragung und der persönlichen Gleichung des Analytikers. Zu diesem Thema finden wir einige Artikel aus jener Periode, die ein direktes Echo auf diejenigen Ferenczis sind. In einem davon, 1936 unter dem Titel »Das psychische Trauma und die Handhabung der Übertragung« veröffentlicht, zeigt Sterba die Wechselwirkung zwischen Theorie und Technik (ihm zufolge führt die neokathartische *Technik* zur Wiederbelebung der *traumatischen* Theorie!). »Ferenczi, unter den Aposteln der Analyse der fruchtbarste, regste, vielseitigste, hat in den letzten Jahren seines Lebens sich erneut auf die technischen Probleme der Analyse geworfen und hier mit seltener Frische und Jugendlichkeit Wege neu gebahnt, die im fortschreitenden Zuge der Analyse bereits verlassen worden waren« (Sterba, 1936, S. 40). Sterba selbst schlägt jedoch vor, man solle abwarten, um die Folgen dieser letzten Experimente Ferenczis besser verstehen zu können: also eine Haltung vorsichtiger Erwartung...

Glover (1931) ist besorgt über die kathartische (entladende) Wirkung unrichtiger Deutungen; für ihn könnten die Interventionen des Analytikers, richtig oder nicht, eine Verringerung der Spannung zur Folge haben. Dieses Ziel könnte – mit dem Einverständnis des Analysanden – selbst dann erreicht werden, wenn der Inhalt der Intervention unrichtig ist (was außerdem voraussetzt, daß man weiß, worin die betreffende »Unrichtigkeit« besteht und wer sie als solche beurteilen soll). In seinen Arbeiten liegt die Betonung also auf der Intensität des Erlebens in der Analyse – selbst *außerhalb* jeder interpretativen *Richtigkeit.*

Als müsse diese Epoche mit einer *Zusammenfassung* abgeschlossen werden – damit die Psychoanalytiker weitergehen können –, hält Fenichel die mündliche Tradition der zwanziger und des ersten Teils der dreißiger Jahre fest. Er nimmt die Vorschriften wieder auf und formuliert sie, die als diejenigen der klassisch genannten Technik betrachtet wurden. Jeder Lehrling der Psychoanalyse hat schon die folgenden Regeln zitieren hören – oft ohne Nennung dessen, der sie systematisiert hat:

a) und b) mit dem aktuellen und in der analytischen Situation vorhandenen Affekt arbeiten;
c) die Widerstände vor den Inhalten deuten;
d) mit der Deutung dessen beginnen, was sich an der Oberfläche befindet (Fenichel, 1941, S. 51 der frz. Ausg.).

Das bekannte Sprichwort über die Praxis, das ein Wort Freuds aufnimmt (Freud, 1914g, S. 127, und 1932c, S. 262), stammt ebenfalls von ihm: »Der Gegenstand und nicht die Methode der Psychoanalyse ist irrational« (ibid., S. 15). Wir können hier das wissenschaftliche Ideal Sigmund Freuds über die Rationalität der Technik betrachten... und apokryphe Regeln studieren wie: »Freud hat eines Tages gesagt, wenn der Patient nur von der gegenwärtigen Realität spreche, müsse der Analytiker mit ihm über seine Kindheit sprechen. Wenn der Kranke dagegen nur Kindheitserinnerungen wachruft, muß der Analytiker ihn an die gegenwärtige Realität erinnern. Spekulationen über die Kindheit führen nur zu einer Vergangenheit, die nicht mit der gegenwärtigen Realität verbunden ist, während die äußere Aktivierung die gegenwärtige Realität ist, deren vergangener Charakter nicht offenkundig ist« (ibid., S. 24). »Alles ist erlaubt, vorausgesetzt, man weiß warum« (ibid., S. 28 der frz. Ausgabe).

Doch Fenichel war sich darüber klar, wie relativ der Wert all dieser Regeln ist: Bezugnehmend auf eine Bemerkung Freuds (in »Ratschläge für den Arzt bei der psychoanalytischen Behandlung«, 1912e), fügt er hinzu: »Wir müssen immer damit rechnen, daß der Patient uns zu etwas ganz anderem führt als zu dem, was wir vorhersehen zu können glaubten« (ibid., S. 56). Er drückt auch seine Wertschätzung für das Buch Theodor Reiks aus dem Jahre 1935 aus, »der genauer die sogenannte Gefahr einer ›Theorie der Praxis‹ darlegte«, um zu unterstreichen, daß Reik in diesem Buch, dessen Titel »Der überraschte Psychoanalytiker« lautet, »uns die beste *Theorie* über Intuition und Empathie gibt, die wir bis heute besitzen« (ibid., S. 127).

1941 unterstreicht Fenichel zwei Punkte, die in dem Zitat enthalten sind, das am Beginn dieses Kapitels steht: Wie kommt es, daß man wenig über das weiß, was *»wirklich«* im Verlauf einer psychoanalytischen Kur vor sich geht? Und daß man noch so unwissend ist bezüglich der »dem Psychoanalytiker zugewiesenen Rolle« (ibid., S. 1)?

Was tut der Psychoanalytiker? Was geschieht innerhalb der Kur? Diese beiden Fragen haben ihn weit von seinem Ausgangspunkt weggeführt. In einem lange unveröffentlicht gebliebenen Text (er erschien 1980 [1938]) nimmt er das Problem der didaktischen Analyse wieder auf, studiert die Psychologie des Analytikers, die des Denkprozesses, der darin besteht, den anderen zu analysieren, und erwähnt beiläufig den »Irrtum, dessen Wurzel sich im Unbewußten des Analytikers befindet«. Fenichel sagt 1935[4] deutlich, daß das *Instrument* der psychoanalytischen Technik das Unbewußte des Analytikers ist.

Rückschau und Vorausschau treffen zusammen in einem sehr *hellsichtigen* Artikel von Vilma Kovacs (der Mutter von Alice und damit der Schwiegermutter von Michael Balint), der versucht, die Anfänge der Kontroversen unter Analytikern in der Nähe des Münchner Kongresses anzusiedeln (1913): »Es gab nicht mehr das geringste Anzeichen für Ehrlichkeit und freundschaftliche Zusammenarbeit, wie man sie von Kollegen hätte erwarten können. Es war vielmehr ein Kampf, hervorgegangen aus unbewußten Leidenschaften, der zu bedauerlichen Spaltungen führte und Freud um den Preis einer schmerzlichen Enttäuschung deutlich die wichtige Tatsache zeigte, daß die Analytiker unangenehmen Wahrheiten ebensowenig standhalten konnten wie ihre Patienten. Für ihn war es keine Überraschung, daß ein Patient, auch wenn er ein bestimmtes Maß an Begreifen erreicht hat, dann, wenn er mit neuen und schmerzhaften Enthüllungen konfrontiert wird, auf die Einsicht verzichten kann, die er erworben hatte; Freuds große Enttäuschung war, daß er gezwungenermaßen dasselbe Phänomen bei den Analytikern erkennen mußte« (Kovacs, 1936, S. 348). Als Schülerin Ferenczis nimmt sie an, daß die leidenschaftlichen Kontroversen mit der *Person* des Analytikers und ihren Widerständen zusammenhängen.

In der Nachfolge Ferenczis war offensichtlich der Boden bereitet für die *fundamentalen* Fragen über den Analytiker selbst: Diese werden in der 1939 vorgelegten Arbeit von Alice und Michael Balint (1939 a) *entwickelt.*

Anmerkungen

1 Zur gleichen Zeit hat er auch geschrieben, daß der Psychoanalytiker »die Deutungskunst wesentlich dazu benützt, um die an dieser hervortretenden Widerstände zu erkennen und dem Kranken bewußt zu machen« (1914 g, S. 127).
2 Freuds Konzept der *negativen therapeutischen Reaktion* aus dem Jahre 1923, gedeutet als »Krankheitsbedürfnis« (Freud, 1923 b, S. 279).
3 Die Untersuchung wurde später (1940) veröffentlicht.
4 Wobei er implizit an Freud erinnert (siehe das erste Kapitel der vorliegenden Arbeit).

Literaturverzeichnis

BALINT, M. (1939 a) und BALINT, A.: Transfert et contre-transfert, *in:* Amour primaire et technique psychanalytique. Payot, Paris, 1972, S. 229–236.

BIBRING, G. (1932): Bericht über das therapeutisch-technische Seminar. Int. Z. Psa., 18: 271–273.

BION, W. R. (1967): Notes on memory and desire. Psychoanal. Forum, 2: 271–280.

FENICHEL, O. (1935): Zur Theorie der psychoanalytischen Technik. Int. Z. Psa., 21: 78–95.

FENICHEL, O. (1980 [1938]): Theoretical implications of the didactic analysis. Annual of Psychoanalysis, 8: 21–25.

FENICHEL, O. (1941): Problems of psychoanalytic technique. Psychoanal. Quart. Publications, New York, 1941; frz.: Problème de technique psychanalytique, P. U. F., Paris 1953.

FREUD, A. (1936): Das Ich und die Abwehrmechanismen. Wien, 1936.

FREUD, S. (1912e): Ratschläge für den Arzt bei der psychoanalytischen Behandlung. GW Bd. 8, S. 375.

FREUD, S. (1913c): Weitere Ratschläge zur Technik der Psychoanalyse: I. Zur Einleitung der Behandlung. GW, Bd. 8, S. 453.

FREUD, S. (1914g): Weitere Ratschläge zur Technik der Psychoanalyse: II. Erinnern, Wiederholen und Durcharbeiten. GW, Bd. 10, S. 125.

FREUD, S. (1923a): »Psychoanalyse« und »Libidotheorie«, *in:* Handwörterbuch der Sexualwissenschaft, GW, Bd. 13, S. 209.

FREUD, S. (1923b): Das Ich und das Es. GW, Bd. 13, S. 235.

FREUD, S. (1932c): Meine Berührung mit Josef Popper-Lynkeus. GW, Bd. 16, S. 261.

GLOVER, E. (1924): »Active therapy« and psycho-analysis. Int. J. Psycho-Anal., 5: 269–311.

GLOVER, E. (1931): The therapeutical effect of inexact interpretation. Int. J. Psycho-Anal., 12/4: 397–411.

GLOVER, E. (1940): The technique of psychoanalysis. London, Bailliere, Tindall & Cox, 1955.

KAISER, H. (1934): Probleme der Technik. Int. Z. Psa., 20: 490–522.

KOVACS, V. (1936): Training and control analysis. Int. J. Psycho-Anal., 17: 346–354.

LOBNER, H. (1978): Die behandlungstechnischen Diskussionen der Wiener Psychoanalytischen Vereinigung. Jahrbuch der Psychoanalyse, Bd. 10, Huber, Bern, S. 169–204.

McDOUGALL, J. (1972): L'anti-analysant en analyse. Un portrait clinique et une notion théorique. Rev. Franç. Psychanal., 36/2: 167–184.

REICH, W. (1927): Zur Technik der Deutung und der Widerstandsanalyse. Int. Z. Psa., 13: 141–159.

REICH, W. (1928): Über Charakteranalyse. Int. Z. Psa., 14/2: 180–196.

REIK, TH. (1933): New way in psycho-analytic technique, Int. J. Psycho-Anal., 14: S. 321–334.

REIK, TH. (1935): Der überraschte Psychologe; über Erraten und Verstehen unbewußter Vorgänge, N. V. Leyden.

STERBA, R. F. (1934): The fate of the Ego in analytic therapy. Int. J. Psycho-Anal., 15: 117–126.

STERBA, R. F. (1936): Das psychische Trauma und die Handhabung der Übertragung. Int. Z. Psa., 22: 40–46.

STERBA, R. F. (1982): Reminiscences of a Viennese psychoanalyst. Wayne

State University Press, Detroit, dt.: Erinnerungen eines Wiener Psychoanalytikers, Fischer Taschenbuch 7354, Frankfurt am Main, 1985.
STRACHEY, J. (1934): La nature de l'action thérapeutique de la psychanalyse. Rev. Franç. Psychanal., 34: 255–284, 1970.

V. Der Analytiker – dieser Unbekannte – und sein regredierter Patient: Das Werk Michael Balints

»Ich glaube, ich bin einer der mehr historisch gesonnenen Menschen auf diesen Inseln.«
(Brief von Balint an Jones vom 25. 10. 1954)

Des Analytikers Welt

Auf dem berühmten Kongreß von Wiesbaden[1] im Jahre 1932 legt Balint eine Arbeit vor mit dem Titel »Charakteranalyse und Neubeginn« (1933e), in der er – aufgrund der Entwicklung der vorhergehenden Jahre – vorschlägt, über die Analyse der Symptome und Komplexe hinauszugehen und das in den Mittelpunkt des analytischen Interesses zu stellen, was den Analysanden *charakterisiert.* Es handelt sich also um die Erweiterung des Wahrnehmungsfeldes des Analytikers auf *alles*, was den Patienten als *einzigartige Individualität* kennzeichnet. Ein solcher Standpunkt verändert die grundlegenden Perspektiven der analytischen Kur. Ihre klassischen Ziele – das Unbewußte bewußt zu machen, die infantile Amnesie aufzuheben und Widerstände zu überwinden – müssen neu überdacht werden, denn man hebt niemals das Unbewußte, die Widerstände oder die infantile Amnesie auf... »Folglich verbleibt auch nach Beendigung der Analyse wenigstens so viel in der Seele unbewußt, als zur Traumbildung notwendig ist, und genug Widerstand unerledigt, daß er eine Traumanalyse erheblich stören kann« (Balint, 1935c, *in:* 1965a, S. 193 der deutschen Ausgabe von 1988).[2] Wo Ferenczi und Rank als Ziel der Analyse »das volle Durchleben der Ödipusrelation im Verhältnis des Patienten zum Arzt« (Ferenczi, 1924 [264], S. 242) ansahen, wo Vilma Kovacs den »Wiederholungsfaktor« durchschauen und Reich »die volle Genitalität der orgastischen Potenz« erreichen wollten, nimmt Balint Ferenczis Begriff des »Neubeginns« wieder auf, um das Problem der Überwindung des Wiederholens darzulegen (Balint, ibid.).

Sechs Jahre später stellt er in einem mit Alice Balint verfaßten Text (1939), ihrer letzten gemeinsamen Schrift, die Übertragungsproblematik in der konkreten Ausdrucksweise dar, die ihn charakterisiert: »Das Phänomen ›Übertragung‹ kann am besten am unbelebten Objekt dargestellt werden, z. B. an einer Tür, die zugeschlagen wird, weil die Ursache des Zorns sich dahinter befindet. Bei einem Lebewesen wird die ganze Situation sehr viel komplizierter, weil a) die zweite Person genauso bestrebt ist, ihre aufgespeicherten Emotionen loszuwerden, indem sie sie auf die erste überträgt, und b) weil sie auf die Emotionen, die von der ersten Person auf sie übertragen sind, ihrerseits reagieren wird. Dadurch wird die Lage fast unentwirrbar, es sei denn, die eine der beteiligten Personen nimmt es freiwillig auf sich, für eine gewisse Zeit keine Gefühle auf die andere zu übertragen, d. h. sich möglichst so wie ein unbelebter Gegenstand zu verhalten« (Balint, 1939a, *in:* 1965a, S. 214 der deutschen Ausgabe von 1988). Aber »Freud hat die Tatsache hervorgehoben, daß die Analyse nicht in einem luftleeren Raum stattfindet: der Analytiker hat einen Namen, ist männlich oder weiblich, hat ein bestimmtes Alter, eine Familie usw.; in einem sehr weiten Sinne gefaßt, übertragen wir diese Elemente unserer Persönlichkeit auf den Patienten« (ibid.). Balint läßt sich nicht von gewissen Tabus beeindrucken, die damals in den analytischen Gewohnheiten verankert waren – etwa, nicht zu sehr das zu beobachten, was sich auf seiten des Analytikers abspielt –, und schlägt vor, bei den Überlegungen von Beobachtungen auszugehen, die Beschreibungen voller Humor und Einfachheit enthalten. So erwähnt er das Polster oder Kissen, das der Analytiker auf die Couch legt: »Ein typisches Problem ist ›das Kissen‹. Es gibt dafür mehrere Lösungen: a) Jeder Patient bekommt dasselbe Kissen, aber es wird eine Papierserviette darübergelegt und am Ende der Stunde in den Papierkorb geworfen; b) das Kissen ist dasselbe, aber jeder Patient hat seinen eigenen Bezug, der sich von den anderen durch Farbe oder Muster unterscheidet, und das Kissen wird vor jeder Stunde neu bezogen; c) jeder Patient hat sein eigenes Kissen und darf nur dieses benutzen; d) es ist nur ein Kissen oder es sind nur einige wenige Kissen vorhanden, und es ist dem Patienten überlassen, wie er sie benutzen will, usw. Diese Möglichkeiten lassen sich noch um den Faktor drei multiplizieren, weil es noch darauf ankommt, ob der Analytiker, der Patient oder eine Angestellte das Kissen vorbereitet.

Man könnte denken, das sei eine Bagatelle und es lohne sich nicht, sich damit so ausführlich zu befassen. Und doch scheinen solche Kleinigkeiten für die Bildung der Übertragung eine gewisse Bedeutung zu besitzen. So träumte zum Beispiel ein Patient, der aus äußeren Gründen seinen Analytiker wechseln mußte, daß sein erster Analytiker in einem hochmodernen, hygienischen WC mit weißen Kacheln praktizierte, während der zweite in einem altmodischen, schmutzigen stinkenden Klosett arbeitete. Man kann erraten, inwiefern das ›Kissen‹ dabei eine Rolle spielte. Die Traumanalyse zeigte überdies ganz klar, daß der Patient aus den unterschiedlichen Haltungen seiner beiden Analytiker zur Reinlichkeit, aus der Art und Weise, wie sie das ›Kissen-Problem‹ behandelten, seine Schlüsse zog. Niemand wird bestreiten wollen, daß eine Analyse, die in der Atmosphäre vor sich geht, welche dem ersten Teil des Traumes entspricht, einen anderen Verlauf nehmen wird als eine Analyse entsprechend der zweiten Traumhälfte. Es handelt sich jetzt nicht darum, ob die eine oder die andere Bedingung für den Gang der Analyse vorteilhafter ist; wir wollen nur darauf hinweisen, daß es Unterschiede in der analytischen Atmosphäre gibt, die durch den Analytiker selbst beigebracht werden.

Ähnliches gilt von einer ganzen Anzahl solcher Einzelheiten. Zum Beispiel ist auch die Art und Weise, wie das Ende einer Behandlungsstunde herbeigeführt wird, von erheblicher Bedeutung. Manche Analytiker stehen vom Stuhl auf und geben damit das Signal der Beendigung. Einige verwenden immer die gleichen Worte, andere versuchen, jedesmal eine neue Formel zu erfinden. Mancher rutscht auf seinem Sessel hin und her, und der Patient muß aus dem Geräusch entnehmen, daß die Zeit um ist; andere verwenden eine Weckeruhr oder haben eine Uhr im Zimmer so aufgestellt oder an die Wand gehängt, daß der Patient selbst sehen kann, wie die Zeit abläuft. Dann die Couch selber. Sie ist niedrig, breit, bequem oder schmal und hart. Ferner der Stuhl des Analytikers, die ganze Einrichtung des Behandlungszimmers – sieht es mehr wie ein Büro oder mehr wie ein Wohnzimmer aus, oder soll außer der Couch und dem Analytikersessel nichts weiter darin stehen? –, die Beleuchtung usw.« (ibid.).

Ausgehend von diesen Elementen, die a priori außerhalb des Verlaufs der Kur stehen, kommt er auf die Aktivität des Analytikers zu sprechen: »So sind z. B. manche Analytiker sparsam im Deuten, geben keine Deutung, wenn deren Richtigkeit nicht ganz sicher ist; andere sind dagegen großzügig und riskieren es, daß einige ihrer Deutungen daneben treffen« (Balint, 1939a, *in:* 1965a, S. 216 der deutschen Ausgabe von 1988). Dann erhebt er die Frage, was, wann und wie man deuten müsse, um zu sagen, daß »jede Analyse jedes Analytikers immer wieder anders« sei. »Dennoch ist es nicht zu leugnen, daß es individuell verschiedene Weisen des Analysierens gibt, unterschiedliche analytische Atmosphären sozusagen, die von der individuellen Technik und Persönlichkeit des betreffenden Analytikers gestaltet werden« (ibid.).

Erinnern wir uns, daß dies die Zeit von Glovers Untersuchungen ist (im Jahre 1938), der die verschiedenen analytischen Vorgehensweisen sogar innerhalb der Britischen Gesellschaft aufgezeigt hat (Glover,

1940). Balint begnügt sich nicht mit statistischen Feststellungen. Er stellt den *Analytiker* in den Mittelpunkt seines Blickfeldes. Zwar steht er mit diesen Überlegungen in der Nachfolge von Ferenczis Denken, doch man muß beachten, daß er eine abwägende Qualität einführt, die Ferenczi, manchmal impulsiv und exzessiv, nicht immer hatte. Wie man sieht, bemüht sich Balint darum, die Entwicklung der Technik aus historischer Sicht zu verstehen, und beobachtet minutiös zahlreiche Aspekte, die ihm ermöglichen, eine überzeugende Argumentation aufzubauen. Dieser ausgewogene Stil – diese Seinsweise – erlaubt ihm, tiefere Strömungen zu erfassen, in denen der Wunsch beider Protagonisten – des Analytikers und des Analysanden – sichtbar wird, sich mittels gegenseitiger Projektion ihrer Gefühle zu entledigen. Denn dieser Wunsch existiert nicht nur beim Analysanden, sondern auch beim Analytiker; unter der gut kodifizierten Oberfläche der »Deutungsregeln« spielt seine Persönlichkeit eine nicht zu vernachlässigende Rolle: Ist nicht jeder Analytiker *auf andere Weise* der »Spiegel des Patienten«?

Erinnern wir uns daran, daß das große Verdienst dieses Aufsatzes war, den *Analytiker selbst* in das Beobachtungsfeld der Analytiker zu stellen. Balint legt hier seine Sicht der »mutuellen Analyse« – Ferenczis – sehr viel vorsichtiger dar als Ferenczi selbst (unter anderem deshalb, weil er schon über dessen Erfahrung verfügt). Ausgehend von der Idee vielfacher Übertragungen der beiden Protagonisten und ihrer vielfachen Wünsche, sich durch die Übertragung ungelöster Probleme zu entledigen, eröffnet er neue Perspektiven. Damals erschien dieser Gedanke neu, obwohl Freud selbst von der Sensibilität des Analytikers als dessen Arbeitswerkzeug sprach, dem »Organ«, das ihm erlaubte, zu verstehen, was im Analysanden vor sich ging (Freud, 1912e, S. 381), und die Notwendigkeit der Analyse des Analytikers postulierte (die »didaktische Analyse«), um Elemente der »Ansteckung« des analytischen Feldes aufzuklären, die möglicherweise vom Analytiker stammten.

Für Balint kann der Analytiker, ausgehend von seiner »emotionalen Beteiligung«, seiner Gegenübertragung, auch »die Rekonstruktion der angenommenen traumatischen Situation aus den Assoziationen des Patienten und den Symptomen seiner Übertragungsneurose, d. h. der Wiederholung« vornehmen (Balint, 1968a, S. 125 der deutschen Ausgabe von 1987), muß jedoch darauf achten, eine Atmosphäre zu schaffen, die »dann nicht mehr als Anreiz für weitere Wiederholungen wirkt« (ibid.).

Balint erwähnt – aus historischer Perspektive – das wahrscheinliche Unbehagen Freuds im Hinblick auf regressive Phänomene (ibid.,

S. 130) und bezieht sich auf »Zur Geschichte der psychoanalytischen Bewegung« (Freud, 1914d, S. 48). In dieser Arbeit betont Freud bezüglich seines berühmten Falles Dora die Tatsache, daß es zur analytischen Auflösung der Auswirkungen eines kürzlich erfahrenen Traums notwendig war, der Patientin einen langen Umweg über ihre früheste Kindheit zu gestatten. Balint fügt hinzu, es sei ebenfalls »irreführend«, in diesem Fall und überhaupt in der analytischen Technik die Regression zu vernachlässigen (Balint, 1963b, *in:* 1968a, S. 133 der deutschen Ausgabe von 1987). Im Kontext des Problems des Umgangs mit regredierten Patienten nimmt er eine präzise Bewertung der Erfahrungen Ferenczis in einer klassisch gewordenen Zusammenfassung vor (Balint, ibid., S. 123ff., S. 134ff., S. 159–163).

In der bereits zitierten Studie über Übertragung und Gegenübertragung aus dem Jahre 1939 betonen Alice und Michael Balint (1939a) auch, wie notwendig es ist, daß der *Analytiker* auf eine Weise arbeitet, die ihm emotional *entspricht*. Wie wir gesehen haben, hat nicht nur der Analysand das Vorrecht, eine Übertragung zu bilden: Der Analytiker neigt ebenfalls dazu, seine Gefühle auf den Analysanden abzuwälzen. In der Beziehung zwischen Analytiker und Analysand spielt die Übertragung also *multiple* Rollen. Der Analysand löst beim *Analytiker* Erregungen aus, die dieser möglicherweise auf seine Art nach außen verlegt, und zwar durch Sublimationsversuche, durch Reflexion oder in der Sitzung. Anhand von Beispielen zum Ende der Analyse zeigen Alice und Michael Balint, daß jeder Analytiker seine eigene, ihm genehme Vorgehensweise hat und diese überdies für richtig hält: Hier handelt es sich tatsächlich um Freuds »Narzißmus der kleinen Differenzen« (1930a). Nun geht es aber nicht darum, recht zu haben: Jeder Analytiker muß in der Lage sein, *wahrzunehmen*, was er tut, schafft und erzeugt. Die Balints gehen einen Schritt weiter als Ferenczi, indem sie den Analytiker als Beobachtungsobjekt einführen; es geht nicht mehr allein darum, die Bewegungen des Analysanden wahrzunehmen, sondern auch die des Analytikers (Alice Balint, 1936). Letzterer hat zwar das Recht, in seiner Arbeit ein gewisses seelisches Behagen zu suchen und in seinem Analytikersessel wirklich er selbst zu sein, doch er muß auch seine Funktion als Spiegel für den Analysanden erfüllen können, als lebendiger Spiegel, der dem Analysanden *auf seine Art* dessen »Wahrheit« widerspiegelt.

Man gelangt so zu der Einsicht, daß die Analyse nicht nur eine Technik ist, sondern *vielmehr* eine Beziehung zwischen zwei Personen. Man braucht zwar zu Beginn eine Technik, um Klavier spielen zu können, doch das Spiel – die Interpretation – des Künstlers geht weit über die technische Fertigkeit hinaus. Die analytische Praxis setzt zwar das Erlernen einer Technik voraus, doch sie ist, wie man gar nicht oft genug sagen kann, weit mehr als das. Und die von Ferenczi angeregten Überlegungen zur Technik führten zu deren Überschreitung und gelangten zur Perspektive einer analytischen *Praxis*.

Dieser Weg führt Balint dazu, auf dem Kongreß von Zürich im Jahre 1949 zu verkünden, »ein hochwichtiges Forschungsfeld« müsse »das Verhalten des Analytikers in der psychoanalytischen Situation« sein. Er fährt fort: »Ich möchte lieber vom Beitrag des Analytikers bei der Schaffung und Erhaltung der psychoanalytischen Situation sprechen« (1950a, S. 231 der deutschen Ausgabe von 1988). Er macht sich keine Illusionen: »Das ist gewiß ein gefährliches und unhandliches Thema...« (ibid.).

Für ihn gehen die meisten psychoanalytischen Arbeiten von Beschreibungen klinischer Beobachtungen aus, bei denen das Subjekt einen »mehr oder weniger vollständigen Rückzug von den Objekten« vorgenommen hat (S. 227) wie in Fällen von Zwangsneurosen und Melancholie. Bei anderen Zuständen, wie etwa sexuellen Störungen, wäre es seiner Meinung nach sehr wichtig, die Beziehung zum Objekt zu untersuchen. Er nimmt einen Ausdruck von J. Rickman wieder auf und betont die Notwendigkeit, die Psychoanalyse als »Zwei-Personen-Situation« zu betrachten (S. 235). In dieser Hinsicht steht er der Schule Melanie Kleins nahe, doch er verfolgt trotzdem seinen eigenen Weg; er interessiert sich für die Art und Weise, wie der Analytiker funktionieren muß, »um die Spannung in der psychoanalytischen Situation so optimal wie möglich zu halten« (ibid.). Er erinnert daran, daß »kein Mensch auf die Dauer eine Beziehung ertragen kann, die nur Versagung, d. h. eine dauernd wachsende Spannung zwischen ihm und seinem Objekt ist. Früher oder später muß die Spannung durch bewußte oder unbewußte Maßnahmen zur Entladung kommen...« (ibid.). Er fragt sich also, »wieviel und welche Befriedigung einerseits vom Patienten, andererseits vom Analytiker benötigt wird« (ibid., S. 232) und welche Rolle die Sprache und die Deutung bei der Verringerung dieser Spannungen spielen. Die Perspektive eines aus *zwei Personen* bestehenden Interaktionsfeldes, auf dem der Analytiker mit seiner Ökonomie, seiner eigenen Dynamik, seinen Reaktionen und seiner Persönlichkeit durchaus vorhanden ist, erscheint ebenso fundamental beim Herangehen an die Probleme der Praxis.

Zu einer Zeit, in der diese Gedanken in psychoanalytischen Kreisen Zutritt gefunden zu haben schienen, betont Balint mit Tarachow (1952e), daß die psychoanalytische Technik nun in eine *neue Phase* ihrer Entwicklung *eingetreten* sei. Wo man sich zuvor vor allem für den Analysanden im therapeutischen Prozeß interessiert hatte, betrachtete man nun auch die Beteiligung des Analytikers an eben diesem Prozeß.

Auf der Suche nach den Urformen der Liebe

Zu den entstehenden Kontroversen zwischen London (Schule Melanie Kleins) und Wien (repräsentiert durch Waelder) über die infantile Psyche hat Masud Khan angemerkt, daß er keinen anderen Analytiker kenne, »dessen Arbeit so gewissenhaft die verschiedenen Forschungsströmungen widerspiegelt (und sie gleichzeitig assimiliert und kritisch bewertet), die sich in den verschiedenen Phasen der psychoanalytischen Bewegung abgezeichnet haben«. Er fährt fort: »Was darüber hinaus Balints Schriften kennzeichnet – und dies ist ein Beispiel, dem wir heute nacheifern sollten –, ist, daß seine Sympathie für die Gedanken der anderen nie durch rigide persönliche Überzeugungen oder militantes Eintreten für eine Partei erstickt wird« (Masud Khan, 1969, S. 238). So fragt sich Balint etwa: »Das besagt aber, daß das bisher untersuchte Material nicht genügt, um diese höchst wichtige Streitfrage (über die kindliche Seele, A. d. Ü.) zu entscheiden. Wo aber finden wir Neues?« Er fügt an, daß »nach Waelders Meinung kaum zu erwarten ist, daß die Erlebnisse am Anfang des ersten Lebensjahres je bewußt erinnert werden können. Aber mindestens ebenso zweifellos ist es, daß die Erlebnisse dieser Zeit von ausschlaggebender Bedeutung sind, das ganze spätere Leben des Menschen wesentlich beeinflussen... Es entsteht nun aber die Frage, wie man etwas Sicheres über diese Erlebnisse erfahren könnte.« Und er antwortet so: »Wir sind... davon ausgegangen, die formalen Elemente der analytischen Situation... als Übertragungserscheinungen zu betrachten, in der Hoffnung, auf diesem Wege wertvolle Daten zur individuellen Geschichte des Menschen zu erhalten.« Man erkennt hier das Erbe Sándor Ferenczis[3], »der als erster auf die Tatsache hinwies, daß die formalen Elemente der Übertragung und die ganze analytische Situation von der frühesten Kind-Eltern-Beziehung herstammen« (Balint, 1962b, *in:* 1965a). Er erforscht dann das, was man die »primitive« Liebesebene nennen könnte, wie er sie anhand der analytischen Situation rekonstruieren zu können glaubt. Nachdem er an die Existenz und die Gegebenheiten des Problems des primären Narzißmus erinnert hat (»Ich behaupte also, daß die Annahme des primären Narzißmus die Sprachverwirrung zwischen Wien und London verursacht«, S. 95), bemerkt er, Freud selbst habe hervorgehoben, »daß der vollständige Narzißmus allein unmöglich ist, da ein Lebewesen in diesem Zustande lebensunfähig ist«, und formuliert dann seine eigene Hypothese über die *Urformen der Liebe* (S. 97).

Aus Balints Sicht ist die »Urform der Liebe« der Wunsch, total und bedingungslos geliebt zu werden, der fundamentalste Wunsch, der sich in der Übertragung manifestiert (1935 b, *in:* 1965 a). Wenn von Beginn des Lebens an das Band zwischen Mutter und Kind unbefriedigend ist, wird das ganze übrige Leben in der manchmal vergeblichen Suche nach Wiederherstellung dieser versäumten Urform der Liebe bestehen. Für ihn ist die Urform der Liebe so zentral, daß der Narzißmus nur ein Umweg ist, um von sich selbst das zu erhalten, was die anderen nicht gegeben haben (Balint, 1935 b, *in:* 1965 a, und 1952 b, *in:* 1965 a), und die Aggression nicht mehr als eine Reaktion auf dieses Fehlen der Urform der Liebe (Balint, 1952 c, *in:* 1960).

Im Zusammenhang mit den heutigen Gedanken ist interessant zu bemerken, daß Alice Balint »unter dem Einfluß... der Gedanken M. Balints..., in denen er die Aktivität des kindlichen Verhaltens betont« (A. Balint, 1939, *in:* 1965 a, S. 119 der deutschen Ausgabe von 1988) – in Unkenntnis der jüngsten Forschungen über Babys – meint, »daß der Ausdruck *passiv* nicht gut zur Bezeichnung eines Verhältnisses paßt, in dem so ausgesprochen *aktive* Tendenzen, wie eben der Anklammerungstrieb, eine Hauptrolle spielen« (ibid.). Sie zog schon 1939 – immer unter dem Einfluß von Michael Balint – vor, »an Stelle des Begriffs der *passiven Objektliebe* vorwiegend die Bezeichnung *archaische* oder *primäre Objektbeziehung (Objektliebe)*« zu setzen (S. 119).[4]

Zu dieser Zeit stellt M. Balint die Verbindung her zwischen seiner Art, die analytische Beziehung zu bewerten, und gewissen Hypothesen über die archaische Objektbeziehung. Er vertieft im Verlauf der fünfziger und zu Beginn der sechziger Jahre das Konzept der Regression und nimmt einige seiner fruchtbarsten Forschungsarbeiten in Angriff. Er versucht, die Stellung der Regression in bezug auf die Begriffe des psychischen Gleichgewichts und der Gesundheit zu finden. »Oder ist Gesundheit ein Glückszufall, ein seltenes, sogar unwahrscheinliches Ereignis deshalb, weil die Vorbedingungen so schwer und zahlreich sind, daß die Chancen eher gegen sie stehen?« (Balint, 1950 b, *in:* 1965 a). Er merkt an, daß diejenigen, »die die reife Genitalität nicht für eine einfache Summierung eines bunten Gemisches von sexuellen Partialtrieben, sondern für eine Funktion per se halten«, auch bereit seien, »Gesundheit als ein ›natürliches‹ Gleichgewicht und die Beendigung der psychoanalytischen Kur als einen ›natürlichen‹ Prozeß zu betrachten« (ibid.). All das erscheint ihm eng mit der Problematik der Liebe verbunden.

Zur Feier des siebzigsten Geburtstags von Melanie Klein betont er, das, was er als Urform der Liebe oder archaische Liebe betrachte, sei »Ursprung und Quelle der menschlichen Libido-Entwicklung. Das erste und ewige Ziel aller Objektbeziehungen ist der primitive Wunsch: Ich möchte geliebt werden ohne Verpflichtung meinerseits, ohne daß die anderen etwas von mir als Gegenleistung erwarten« (1952b, *in:* 1965a). Dann schließt er eine wichtige Feststellung an: »Solange wir noch so wenig wohlbegründetes Wissen von den Dynamismen haben, die in der Beziehung der verschiedenen technischen Methoden zu den betreffenden theoretischen Hypothesen wirksam sind, müssen wir die meisten analytischen Techniken als gleichbedeutend ansehen.« Das ist Balints Antwort auf die von Glover (1940) gestellte Herausforderung. Er ist sich jedoch der Tatsache bewußt, daß diese Feststellung nur innerhalb bestimmter Grenzen gilt, und er fügt hinzu: »Ich wünschte, ich könnte diese beängstigend großzügige Feststellung mit dem Nebensatz ergänzen: ›abgesehen von einigen eindeutig falschen‹. Das kann ich aber nicht, und zwar aus dem Grunde, weil ich gegenwärtig keine Kriterien kenne, die uns objektiv zu entscheiden erlaubten, was eine ›eindeutig falsche‹ Technik ist, obwohl ich, wie jeder andere Analytiker, subjektiv davon überzeugt bin, daß es einige unzweifelhaft ›falsche Techniken‹ gibt« (ibid., S. 260 der deutschen Ausgabe von 1988).

Im analytischen Prozeß gehen Gleichgewicht und Entfaltung vom *Neubeginn* aus; dieser entsteht aus der Fähigkeit, eine vertrauensvolle, entspannte und von jedem Argwohn freie Objektbeziehung zu unterhalten, die das Aufgeben erlaubt (S. 258). Man erreicht dies, nachdem man auf die *paranoide* Position verzichtet und die notwendige *Trauerarbeit* geleistet hat. Damit gelangt er zu der Reihenfolge »paranoide Haltung – Depression – archaische Form der Liebe« (S. 257). Mit anderen Worten hält er für erforderlich: »a) Aufgeben der paranoiden Haltung, erkennen, daß die paranoiden Ängste unbegründet oder zumindest sehr übertrieben waren, und b) die Hinnahme, ohne übermäßige Angst, eines gewissen Maßes von Depression als einer unvermeidlichen Lebensbedingung, verbunden mit der Zuversicht, daß es möglich, ja sicher ist, aus dieser Depression als ein besserer Mensch hervorzugehen« (S. 256). Dieses Durchlaufen der Regression erscheint ihm also als notwendiger Vorläufer jeden Neubeginns. Um das Auftauchen dieses Konzepts in der Ideengeschichte zu orten, ist es interessant zu bemerken, daß Balint diese Idee Daniel Lagache und Melanie Klein zu verdanken meint, die beide dazu beigetragen hätten, daß er den »Neubeginn« besser verstanden habe (Brief an Daniel Lagache vom 20.5.1951).

In einem Brief an Martin Grotjahn (10.2.1954) fragt er sich: »Ich sehe nicht ein, warum ein Analytiker Angst davor haben sollte, eine abhängige, infantile und regressive Übertragungsbeziehung zu erleichtern. Ich muß sagen, daß in meinen Analysen dieses Stadium fast immer erreicht wird, ob es sich nun um Kandidaten oder Patienten handelt; außerdem setzt die ganze Idee des ›Neubeginns‹, die zur angemessenen Beendigung der Analyse von vorrangiger Bedeutung ist, eine solche Situation als Übergangsperiode voraus.«

Dies aber unter der Voraussetzung, daß der Analytiker »möglichst viele dieser Anforderungen« erfüllt und ihm »ausreichend Zeit – in manchen Fällen sogar sehr viel Zeit – für seine heftige Aggressivität« läßt, »auf die schließlich Trauer und Bedauern über das ursprüngliche Versagen oder Trauma und die durch sie verursachten Verluste folgen«. Dann kann sich »eine neue Beziehung entwickeln, die es dem Patienten ermöglicht, eine Art von Bedauern oder Trauer über den ursprünglichen Defekt und Verlust zu empfinden« (Balint, 1968a, S. 193 der deutschen Ausgabe von 1987). »Dieser Trauerperiode muß man ungehindert ihren Lauf lassen, obwohl sie bei manchen Patienten zum Verzweifeln lange dauern kann. Zwar kann man den Prozeß nicht beschleunigen, aber es ist höchst wichtig, daß der Analytiker ihm als Zeuge beiwohnt.« Es ist »anscheinend unmöglich, ihn allein durchzustehen; er kann nur im Rahmen einer Zweier-Beziehung wie etwa der analytischen Situation vor sich gehen«. Diese Trauer ist »mit dem Aufgeben eines narzißtischen Selbstbildes verbunden«, und »der hier besprochene Trauerprozeß betrifft die endgültige Aufgabe der Hoffnung, jemals das makellose Selbstideal zu erreichen« (ibid.). Balint verlegt die Bedeutung der *Trauer* wieder in den analytischen Prozeß und spricht von Patienten, die »nur schwer unter eine diagnostische Rubrik zu bringen« sind. »Ihre Hauptklage ist, daß sie ihren Platz im Leben nicht finden können... sie können sich nicht freuen« (1933e, *in:* 1965a, S. 165 der deutschen Ausgabe von 1988). Obwohl er nur von einem Teil der Klientel des Analytikers spricht (nur von denjenigen, die die ödipale Ebene nicht erreicht haben) – wie übrigens auch Ferenczi, der Spezialist für »besonders schwere Fälle« –, kann man sich natürlich fragen, ob diese Mangeldimension in bezug auf ein megalomanisches narzißtisches Ideal nicht bei jedermann existiert, denn muß man nicht annehmen, daß jeder von uns einen Mangelbereich – des Grundtraumas – hat, dessen Konsequenzen mehr oder weniger bedeutend sind?

Die *Untersuchung* der Regression in der klinischen Situation oder, um Balints Worte zu gebrauchen, die Untersuchung des »regredierten Patienten und seines Analytikers« (1960c) führt zu folgender Sichtweise der Geschichte des Menschen: Der Fötus ist äußerst *abhängig* von seiner Umgebung – zweifellos unendlich viel abhängiger als der Säugling oder der Erwachsene. Folglich ist es wesentlich für sein Wohlbefinden und seine Entwicklung, daß die Umgebung seinen Bedürfnissen weitgehend entspricht. Jede größere Abweichung davon würde sein Leben in Gefahr bringen.

Ausgehend von dieser biologischen Situation, schlägt Balint ein Modell der Libidoverteilung im Verlauf des fötalen Lebens vor und schließt, die Besetzung der Umgebung müsse sehr intensiv sein. Dennoch bleibt diese Umgebung undifferenziert: Sie enthält noch keine Objekte, praktisch keine Strukturen. Sie ist eine »harmonische Mischung«. Das Modell dieser harmonischen Mischung (»harmonious interpenetrating mix-up«) ist das Modell des Fisches im Wasser – wir sehen hier deutliche Reminiszenzen an das große Fresko, das sein Lehrer Ferenczi gemalt hatte: »Thalassa«. Die Frage ist, ob das Wasser in den Kiemen zum Meer gehört oder zum Fisch. Der Fötus, die amniotische Flüssigkeit, die Plazenta koexistieren in einer sich gegenseitig durchdringenden Weise. Unsere Beziehung zur Luft entspricht dem gleichen Modell: Wir können sie nicht entbehren, sie ist manchmal in unserem Inneren, in unseren Lungen, manchmal außen; dieses Element ist einfach gegenwärtig, und zwar so sehr, daß wir von der Luft leben, ohne dessen gewahr zu sein. Wir betrachten sie also nicht als Objekt – im etymologischen Sinne, etwas, das gegen uns geworfen ist (ob-jectum) –, sondern es liegt eine latente Besetzung vor, die erst sichtbar wird, wenn die Luft fehlt.

Die Geburt ist ein Trauma (Reminiszenzen der Gedanken, die Otto Rank, zu einer gewissen Zeit Ferenczis Freund, hatte), das eine erste Trennung zwischen dem Individuum und seiner Umgebung auslöst. Im Gegensatz zu den freundlichen Substanzen erhalten die Objekte präzise Umrisse, festgesetzte Grenzen, die anerkannt und respektiert werden müssen; ein Objekt stellt einen schmerzhaften Kontrast zu der friedlichen Harmonie dar, die zuvor herrschte. Ein Teil der Libido zieht sich in das Ich zurück; das ist der sekundäre Narzißmus. Die Entdeckung aber, »daß es unabhängige, feste und abgetrennte Objekte gibt, zerstört diese Welt« (die der harmonischen Mischung). »Von jetzt an... muß die Existenz von Objekten anerkannt werden mit ihren Eigenschaften von Widerstand, Aggressivität und Ambivalenz.« Es gibt zwei Hauptarten, auf diese traumatisierende Entdeckung zu reagieren: »Die eine besteht darin, eine oknophile Welt auf der Grundlage der Phantasie zu schaffen, daß die festen Objekte wohlwollend und vertrauenswürdig sind, daß sie immer da sein werden, wenn man sie braucht, und daß sie nie Einwände dagegen erheben oder Widerstände dagegen leisten werden, als Stütze zu dienen. Die andere Reaktion besteht darin, eine philobate Welt zu schaffen« mit einer gewissen Unabhängigkeit von den Objekten (Balint, 1959a, S. 85, passim).

In der oknophilen Reaktion klammert sich das Subjekt an das Objekt, überschätzt es und wird von ihm abhängig; in der philobatischen Reaktion[5] macht es sich vom Objekt unabhängig und versucht, die Betonung auf seine Fähigkeiten (des Ich) in »objektleeren Räumen« (Balint, 1968a) zu legen. Balint wirft hier ein wichtiges Licht auf die Imagines der guten und der bösen Mutter Melanie Kleins, indem er sagt, daß es für das Kind unverständlich ist, daß die Eltern sich einmal auf diese Weise und dann auf eine andere Weise verhalten. Das *Trauma* besteht also darin, auf *unbegreifliche* Weise behandelt worden zu sein: Ferenczis »Sprachverwirrung«, von Balint neu interpretiert![6] Seiner Ansicht nach erfolgt die Spaltung nur sekundär: in den Augen des Kindes sind die Eltern »launenhafte Wesen... welche unberechenbar, manchmal bös und manchmal gut zu ihm sind. Und je neurotischer das Verhalten der Eltern, desto schwieriger die Aufgabe der Anpassung für das Kind, welches schließlich keinen anderen Weg hat, als z. B. die Mutter als zwei grundverschiedene Wesen zu behandeln. Manchmal ist die ›Fee‹ da und manchmal die ›Hexe‹« (Balint, 1935c, *in:* 1965a).

Über Reifungs- und Regressionszonen

Balint kommt zu der Auffassung, daß man bestimmte deutlich unterschiedene Zonen abgrenzen kann, je nach dem Grad der psychischen und vor allem affektiven Reifung. Eine dieser Zonen ist die des Ödipuskomplexes, charakterisiert durch das Bestehen des Konflikts und der Ambivalenz und durch Frustrationen, die man mitteilen kann – verbal. Freud hat einen Rahmen geschaffen, in dem der Patient die Möglichkeit hat, seine Erfahrungen in Form von Problemen mitzuteilen. Die Psychoanalyse eröffnet ihm den Zugang zu einer Kenntnis seiner selbst (das, was man »Einsicht« nennt). Die Definition dieser Zone (des Ödipuskomplexes) ist, was nicht verwundert, ein Kriterium der Gegenübertragung: »Wird diese Analyse für den Analytiker befriedigend sein oder nicht? Mit einiger Bosheit kann man sagen, daß die Frage, die sich stellt, sich darauf bezieht, ob von dem Patienten zu erwarten ist, daß er seinem Analytiker Befriedigungen geben wird, oder nicht« (Balint, 1968a).

Die ödipale Ebene bezieht drei Personen ein, der Bereich der Grundstörung dagegen nur zwei: Die *Störung* ist das Fehlen der dritten, strukturierenden Partei. Diese Beziehung zwischen zwei Personen ist »eine sehr primitive, eigentümliche Objektbeziehung, die meines Erachtens von den zwischen erwachsenen Personen beobachteten Beziehungen gänzlich verschieden ist«. Das »Hauptmerkmal der Ebene der Grundstörung« ist, »daß die auf dieser Ebene wirksame Dynamik *nicht* die Form eines Konfliktes hat« (ibid.). Nebenbei macht Balint theoretische Bemerkungen von äußerster Wichtigkeit, unter anderem: »Es wird gewöhnlich angenommen, daß die in der psychoanalytischen Behandlungssituation beobachteten Erscheinungen als repräsentativ für die gesamte menschliche Entwicklung gelten dürfen... Ich halte sie jedoch für unzutreffend«, sagt er mit ungewöhnlicher Lebhaftigkeit. »Erstens wird nicht alles, was der Analysand in seiner Entwicklung erlebt hat, in der psychoanalytischen Situation wiederholt; zweitens wird das, was wiederholt wird, durch die besonderen Bedingungen der Psychoanalyse hochgradig entstellt« (ibid., S. 38).

Als polyglotter Mann ist Balint sehr sensibel für alles, was mit Sprach- und Übersetzungsproblemen zu tun hat, und versäumt nicht, in der Psychoanalyse auf mehreren Ebenen einzugreifen. Unter Bezugnahme auf die »eigene Aura von Assoziationen«, die jedes Wort habe (S. 104), beklagt er, die semantische Wissenschaft seiner Zeit stecke noch in den Kinderschuhen. Seine Bemerkungen über Worte, die Gefühle, Affekte und innere Erfahrungen ausdrücken, nehmen zahlreiche zeitgenössische Diskussionen vorweg; er ist sich vor allem durchaus klar darüber, daß die verschiedenen Bedeutungen eines Wortes in verschiedenen Sprachen in der psychoanalytischen Literatur ein Übersetzungsproblem darstellen. Das ist in erster Linie bei Freuds Werk der Fall: Freud »hätte seine Theorie der libidinösen *Besetzung* auf englisch nicht entwickeln können, da es in dieser Sprache kein Wort gibt, um das auszudrücken, was er meinte. Bekanntlich wurde das Wort ›*cathexis*‹ hierfür neu erfunden, aber es ist unwahrscheinlich, daß es jemals in die Umgangssprache eingehen wird. Dasselbe gilt in noch stärkerem Maße für die Übersetzungen von *Lust* und *Unlust*. Andererseits konnte sich die moderne Theorie der ›*Depression*‹ nur im Englischen entwickeln, in welcher Sprache dieses Wort ein vages, aber ausgedehntes Feld deckt – ähnlich wie *Besetzung* und *Abwehr* im Deutschen. Das deutsche Wort *deprimiert* mit nur wenigen und fast unelastischen Assoziationen würde sich zu einer solchen Verwendung nicht hergegeben haben« (ibid., S. 105). »Die deutschen Wörter *Lust* und *Unlust* sind so gut wie unübersetzbar; das englische ›pleasure‹ bedeutet etwas ganz anderes, und ›unpleasure‹ ist eine komische Neubildung« (S. 104).

Balint geht auf die Problematik des verbalen Ausdrucks in den regressiven Zuständen ein. Auf der Ebene der Grundstörung müssen wir dem Patienten »sein primitives Verhalten in die konventionelle Erwachsenensprache übersetzen«. Die kleinianische Schule hat zu diesem Zweck eine »etwas merkwürdige, ›verrückte‹ Sprache entwickelt« (ibid., S. 115), welche die Patienten zu gebrauchen lernen. Das führt zu einer Atmosphäre, in der die Deutungen den Eindruck machen, »als kämen sie von sicheren, kenntnisreichen und vielleicht sogar überwältigenden Analytikern« (ibid.), was erklären würde, »warum in den Assoziationen ihrer Patienten soviel Aggressivität, Neid und Haß auftritt« (S. 117) und andererseits die Analytiker »sich selber so stark mit Introjektion und Idealisierung beschäftigen« (ibid.). Er fragt sich auch, wie der Analytiker seine Kommunikation organisiert, indem er sich auf die von seinem Analytiker gelernten Worte stützt. Mittels Analogie gelangt er dann zu der Frage, wie Ärzte durch ihre Worte und ihre Sprache die Krankheit ihrer Patienten organisieren...

Zum wirklichen Verständnis der psychoanalytischen Klinik, so meint Balint, müsse die Berücksichtigung des Verhaltens des Analytikers, seines Respekts vor dem Patienten als Person, Hand in Hand gehen mit der Reflexion seiner *Verantwortung* für die Schaffung des analytischen *Rahmens*. So schreibt er: »Der Analytiker muß die Regression akzeptieren. Dazu muß er eine Umwelt, ein Klima schaffen, in dem er und sein Patient die Regression in gemeinsamem Erleben tolerieren können« (S. 187). Dazu ist auch Zeit bereitzuhalten, »die frei ist von äußeren Versuchungen, Reizen und Forderungen, einschließlich solcher, die vom Analytiker selber ausgehen«. Balint schreibt auch noch: »Das Ziel besteht darin, dem Patienten zu ermöglichen, daß er zu sich selbst finden, sich selber annehmen, mit sich zurechtkommen kann... Darüber hinaus muß man ihn seinen eigenen Weg zur Welt der Objekte finden lassen – ihm nicht den ›rechten‹ Weg durch noch so tiefe und korrekte Deutungen weisen wollen« (S. 190). »Neben einem ›bedürfniserkennenden‹ und vielleicht sogar ›bedürfnisbefriedigenden‹ Objekt muß der Analytiker... auch ein ›bedürfnisverstehendes‹ Objekt sein, das darüber hinaus auch noch imstande sein muß, dieses Verständnis dem Patienten mitzuteilen« (S. 191). Die Fähigkeit zur Regression ist für Balint zwar eine Fähigkeit des Patienten, doch er geht auch davon aus, daß dieser die Regression nicht außerhalb der besonderen Atmosphäre leben könnte, die aus gegenseitigem Vertrauen besteht und zum großen Teil vom Takt und der Geschicklichkeit des Analytikers abhängig ist. Letzterer muß diskret sein und eine gewöhnliche Person bleiben; so bietet er sich nicht als allwissendes und allmächtiges

Anklammerungsobjekt an, sondern läßt vielmehr die Herstellung einer Beziehung zu, in der der Patient in seiner Gegenwart sich selbst wiederfinden kann.

Die vertiefte Untersuchung veranlaßt Balint schließlich, zwischen zwei Formen der Regression zu unterscheiden: Bei der ersten »zielt die Regression auf die Befriedigung von Triebverlangen hin; was der Patient sucht, ist ein äußeres Ereignis, ein Tätigwerden des Objekts. Im anderen Falle erwartet der Patient nicht so sehr eine Befriedigung durch Handlungen von außen, sondern vielmehr die stillschweigende Erlaubnis, die äußere Welt so benutzen zu dürfen, daß er mit seinen inneren Problemen vorankommen kann« – das ist das, was ein von Balint zitierter Patient »zu sich selber kommen« nannte. Balint schlägt vor, die erste Art »Regression mit dem Ziel der Befriedigung« und die zweite »Regression mit dem Ziel des Erkanntwerdens« zu nennen (S. 154). Letztere, die gutartige – der »arglose«, vertrauensvolle, entspannte Zustand –, ist für ihn eine notwendige Vorbedingung für den Neubeginn. Bei der Forderung der Regression mit dem Ziel des Erkanntwerdens darf »...der Analytiker... nicht widerstreben, muß einwilligen, muß keinen Anlaß zu starker Reibung geben, muß den Patienten für eine Weile annehmen und tragen, muß sich als mehr oder weniger unzerstörbar erweisen, muß nicht auf starren Grenzen bestehen... Das bedeutet Einwilligung, Teilnahme und Beteiligung, aber *nicht*[7] unbedingt Handeln, eher Verständnis und Toleranz« (S. 155). Indem Balint diesen Unterschied zwischen der von ihm als gutartig bezeichneten Regression und der bösartigen, verzweifelten und leidenschaftlichen Regression macht, kommt er auf die von Ernst Kris vorgeschlagene Unterscheidung zwischen der »Regression im Dienste des Ich« und dem »von der Regression übermannten Ich« zurück (Balint, 1968a, S. 163 der deutschen Ausgabe von 1987).

1968, zwei Jahre vor seinem Tod, stellt Balint die etablierten Praktiken noch einmal in Frage: »Gegenwärtig ist der Analytiker gehalten, alles, was in der analytischen Situation geschieht, immer und sogar in erster Linie im Hinblick auf die Übertragung, d. h. eine Objektbeziehung, zu deuten.« Er versucht die – unerwarteten – Konsequenzen dieser Technik aufzuzeigen, die Ende der sechziger Jahre bestimmend war: »Diese sonst sinnvolle und leistungsfähige Technik bedeutet aber außerdem, daß wir uns unseren Patienten ständig als Objekte anbieten, an die sie sich anklammern können, und daß wir alles, was im Patienten dem Anklammern widerstrebt, als Widerstand, Narzißmus, Empfindlichkeit, paranoide Angst, Kastrationsfurcht usw. deuten« (S. 185). Ein besseres Verständnis von Übertragung und Gegenübertragung müßte es ermöglichen, die Auswirkungen zu messen, die Stil und Deutungsart auf den Analysanden und die Beziehungen zwischen den beiden Protagonisten haben können. Je nach seiner praktischen Verfahrensweise kann der Analytiker als allwissend oder allmächtig oder als separates Objekt mit deutlichen Umrissen erlebt werden.

Wenn die Zahl »drei« den Bereich des ödipalen Konflikts kennzeichnet und die Zahl »zwei« den Bereich der Grundstörung, so gibt es noch einen dritten Bereich; dieser ist »dadurch gekennzeichnet, daß kein äußeres Objekt vorhanden ist. Das Subjekt ist mit sich allein, sein Hauptbestreben besteht darin, etwas aus sich selbst heraus zu erschaffen« (S. 33). Dieser Bereich ist der der künstlerischen, mathematischen, philosophischen Schöpfung, des Gewinns einer Einsicht, der Fähigkeit, jemanden zu verstehen, und schließlich gehört noch »ein hochwichtiges Phänomen« dazu: »die ersten Phasen einer – körperlichen oder seelischen – Erkrankung oder Genesung« (ibid.). Wir befinden uns auf der Ebene der Alpha- und Beta-Elemente und der Alpha-Funktion Bions. Natürlich betrifft das auch den schweigenden Patienten, der vor einem Konflikt »*davonläuft*«[8], der aber ebenso »zu etwas *hinläuft*[9], nämlich zu einem Zustand, in dem er sich relativ sicher fühlt... eine Art ›Schöpfung‹ – wohl nicht immer eine echte..., aber doch eine schöpferische Leistung, ein Produkt seiner Kreativität« (S. 35 f.). In diesem »Bereich des Schöpferischen... ist kein äußeres Objekt beteiligt, und es gibt infolgedessen keine Objektbeziehung und keine Übertragung... Daher ist unser Wissen über die hier herrschenden Prozesse so gering und unsicher« (S. 38). Dieser »Bereich des Schöpferischen« ist mit der Dimension des Mangels verbunden, der Desillusion, der darauffolgenden Introjektion und Bereicherung des Ich durch den Philobatismus. Das ist der nicht traumatische Mangel. Auf diesem Umweg finden wir die Versagung wieder – selbst die, die in der analytischen Situation unvermeidlich ist. Hier ist man Zeuge einer Öffnung, um das Subjekt in seinen Interaktionen mit der Umwelt zu verstehen – im Reichtum und der Vielfalt seiner Aspekte –, ebenso in seinen Grenzen wie in seinen Möglichkeiten.

Zur Übermittlung in der Psychoanalyse

Im Kontext der analytischen Arbeit, wie Ferenczi und Balint sie auffaßten, insbesondere im Hinblick auf die Implikation der Person des Analytikers, gewinnen die Probleme seiner Ausbildung große Bedeutung. Balint wundert sich über die geringe Zahl von Publikationen zu diesem Thema: »Jones führte das auf mangelndes Interesse zurück«, berichtigt dann aber sofort: »Ich würde es eine schwere Denkhemmung nennen« (Balint, 1948b, *in:* 1965a, S. 269 der deutschen Ausgabe von 1988). »Die genannte Denkhemmung ist das erste verdächtige Symptom hinsichtlich unserer Ausbildung. Das zweite Symptom ... ist die Tendenz zur Dogmatik, die unserem Ausbildungssystem innewohnt« (S. 271). Wie Initiationsriten bestünde diese Ausbildung darin, den Kandidaten zu zwingen, »sich mit dem Clan zu identifizieren, den Initiator und seine Ideale zu introjizieren und aus diesen Identifikationen ein starkes Über-Ich zu errichten, das ihn lebenslang beeinflußt... Was wir bewußt bei unseren Kandidaten zu erreichen beabsichtigen, ist doch vielmehr, daß sie ein starkes kritisches Ich entwickeln, das fähig ist, erhebliche Belastungen zu ertragen, das frei ist... von automatischer Übertragung und Denkschablonen...« (S. 275). Balint rekapituliert die Geschichte der Ausbildung. Zu Beginn, in der Anfangszeit, gab es keine systematische und organisierte *Ausbildung*. »Von Versuchen der Einprägung eines Über-Ichs (›Superego-Intropression‹)[10], der Forderung weitgehender Identifikation war nichts zu spüren. Dies führte zu mehreren Sezessionen« (S. 282). In der zweiten Periode, nach dem Budapester Kongreß von 1918, »schuf sich die Psychoanalyse ein leistungsfähiges Ausbildungssystem und eine Organisation, die stark genug war, ihre Normen durchzusetzen...«. Das »bedeutete... die Errichtung einer starken Vaterautorität, ›die zur Unterweisung und Abmahnung bereit war‹, und einen erheblichen Druck auf den Kandidaten, die Lehren seines Lehranalytikers anzunehmen und sich mit ihnen zu identifizieren. Als sehr unnötige Spannungen zwischen den Generationen eintraten, endete diese Periode nach wiederholten Fehden mit dem völligen Zusammenbruch jeglicher zentralen Autorität.« Die dritte Periode war gekennzeichnet durch das Erscheinen mehrerer »Prätendenten... die zur Treue aufgerufen haben und in scharfer Konkurrenz miteinander stehen«. Infolgedessen besteht »zwischen den Gruppen weniger Kooperation als Konkurrenz« (ibid., S. 282f.).

So kam es mit dem Erscheinen der dritten Generation zum Auftreten »verschiedener ›Schulen‹ in der analytischen Bewegung« (Balint, 1954c, *in:* 1965a, S. 292 der deutschen Ausgabe von 1988). »Bis dahin«, so scheint es ihm, »hatte jede wirkliche Kontroverse zu einer Sezession geführt. Die Tatsache, daß seit den zwanziger Jahren ein mehr oder weniger freundschaftliches Nebeneinander von rivalisierenden ›Schulen‹ innerhalb der analytischen Bewegung möglich ist, beruht meines Erachtens darauf, daß die Unterschiede doch nicht so fundamental sind und daß die Psychoanalyse zudem stark genug geworden ist, um – wenn auch nicht ohne Anstrengung – den Kampf der einander widersprechenden Ideen zu tolerieren« (S. 292). »Aber andererseits darf man auch den Einfluß einander widersprechender Ideen auf die Ausbildung nicht verschweigen, ohne der ganzen Diskussion ein falsches, unaufrichtiges Gepräge zu geben.« Er versucht zu zeigen, welche Bedeutung diese Rivalität der Schulen auf die Lehranalysen haben kann, vor allem, wenn es sich um Zweitanalysen handelt: »Außerdem verfiel... die Technik des ersten Analytikers während der zweiten Analyse einer scharfen... Kritik, wobei der zweite Analytiker sehr oft nicht vermeiden konnte, mit darin verwickelt zu werden. Um die Entwicklung solcher überkritischer, fast feindlicher Empfindungen zu verhindern... mußte also ein neues Verfahren geschaffen werden« (S. 293). Hinsichtlich des Problems der Lehranalyse geht er auf die Geschichte der Kontroversen auf diesem Gebiet ein. Mehrere Konzepte der Lehranalyse folgten aufeinander: Das der Demonstration der Existenz des Unbewußten hat der Idee der therapeutischen Analyse Platz gemacht und vor allem zum 1928 geäußerten Postulat Ferenczis geführt, die Lehranalyse müsse tiefer gehen als die therapeutische Analyse, eine »vollständige Beendigung der Analyse« erreichen (Ferenczi, 1928 [282], S. 376). Diese Konzeption der Lehranalyse bezeichnet Balint als »Supertherapie«. Er fügt hinzu, daß die mit diesen Analysen verbundenen Probleme nie öffentlich diskutiert werden.

Er erwähnt die Konsequenzen dieser neuen Situation – vor allem im Hinblick auf die »vorzeitige« Deutung der Feindseligkeit »der negativen Übertragung« – und dies, obwohl Freud (1937 c) erklärt hatte, dies sei nicht die Richtung, die man einschlagen müsse. »Da ich glaube, daß dies das einzige Mal ist, wo die Psychoanalyse entgegen der ernsten Warnungen Freuds gerade die Richtung eingeschlagen hat, von der abgeraten wurde, scheint mir das Problem eine nähere Untersuchung zu verdienen« (Balint, 1954 c, *in:* 1965 a, S. 295 der deutschen Ausgabe von 1988). Er glaubt, eine vorzeitige Deutung »schwacher Zeichen von Haß« führe dazu, daß »über wahren Haß und Groll... immer nur geredet« werde, doch »nie werden sie als real gefühlt; schließlich werden sie durch das Tabu der Idealisierung unterdrückt«. »Der Analytiker muß im ganzen geschluckt werden, als ein ganzes, heiles und idealisiertes Objekt« (S. 297). Zusammenfassend sieht er darin den Ursprung der verschiedenen Schulen von »Supertherapie«, die schließlich zur »Sprachverwirrung« führen. Er hofft auf eine neue Periode, eine Periode des Nachdenkens – und der Forschung – über alle diese Probleme.

Damit spricht er sich nicht nur gegen alle Dogmatismen und Tabus aus, sondern schlägt eine dauernde analytische Untersuchung der Verhältnisse unter den Analytikern vor, die ihre Auswirkungen auf die Analysen haben...

Seitenblick auf die Medizin

Ferenczi hatte sein Interesse an medizinischen Problemen schon vor seiner Begegnung mit Freud bewiesen (Lorin, 1983). Eine seiner letzten Arbeiten, sie stammt aus dem Jahre 1933 und trägt den Titel »Freuds Einfluß auf die Medizin« (Ferenczi, 1933 [293]), ist eine allgemeine Anerkennung der Beiträge Freuds zu diesem Gebiet. Er hat auch über die Psychoanalyse im Dienste des Allgemeinpraktikers geschrieben (Ferenczi, 1982 [297]). Dabei wünschte er sich »eine günstigere Entwicklung gewisser organischer Krankheiten durch systematische psychoanalytische Beobachtung« (S. 193 der frz. Ausgabe). Außerdem äußert er den Gedanken, daß »die Persönlichkeit des Arztes oft größere Wirkung auf den Kranken hat als das verschriebene Medikament« (ibid.). Dies ist Michael Balints Ausgangspunkt.

Er nimmt die von Ferenczi formulierte Frage wieder auf: »Die Psychoanalyse fordert vom Arzt unermüdliche Empfänglichkeit für alle Ideenverbindungen, Gefühle und unbewußten Vorgänge im Innern des Patienten. Um dieser Forderung zu genügen, muß er selbst eine biegsame, plastische Seele besitzen, was nur erreicht werden kann, wenn er selbst analysiert ist. Wie der künftige Mediziner diese vertiefte Selbsterkenntnis erlangen soll, ist eine schwer zu beantwortende Frage« (Ferenczi, 1933 [293], S. 540).

Um diese Frage zu beantworten, geht Balint von der ungarischen psychoanalytischen Ausbildung in »Ausbildungs- und Forschungsgruppen« für praktische Ärzte aus. Bevor das sogenannte »dreiteilige« Berliner System eingerichtet wurde, das persönliche Analyse, theoretische Kurse und Supervisionen umfaßte, waren diese Elemente in Budapest nicht so deutlich getrennt; in seiner Einzelanalyse sprach der zukünftige Analytiker anhand seiner freien Assoziationen über seine therapeutische Arbeit. Aufgrund dieser Erfahrung meinte Balint, es müsse möglich sein, den Allgemeinärzten eine Ausbildung vorzuschlagen, die zu einer »begrenzten, aber sehr wichtigen Veränderung« (Balint, 1961 c, S. 1231) der Persönlichkeit führe, um ihnen ein besseres Verständnis ihrer Beziehung zu den Kranken zu ermöglichen. Jede während der Arbeit mit dem Patienten vom Arzt empfundene Emotion wird aus der Perspektive des Krankheitssymptoms betrachtet; Balint führt in die medizinische Praxis Methoden ein, um das Unbewußte der beiden Protagonisten zu benutzen und so den wahren Sinn der Mitteilung zu verstehen – der Frage und der Antwort.

Das Wesentliche aus Balints Untersuchungen auf medizinischem Gebiet (abgesehen von einigen vorherigen Arbeiten, Balint, 1926 a und 1926 d) wird durch eine Veröffentlichung aus dem Jahre 1955 vorgestellt: »Welche Droge verschreibt der Mediziner am häufigsten? Sich selbst« (Balint, 1955 b). Das ist der Leitgedanke dieses Artikels, der sich auf den Arzt konzentriert, seine »apostolische Funktion«, seine Rolle als Organisator der Krankheit durch sein Eingreifen und seine Rede.

Die Zeit für eine endgültige Bewertung der »Balint-Gruppen«, wie man sie in Europa nennt, ist noch nicht gekommen, auch wenn es so aussieht, als habe Balints Traum nur teilweise verwirklicht werden können. Dem Traum Freuds erging es übrigens nicht besser: Ist es den Analytikern wirklich besser gelungen, die Gedanken Freuds zu nutzen, vor allem im Hinblick auf den therapeutischen Wert der Analyse? Auch wenn gewisse Praktiker sich persönlich haben in Frage stellen und die Dynamik der Beziehung Arzt-Kranker verstehen können, muß man nach Balints Meinung anerkennen, daß eine »Abweichung« (im Sinne des Aufgebens des Zieles der ursprünglichen Methode) ein reales Risiko darstellt, wie gewisse Konzeptionen der Balint-Gruppen zeigen, die diese in Selbsterfahrungsgruppen oder ideologische Gruppen mit vorwiegend sozialem Inhalt umgewandelt haben. Die Balint-Gruppe kann auch zum Träger einer Ideologie der »begrenzten Psychodynamik« werden. Die Psychoanalyse hat sich als fruchtbar erwiesen zur Veränderung der kulturellen Welt, des menschlichen Denkens und vieler Aspekte des Aussehens des zwanzigsten Jahrhunderts; die Auswirkungen der Bewegung zur Ausbildung praktischer Ärzte nach der Balint-Methode sind begrenzt geblieben, aber reich im Inneren ihres Aktionsfeldes.

Wie die Psychoanalyse die analytische Situation schafft, so hat Balint ein Forum geschaffen, einen *Raum*, wo der Analytiker und der Arzt sich treffen können. Die Balint-Gruppen mit praktischen Ärzten oder Sozialarbeitern verwirklichen diese Ziele. Wenn die Gruppen nach Balints Absicht Orte der Begegnung zwischen Vertretern dieser Berufe und einem Analytiker sind, so haben die von Nicht-Analytikern geleiteten Gruppen nicht denselben Sinn. Als wissenschaftlicher Denker und unter Beseitigung jedes Dogmatismus hat Balint zur Begegnung der Psychoanalyse mit der wissenschaftlichen und medizinischen Tradition beigetragen.

Wie wir gesehen haben, berührt die Kontroverse zwischen Freud und Ferenczi vor allem zwei Probleme. Eines ist das der Radikalisierung des Ausmaßes der Übertragung. Aus Ferenczis Sicht müssen *alle* klinischen Phänomene – die ganze Erfahrung in der analytischen Situation – als potentiell mit der Übertragung, also mit der Wiederholung der Vergangenheit verbunden angesehen werden. Das andere Problem betrifft die Tatsache, daß Ferenczi ab 1909 der Meinung war, in der Übertragung wolle der Neurotiker »einen möglichst großen Teil der Außenwelt in das Ich« aufnehmen (Ferenczi, 1909 [67], S. 19). Dieser *ungeheure Wunsch*, diese »Süchtigkeit« und die pathologische »Erweiterung des Ichs« (ibid.) verweisen direkt auf die Auswirkungen elterlicher Unzulänglichkeiten – auf *Traumata*. So steht die Kontroverse zum Zeitpunkt von Ferenczis Tod.

Aus der Meinungsverschiedenheit zwischen Ferenczi und Freud wurde, wie wir gesehen haben, ein persönlicher Konflikt, der dann immer mehr einflußreiche Mitglieder des Komitees und der damaligen psychoanalytischen Bewegung berührte. Balint war zweifellos diplomatischer als sein Lehrer Ferenczi, unter anderem deshalb, weil er nicht in einem persönlichen Konflikt um dieses Thema verstrickt war. Ferenczi, so hellsichtig in bezug auf die »Pathologie der Gesellschaften«, also institutionelle Konflikte, war gleichzeitig ein wenig naiv und idealistisch: er hoffte, unter Psychoanalytikern würden solche Dinge anders aussehen... Doch nach und nach traten persönliche Konflikte auf (so eine gewisse Rivalität zwischen Abraham und Ferenczi), in die Freud sich mehr oder weniger geschickt einmischte, beispielsweise, indem er an Abraham schrieb: »Auch besteht für Sie kein Grund, mit einer solchen Annahme zu rechnen, denn wenn auch geographische Einflüsse meine persönliche Intimität mit Rank und Ferenczi erhöht haben, so dürfen Sie doch sicher sein, daß Sie in meiner Freundschaft und Wertschätzung nicht niedriger stehen« (Brief Freuds an Abraham vom 4. 3. 1924, Freud, 1965 a, S. 327), und ihn ermahnte: »Man könnte mit größter Gemütsruhe unter demselben Dach zusammen bleiben...« (ibid., S. 328).

Schließlich kam es zu Spannungen zwischen dem Berliner Institut – dem ersten organisierten und institutionalisierten Ort der psychoanalytischen Ausbildung – einerseits und Wien und Budapest andererseits. Freud selbst war nicht überzeugt, daß das Modell einer systematischen Ausbildung die Ideallösung darstellte (Sterba, 1982, S. 27 ff.). In Budapest war die Ausbildung weniger strukturiert; vielleicht entsprach das auch dem individualistischeren Budapester Charakter. Ferenczi und später Balint – auch noch in London – legten im Rahmen ihrer Möglichkeiten Wert darauf, die persönliche Analyse nicht von den ersten Supervisionen zu trennen. Um nur ein bezeichnendes und im System der psychoanalytischen Ausbildung nicht unwichtiges Beispiel zu nennen: Die Regel in Budapest verlangte, daß die Supervision des ersten Falles vom persönlichen Analytiker des in der Ausbildung befindlichen Analytikers durchgeführt wurde. Schon in den zwanziger Jahren erarbeitete jede Stadt ihre eigenen Lösungen: London durch Jones und den wachsenden Einfluß von Melanie Klein, Berlin sehr organisiert und Budapest nach einem anscheinend großzügigeren Modell (und wesentlich mehr Patienten als anderswo) und mit einer Ausbildung und ambulanten Konsultationen (woraus später das Institut und die Poliklinik werden sollten) ohne genau definierte Form.

Auf diesem Kampfplatz steht Balint, als sein Lehrer stirbt; seine »Diplomatie« ermöglicht es ihm, an der allgemeinen Entwicklung und am Gedankenaustausch teilzunehmen, sich dabei aber seiner Randstellung bewußt zu bleiben.[11] Ein Anlaß, der diese Konflikte ans Tageslicht brachte, war Balints Berichtigung der Ansichten Jones' über die Umstände der Krankheit und des Sterbens von Ferenczi. Damals war Jones bereits krank, und daher wollten sich einige Analytiker nicht an der Polemik beteiligen (so etwa Lajos Lévy, unveröffentlichter Brief vom 15.12.1957). Fromm (1970, S. 25 der frz. Ausgabe) gab den von Balint geschriebenen Brief und die Antwort Jones' wieder und fügte hinzu: »Der Brief Balints erfordert keinen Kommentar. Wir sehen hier einen ehrlichen und intelligenten Mann, einen Schüler und engen Freund Ferenczis. Er fühlt sich verpflichtet, die Tatsachen anhand seiner Beobachtungen richtigzustellen und die Behauptung Jones' über die angebliche Geisteskrankheit seines Lehrers zu korrigieren (›paranoide Schizophrenie‹). Er stellt fest, daß Ferenczi, der an einer perniziösen Anämie litt, seine geistige Klarheit bis zum Tag seines Todes behielt. Das ist eine eindeutige Behauptung, die impliziert, daß Jones' Behauptung falsch ist.« Und weiter unten: »Wenn ein so unterwürfiger und gewundener Brief von einem Mann mit geringeren Verdiensten als Balint oder unter einem diktatorischen Regime geschrieben worden wäre, um ernste Konsequenzen für die Freiheit oder sogar das Leben seines Autors zu vermeiden, so könnte man das verstehen. Da man jedoch weiß, daß er von einem bekannten Analytiker stammte, der in England lebte, zeigt er die Intensität des Drucks, der jede, auch die maßvollste, Kritik an einem der Leiter der Organisation untersagte« (ibid., S. 28 der frz. Ausgabe).

Zweifellos war Balint wie Ferenczi überzeugt, in der Nachfolge der fundamentalen Entdeckungen Freuds zu arbeiten. Gleichzeitig spürten aber beide, wie schwierig es war, Alternativen zur vorherrschenden psychoanalytischen Theorie vorzuschlagen und akzeptabel zu machen. Ferenczi hat vermutlich mehr unter einem Gefühl der Ablehnung und der Angst gelitten, nicht geliebt zu werden. Balint verteidigte seine Positionen gewiß diplomatischer – wie in dem von Fromm erwähnten Beispiel – und in einem Ton, der in Mitteleuropa in seiner Generation gegenüber älteren, höherstehenden und Autoritätspersonen üblich war. Insgesamt hatte er mehr Hilfsmittel als Ferenczi – vor allem die unerschütterliche Überzeugung, seine Position zu Recht zu vertreten.

Balints Treue zu Ferenczi war unbeirrbar; er war überzeugt, daß Ferenczi das Opfer einer offenkundigen Ungerechtigkeit war. Er hat seine affektive Bindung an seinen Lehrer nie verhehlt. Immer wieder hat er, manchmal in scherzhafter Form (Balint, 1962b, *in:* 1965a), von »meiner noch ungelösten Übertragung« (S. 160) gesprochen und gesagt: »…ein weiterer Beweis meiner ungelösten Übertragung!« (S. 162). Seine Fähigkeit zur Selbstironie ist sehr »mitteleuropäisch«, läßt aber doch seine Überzeugung erkennen, daß Ferenczis Ideen ein ungeheurer Gewinn für die analytische Gemeinschaft sein könnten. Sein Werk hat dazu beigetragen.

Wissenschaftliche Position

Da sich der wissenschaftliche und epistemologische Kontext der Metapsychologie im Laufe der Geschichte der Psychoanalyse verändert hat, kann man sagen, daß jeder Denker sich in einer anderen Situation befindet als jene, die ihm in dieser Tradition vorangingen. Balint hat versucht, die Metapsychologie in einem neuen kulturellen Kontext zu *überdenken*, und zwar im Licht seiner eigenen Erfahrungen und derer Ferenczis. Er wollte sie voranbringen, da er sie noch immer als eine Wissenschaft ansah – es kam nicht in Frage, sie für einen reinen Empirismus oder eine verarmte Hermeneutik aufzugeben. Balint wollte in der *freudianischen Tradition* und ihrer Art der Begriffsbildung arbeiten; das unterschied ihn beispielsweise von Fairbairn, der den Ehrgeiz hatte, ein neues System psychoanalytischer Begriffsbildung zu *schaffen* (in den Fußstapfen von Melanie Klein). Seine Treue zu Freud geht Hand in Hand mit einer Unabhängigkeit des Denkens, deren Ursprung sich im Beispiel Ferenczis finden läßt. Das Werk Ferenczis vollendet sich in dem Balints. Balint war nicht nur ein Schüler, er setzte die Arbeit

Ferenczis fort. Er interessierte sich leidenschaftlich für die psychoanalytische Praxis und stellte mutige Fragen wie etwa die nach ihrem Einfluß auf die Psychoanalytiker selbst (indem er sich mit Problemen der Gegenübertragung befaßte). Dennoch geht Balints Werk über die Grenzen der Psychoanalyse hinaus (seine Aktivität in Diskussionsgruppen mit Ärzten ist hierfür ein Beispiel). Er wollte herausfinden, wie das psychoanalytische Denken auf andere Situationen angewandt werden konnte, etwa die Behandlung von Kindern oder somatischen Patienten. In den Augen jener, für welche die tiefen Einsichten Freuds nicht dem ausschließlichen Gebrauch einer Elite vorbehalten bleiben können, sondern das kulturelle Leben und die menschlichen Beziehungen beeinflussen müssen, war das eine Pioniertat.

Die Frage nach den Fundamenten der psychoanalytischen Theorie beschäftigte ihn immer, ebenso wie die nach einem angestrebten Gleichgewicht zwischen dem Beitrag der Biologie und dem der Sozialwissenschaften.

Ein Briefwechsel zwischen Balint und Fenichel, der kürzlich von Russel Jacoby (1983) veröffentlicht wurde, zeigt Balint in der Nähe derer, die man als »freudianische Linke« bezeichnet hat. Balint ist empfänglich für den Beitrag Reichs und Fenichels zum Thema der Rolle »sozialer Faktoren« in der Evolution des Menschen (Jacoby, S. 103). Diese Frage tauchte schon in gewissen Diskussionen mit seiner ersten Frau, Alice Balint, sowie mit seinem Kollegen und Freund Géza Roheim auf.

Seine Geisteshaltung, geformt durch die Naturwissenschaften und die Medizin (»...das ich von der Medizin herkomme und durch meine Liebe für die exakten Naturwissenschaften stark voreingenommen bin...«, 1952 a, *in:* 1965 a), war sehr empfänglich für methodologische Probleme. Außerdem hatte er einen besonderen Sinn für die historische Evolution der verschiedenen Konzepte. Er bemühte sich, das *Warum* von Kontroversen zu begreifen und zur Entwicklung von deren Verständnis beizutragen und versuchte theoretische Divergenzen in historischen Begriffen zu erfassen, »...die Differenzen im theoretischen Bilde auf die verschiedenen Standpunkte, auf die verschiedenen Erwartungsvorstellungen und auf Differenzen in der Terminologie zurückzuführen«.[12]

Der psychoanalytische Forscher

Was Balint kennzeichnet und was er mit allen großen psychoanalytischen Forschern gemeinsam hat, ist die *Überschreitung von Tabus*. Die großen psychoanalytischen Entdeckungen sind unter *Überwindung* manchmal kollektiver Widerstände zustandegekommen. Die Neugier und die Untersuchungen Balints haben die Grenzen des Verstehbaren weiter hinausgeschoben; das ist der eigentliche Sinn und die Daseinsberechtigung jeder wissenschaftlichen Entdeckung und jedes intellektuellen Abenteuers.

Balint hat – allerdings in vorsichtigen Formulierungen – mehrere Konzepte in Frage gestellt, und zwar immer nach strenger Prüfung: das des Narzißmus beispielsweise, womit er einerseits Kohut und andererseits Lacan (Spiegelstadium) den Weg ebnete. Er zögerte nicht, Abrahams Einteilung der Triebe als »rigide« zu bezeichnen und für elastischere intellektuelle Systeme zum Verständnis der prägenitalen Organisationen der Libido zu plädieren (Balint, 1935b, *in:* 1965a, S. 49). Wir haben gesehen, wie er mit einer einzigen Bewegung die damals sehr verbreiteten Gleichsetzungen von aktiv = männlich, passiv = weiblich beiseitefegte (Balint, 1936a, *in:* 1965a, S. 72); wie er gegen die Reifizierung psychoanalytischer Konzepte kämpfte, insbesondere in seinem Buch über die Regression (Balint, 1959a); wie er das Problem der Sprache in der Psychoanalyse anschnitt (ibid.); wie er auf implizite Probleme der Rekonstruktion und der Deutung hinwies (Balint, 1954c); wie er neue Perspektiven im Verständnis der Ausbildung eröffnete (Balint, 1948b).

Er besaß die Fähigkeit zu scharfer Beobachtung der vielfältigen Aspekte der »menschlichen Natur« und gehörte zu jenen, die den Bereich der *Erfahrung* höherstellten als theoretische Abstraktionen. So hat er sich in seiner Untersuchung der menschlichen Sexualität in erster Linie für das Leben und »Eros« als Erfahrung interessiert. Er hat dazu beigetragen, den Begriff der Perversion zu revidieren – ubiquitäre *Erfahrung* der sexuellen Phantasien und Umsetzung des tiefen Wunsches und der Angst des Subjekts. Er hat auch gezeigt, daß die Bezeichnung »Partial«trieb die Gefahr von Werturteilen in sich trägt – und an den außergewöhnlichen Charakter von Zuständen vollkommener Integration erinnert. Das Infragestellen der Verwendung des Begriffs »genitaler« Liebe (Balint, 1948a), durch Über-Ich-Elemente beeinträchtigt, gehört zu seinen hellsichtigen Kritiken. Seine Rolle als Pionier auf all diesen Gebieten wird ungenügend anerkannt. Sollte das mit seiner ruhigen, nicht ostentativen Präsenz zu tun haben, damit, daß er nicht

Schule machen wollte, oder eher, wie wir gesehen haben, mit der Randstellung, die er selbst erwähnt?

In einem Artikel von 1956 befaßt sich Balint (1956b) mit dem Werk Fairbairns und vor allem mit dessen These, die Libido sei in erster Linie auf der Suche nach dem Objekt (»object-seeking«) und nicht nach der Lust (»pleasure-seeking«). Er zeigt, daß diese Formulierung nur aufgrund des künstlichen Charakters des Wortes »Libido« möglich ist, das dem ursprünglichen deutschen Wort »Lust« fernsteht. Diese etymologische Untersuchung, bei der er die Bedeutungsnuancen der verschiedenen verwendeten Begriffe prüft, ist typisch für seine Vorgehensweise. Dasselbe gilt für die außerordentlich wichtigen Feststellungen, die er einfach »nebenbei« trifft. Zum Beispiel: Die analytische Situation kann nicht einer infantilen Situation gleichgestellt werden, die Mutter ist befriedigender, der Analytiker versagender, die Übertragungen der kindlichen Situation auf die analytische Situation sind also nicht selbstverständlich. Oder: um neue psychologische Phänomene zu beschreiben, muß man immer über die Situation berichten, in der sie beobachtet wurden, die emotionale Temperatur und den durch die Situation ausgeübten Druck. Er unterstreicht, daß es »den Säugling als solchen nicht gibt« (»There is no such thing as an infant by himself«, 1956b, *in:* 1956a, S. 287), und beschreibt die prägenitalen Befriedigungen der analytischen Situation: »...dem Patienten die Möglichkeit bieten, sich in aller Freiheit zu äußern, ihm das Gefühl einer angenehmen, genügend warmherzigen und freundschaftlichen Sicherheit zu geben, indem man ihm eine bequeme Couch, einen normal geheizten Raum zur Verfügung stellt etc. und vor allem das befriedigende, ja eigentlich einzigartige Gefühl, daß der Analytiker an seiner Seite sein und mit Wohlwollen und Sympathie alle Enthüllungen anhören wird, die der Patient ihm über seine Persönlichkeit macht...« (ibid., S. 286).[13]

Auf diesem heiklen Gebiet, das vor allem menschliche Qualitäten verlangt und jede Möglichkeit brillanter Demonstrationen ausschließt, haben seine originellen und tiefen Gedanken auch negative Gefühle geweckt und ihm gewisse Feindschaften eingetragen. Dennoch herrscht gegenwärtig die Meinung vor, daß »Balint unbestreitbar ein Vorläufer... auf einem Wege ist, dem heute die meisten Psychoanalytiker folgen; ein Weg, der zuerst zur Anerkennung des Anteils des Analytikers an der analytischen Situation führt und von da aus zur Definition des analytischen Prozesses nicht so sehr als *Wiederholung* der Vergangenheit, für die die Deutung ausreichen mag, sondern als *Schöpfung*[14], die eine Anerkennung dessen erfordert, was nicht gewesen ist« (J.-B. Pontalis, 1978, S. 115).

Für diejenigen, die das Werk aller genialen Denker fortsetzen, ob es sich nun um Platon, Aristoteles, Marx oder, wie in unserem Fall, Freud handelt, bleibt die Frage offen, wie weit man den grundlegenden Aussagen des Systems treu bleiben muß und in welchem Augenblick man einen epistemologischen Bruch feststellen kann; oder auch, wann man der Geburt einer *neuen* Idee beiwohnt, losgelöst von der ursprünglichen Theorie, oder nur der Formulierung einer Ergänzung. Das ist das Problem der Schulen und der »Revisionismen«... Wir wollten zeigen, inwieweit Balint auf der Linie Freuds gearbeitet hat – indem er seine Grundideen und dieselben Arbeitsinstrumente übernahm und diesen seine eigenen Neuerungen hinzufügte. Revisionismus oder fruchtbare Entwicklung? Jeder wird das nach seiner eigenen Auffassung entscheiden. Es besteht jedoch kein Zweifel daran, daß Balint seine Arbeiten in einem evolutionären Geist verstand, der Freud und natürlich Ferenczi die Treue hielt. Sein Ansatz war innovatorisch und hat zur Erneuerung des psychoanalytischen Denkens beigetragen.

Anmerkungen

1 Der Kongreß wurde Zeuge des mutigen Schwanengesangs von Ferenczi (Ferenczi, 1933 [294]) – in gewisser Weise seines Testaments –, dessen öffentlichen Vortrag einige seiner Kollegen verhindern wollten.
2 Bei den Werken Balints ist das erwähnte Jahr das des ursprünglichen Erscheinens; der Buchstabe ermöglicht das Auffinden jedes Werkes innerhalb desselben Jahres; *in:* weist auf das Erscheinungsjahr des Werkes hin, in das die betreffende Arbeit aufgenommen wurde.
3 Balint merkt an, daß die Tendenz besteht, ihn zu vergessen (die Probleme, die er aufgeworfen hat, erregten Angst...).
4 Hervorhebung im Original.
5 »...beabsichtige ich, zwei neugeprägte Ausdrücke zu verwenden. Die humanistisch Gebildeten unter meinen Lesern werden wissen, daß ›Akrobat‹ wörtlich ›den in die Höhe Springenden‹ bedeutet, d. h. einen, der sich von der sicheren Erde entfernt hat. Nach dem Vorbild dieses Wortes prägte ich ›Philobat‹. Das ist also einer, der solche Wagnisse, wie oben beschrieben, genießt. Davon kann man leicht das Adjektiv ›philobatisch‹ bilden, um die entsprechenden Vergnügungen und Tätigkeiten zu bezeichnen, und das abstrakte Nomen ›Philobatismus‹, um das gesamte Gebiet zu bezeichnen. Sodann brauchen wir noch einen andern Ausdruck, um den offenbaren Gegensatz zum Philobaten zu bezeichnen, einen, der Schaukeln und Berg- und Talbahnen nicht verträgt und der sich am liebsten an etwas Festes klammert, wenn seine Sicherheit in Gefahr ist. Hierfür schlage ich ›Oknophil‹ vor,

abgeleitet vom griechischen Wort OKNEO, das ›sich scheuen, zögern, sich fürchten, sich anklammern‹ bedeutet« (Balint, 1959a, S. 22).

6 Diese Konzeption des Traumas bei Balint steht in Zusammenhang mit derer Ferenczis über den Schock und die darauffolgende Verleugnung durch die Umgebung (persönliche Anmerkung von P. Sabourin).

7 Hervorhebung im Original.

8 Hervorhebung im Original.

9 Hervorhebung im Original.

10 Von Ferenczi geschaffener Ausdruck (1932 [308], S. 294).

11 Über Searles, Winnicott, Little, M. Khan: »Alle diese Analytiker, einschließlich meiner selbst, gehören nicht zum ›klassischen‹ Zentralmassiv, sondern zum Randgebiet. Man kennt uns, duldet uns, liest uns vielleicht sogar, aber man zitiert uns nicht« (Balint, 1968a, S. 165).

12 Nicht ohne ironischen Unterton erklärt er: »Denn darin sind wir wohl einig, daß in der Wirklichkeit der früheste Zustand der menschlichen Seele in London sich nicht wesentlich von dem in Wien oder Budapest unterscheiden wird« (Balint, 1937b, *in:* 1965a, S. 84 der deutschen Ausgabe von 1988). »Nur nehmen die Forscher aus verschiedenen Gruppen verschiedene Standpunkte ein und benützen eine etwas verschiedene Terminologie« (ibid.). Er benutzt absichtlich das Wort »Ansichten« und betont: »Wir dürfen nämlich nicht vergessen, daß hier letzten Endes um theoretische Konstruktionen diskutiert wird« (ibid.).

13 Diese Ideen werden häufig ausschließlich Winnicott zugeschrieben.

14 Hervorhebung im Original.

Literaturverzeichnis

BALINT, A. (1936): Handhabung der Übertragung auf Grund der Ferenczischen Versuche. Int. Z. Psa., 22: S. 47–58.

BALINT, A. (1939): Liebe zur Mutter und Mutterliebe, *in:* BALINT, M.: Die Urformen der Liebe und die Technik der Psychoanalyse, Stuttgart 1966, dtv, 1988, S. 103–120.

BALINT, M. (1926a): Psychoanalyse und klinische Medizin. Z. Klin. Med., 103: 628–645.

BALINT, M. (1926d): A pszichoterápiákról a gyakorló orvos számára (Über die Psychotherapien für den praktischen Arzt). Therapia, (Budapest), 5: 148–173.

BALINT, M. (1933e): Charakteranalyse und Neubeginn (1932), *in:* Die Urformen der Liebe und die Technik der Psychoanalyse, Stuttgart 1966, DTV, 1988, S. 165–177.

BALINT, M. (1935b): Zur Kritik der Lehre von den prägenitalen Libidoorganisationen, *in:* Die Urformen der Liebe und die Technik der Psychoanalyse, Stuttgart 1966, dtv, 1988, S. 48–68.

BALINT, M. (1935c): Das Endziel der psychoanalytischen Behandlung (1934), *in:* Die Urformen der Liebe und die Technik der Psychoanalyse, Stuttgart 1966, dtv, 1988, S. 191–201.

BALINT, M. (1936a): Eros und Aphrodite, *in:* Die Urformen der Liebe und die Technik der Psychoanalyse, Stuttgart 1966, dtv, 1988, S. 69–82.

BALINT, M. (1937b): Frühe Entwicklungsstadien des Ichs. Primäre Objektliebe, *in:* Die Urformen der Liebe und die Technik der Psychoanalyse, Stuttgart 1966, dtv, 1988, S. 48–68.

BALINT, M. (1939a) (in Zusammenarbeit mit A. Balint): Übertragung und Gegenübertragung, *in:* Die Urformen der Liebe und die Technik der Psychoanalyse, Stuttgart 1966, dtv, 1988, S. 214–221.

BALINT, M. (1948a): Über genitale Liebe (1947), *in:* Die Urformen der Liebe und die Technik der Psychoanalyse, Stuttgart 1966, dtv, 1988, S. 121–133.

BALINT, M. (1948b): Über das psychoanalytische Ausbildungssystem (1947), *in:* Die Urformen der Liebe und die Technik der Psychoanalyse, Stuttgart 1966, dtv, 1988, S. 267–288.

BALINT, M. (1950a): Wandlungen der therapeutischen Ziele und Techniken in der Psychoanalyse (1949), *in:* Die Urformen der Liebe und die Technik der Psychoanalyse, Stuttgart 1966, dtv, 1988, S. 222–236.

BALINT, M. (1950b): Über die Beendigung der Psychoanalyse (1949), *in:* Die Urformen der Liebe und die Technik der Psychoanalyse, Stuttgart 1966, dtv, 1988, S. 237–243.

BALINT, M. (1952a): Die Urformen der Liebe und die Technik der Psychoanalyse, Stuttgart 1966, dtv, 1988.

BALINT, M. (1952b): Der Neubeginn, das paranoide und das depressive Syndrom, *in:* Die Urformen der Liebe und die Technik der Psychoanalyse, Stuttgart 1966, dtv, 1988, S. 244–266.

BALINT, M. (1952c): Über Liebe und Haß (1951), *in:* Die Urformen der Liebe und die Technik der Psychoanalyse, Stuttgart, Klett, 1966, dtv, 1988, S. 134–150.

BALINT, M. (1952e) und TARACHOW, S.: General concepts and theory of psycho-analytic therapy. Ann. Surv. Psychoanal., 1: S. 227–239.

BALINT, M. (1954c): Analytische Ausbildung und Lehranalyse (1953), *in:* Die Urformen der Liebe und die Technik der Psychoanalyse, Stuttgart 1966, dtv, 1988, S. 289–300.

BALINT, M. (1955b): The doctor, his patient and the illness. Lancet 1: 683; (abgedruckt in 1956a).

BALINT, M. (1956a): Problems of human pleasure and behavior. Classic essays in humanistic psychiatry. Liveright, New York.

BALINT, M. (1956b): Pleasure, object and libido: some reflexions on Fairbairn's modifications of psychoanalytic theory. Brit. J. Med. Psychol., 29/2: 162–167 (auch erschienen in 1956a, S. 281–291).

BALINT, M. (1959a): Angstlust und Regression. Stuttgart 1960.

BALINT, M. (1960c): Der regredierte Patient und sein Analytiker. Psyche, 15/5: 253–273.

BALINT, M. (1961 c): Training of general practitioners and medical students in their role in mental health. Working paper No. 2, Expertenkomitee für psychische Gesundheit, Weltgesundheitsorganisation, Genf, 1961.

BALINT, M. (1962 b): Beitrag zum Symposium über die Theorie der Eltern-Kind-Beziehung (1961), *in:* Die Urformen der Liebe und die Technik der Psychoanalyse, Stuttgart 1966, dtv, 1988, S. 160–164.

BALINT, M. (1963 b): Gutartige und bösartige Formen der Regression, *in:* Therapeutische Aspekte der Regression. Die Theorie der Grundstörung. Stuttgart 1970; bei dtv, 1987, unter dem Titel: Regression. Therapeutische Aspekte und die Theorie der Grundstörung, S. 129–168.

BALINT, M. (1965 a): Die Urformen der Liebe und die Technik der Psychoanalyse, Stuttgart, 2. rev. Ausg. 1966.

BALINT, M. (1968 a): The basic fault: therapeutic aspects of regression. Tavistock Publ., London, 1968; deutsch: Therapeutische Aspekte der Regression. Die Theorie der Grundstörung, Stuttgart 1970; bei dtv, 1987, unter dem Titel: Regression. Therapeutische Aspekte und die Theorie der Grundstörung.

FERENCZI, S. (1909 [67]): Introjektion und Übertragung. Eine psychoanalytische Studie. Franz Deuticke, Wien.

FERENCZI, S. (1924 [264]): Entwicklungsziele der Psychoanalyse (in Zusammenarbeit mit O. Rank). Internationaler Psychoanalytischer Verlag, Wien, 1924 (teilweise enthalten in Bausteine, Bd. III, S. 220).

FERENCZI, S. (1928 [282]): Das Problem der Beendigung der Analysen. Bausteine, Bd. III, S. 367.

FERENCZI, S. (1933 [293]): Freuds Einfluß auf die Medizin. Bausteine, Bd. III, S. 526.

FERENCZI, S. (1933 [294]): Sprachverwirrung zwischen dem Erwachsenen und dem Kinde. Bausteine, Bd. III, S. 511.

FERENCZI, S. (1932 [308]): Fragmentarische Aufzeichnungen aus den Jahren 1920 und 1930–1933. Bausteine, Bd. IV, S. 214.

FERENCZI, S. (1982 [297]): Kurze Zusammenfassung der Psychoanalyse, (1936), *in:* Psychoanalyse, Bd. 4, Payot, Paris, 1982, S. 192–194.

FREUD, S. (1912 e): Ratschläge für den Arzt bei der psychoanalytischen Behandlung. GW., Bd. VIII, S. 375.

FREUD, S. (1914 d): Zur Geschichte der psychoanalytischen Bewegung. GW., Bd. X, S. 43.

FREUD, S. (1930 a): Das Unbehagen in der Kultur. GW., Bd. XIV, S. 419.

FREUD, S. (1937 c): Die endliche und die unendliche Analyse. GW., Bd. XVI, S. 316.

FREUD, S. (1965 a) und ABRAHAM, K.: Briefe 1907–1926. Frankfurt am Main, S. Fischer.

FROMM, E. (1970): Die Krise der Psychoanalyse, *in:* Analytische Sozialpsychologie und Gesellschaftstheorie. Frankfurt am Main, Suhrkamp, 1970.

GLOVER, E. (1940): The technique of psychoanalysis. London, Bailliere, Tindall und Cox, 1955.

JACOBY, R. (1983): The repression of psychoanalysis. Basic Books, New York.
KHAN, M. M. R. (1969): On the clinical provision of frustrations, recognitions, and failures in the analytic situation. An essay on Dr. Michael Balint's researches on the theory of psychoanalytic technique. Int. J. Psycho-Anal., 50, S. 237–248.
LORIN, C. (1983): Le jeune Ferenczi. Aubier, Paris.
PONTALIS, J. B. (1978): Einleitung zu: KHAN, M. M. R.: Frustrer, reconnaître et faire défaut dans la situation analytique. Nouvelle Revue de Psychanalyse, No. 17, S. 115.
REICH, W. (1933): Charakteranalyse. Neuauflage, Köln 1970.
STERBA, R. F. (1982): Reminiscences of a Viennese psychoanalyst. Wayne State University Press, Detroit; dt.: Erinnerungen eines Wiener Psychoanalytikers, Fischer Taschenbuch 7354, Frankfurt am Main, 1985.

VI. Von Budapest nach London: Das Leben Michael Balints

»Das Wesentliche im Leben der Menschen liegt in dem, was sie denken und wie sie es denken, und nicht in dem, was sie tun oder erdulden.«

(*Einstein, Autobiographie*)

Obwohl die vielfältigen und geheimen Verbindungen, die unleugbar zwischen dem Werk und den bekannten Tatsachen eines Lebens bestehen, schwer zu erfassen sind, schien es uns, als könnte die Darstellung des Lebens von Michael Balint von einigem Interesse sein.

Mihály (englisch: Michael) Maurice wurde am 3. Dezember 1896 in Budapest geboren. Sein Vater, Dr. Bergsmann, war Allgemeinarzt in Józsefváros (oder, wie die teilweise deutschsprachige Bevölkerung sagte, Josefstadt), einem volkstümlichen Viertel kleiner Handwerker in Budapest. Balint bezeichnete seinen Vater als sehr guten praktischen Arzt, der aber wenig wissenschaftlich eingestellt und von den Grenzen der Medizin enttäuscht war. Sein Vater hatte Ungarisch auf dem Gymnasium gelernt (Brief an O. Dormandi vom 3. Januar 1945); sein Großvater dagegen sprach es recht gut, während seine Großmutter nur Deutsch sprach. Die Ungarn reichten in seiner Familie nur zwei oder drei Generationen zurück.

»Unter Joseph II.[1] wurden die Juden des ganzen habsburgischen Reiches zum erstenmal gezwungen, Familiennamen anzunehmen, und natürlich wählten die meisten deutsche Namen. Während der nationalistischen Epoche des 19. Jahrhunderts wandelten sehr viele von ihnen – als Reaktion auf die ungerechtfertigte Germanisierung der absolutistischen Periode – ihre deutschen in ungarische Namen um«, schrieb Balint an Jones (10.5.54).[2] Das tat er übrigens auch selbst, was zu Konflikten mit seinem Vater führte. Der Name »Bergsmann« wurde also zu Balint. Er wechselte die Religion und wurde Unitarier wie viele ungarische Juden des damaligen Bürgertums.

Schon als Schüler war er ein leidenschaftlicher Leser und suchte eifrig die öffentlichen Bibliotheken auf. Seine Schwester Emmi, eineinhalb Jahre jünger als er, studierte Mathematik; ihre Klassenkameradinnen waren Margaret Mahler und Alice Székely-Kovács, Michaels spätere Ehefrau.

Nach dem Beginn eines Medizinstudiums, das er auf Verlangen seines Vaters unwillig, wie er behauptete, aufgenommen hatte, mußte Balint während des Krieges von 1914 bis 1918 an die Front abreisen, zuerst nach Rußland, dann nach Italien in die Dolomiten. Er wurde am Daumen verwundet. War das eine Selbstverstümmelung, um entlassen zu werden? Oder veranlaßte ihn seine Neugier, eine Granate auseinanderzunehmen? Jedenfalls konnte er nach zweieinhalb Jahren seine Studien wieder aufnehmen.[3] Er verliebte sich buchstäblich in die Chemie und studierte leidenschaftlich Biochemie und Physik. Er beendete sein Medizinstudium im Oktober 1918 nach der sogenannten Astern-Revolution. Während seiner Zeit als Medizinstudent besuchte er die Vorlesungen Ferenczis, welcher der erste Professor für Psychoanalyse auf der Welt war. So machte er seine Bekanntschaft. Balint schrieb, er habe Freuds *Traumdeutung* und seine *Psychopathologie des Alltagslebens* zuerst mit viel Ambivalenz kritisiert, später aber seine Meinung geändert. Mit 21 Jahren aber wurde er »durch die ›Drei Abhandlungen‹ und ›Totem und Tabu‹ unwiderruflich für die Psychoanalyse gewonnen. Diese beiden Forschungsrichtungen – die Entwicklung der Sexualfunktionen beim Individuum und die Entwicklung der zwischenmenschlichen Beziehungen – standen von da an eigentlich ständig im Mittelpunkt meines Interesses« (Balint, 1952 a, Vorwort, S. 9). Er besuchte dann in Budapest ein Seminar Rados über Freuds *Studien zur Hysterie*. 1917 war ihm Freuds »›Totem und Tabu‹ von einem jungen Mädchen geliehen worden, das Mathematik studierte ... Wir waren damals schon sehr gute Freunde und heirateten, nachdem ich mein Medizinstudium beendet hatte. Wenige Monate später begannen wir beide am gleichen Tage unsere analytische Ausbildung bei Dr. Hanns Sachs in Berlin. Nach einiger Zeit wechselten wir beide zu Ferenczi über und beendeten bei ihm unsere Ausbildung. Von unserer gemeinsamen Begeisterung für ›Totem und Tabu‹ angefangen bis zu ihrem Tode im Jahre 1939 haben Alice und ich miteinander gelesen und studiert, gelebt und gearbeitet. Alle unsere Ideen – ob ihrem oder meinem Kopf entsprungen – wurden zunächst mit Freuden begrüßt, um dann sondiert, erprobt und in endlosen Debatten kritisiert zu werden. Oft war es reiner Zufall, wer von uns beiden eine unserer Ideen zur Veröffentlichung ausarbeitete. Neben der Psychoanalyse interessierte Alice sich vor allem für Anthropologie und Erziehung, ich mich für Biologie und Medizin, und danach entschied es sich gewöhnlich, wer über eine bestimmte Idee schreiben sollte. Wir haben nur eine Arbeit gemeinsam publiziert; es hätten aber ebensogut alle unter unserer beider Namen veröffentlicht werden können. Tatsächlich war unsere Entwicklung ... ineinander verflochten« (Balint, ibid.).

Seine erste Ehe war außerordentlich harmonisch; sie bildeten ein unzertrennliches Paar. Balint gelang es, nach Alices Tod noch einmal eine solche Lebensgemeinschaft zu bilden, und zwar in seiner Ehe mit Enid Eichholz, geborene Albu, die er 1953 in London heiratete.

Wie wir aus den Memoiren von Hermann wissen, war Balint »nach dem Umsturz der Räterepublik in den ersten Augusttagen 1919« gezwungen, in der Wohnung eines Universitätsprofessors Zuflucht zu suchen, die sich in einem Universitätsgebäude befand. »Wir waren«, schreibt Hermann, »zur Zielscheibe einiger Gruppen von Konterrevolutionären und Rassisten des ›Ungarischen Erwachens‹ geworden« (Hermann, 1974, S. 45 der frz. Ausgabe).

Dieser politische Kontext veranlaßte Balint, nach Berlin zu gehen. Dort arbeitete er zuerst in einem biochemischen Laboratorium bei Otto Warburg, dem zukünftigen Nobelpreisträger (von 1931). Seine Frau Alice führte im Museum für Völkerkunde Untersuchungen und Forschungsarbeiten durch. Michael arbeitete halbtags im Institut für Psychoanalyse und begann mit psychoanalytischen Behandlungen. Danach hat er bis zum Ende seines Lebens diese Aktivität nie mehr aufgegeben. Nachdem er seinen Doktor in Biochemie gemacht hatte,[4] wandte er sich der Behandlung psychosomatischer Patienten im Charité-Krankenhaus in Berlin zu und führte die allerersten Psychoanalysen solcher Fälle durch.[5]

Das Berliner psychoanalytische Institut stand unter der Leitung von Karl Abraham, die Poliklinik (das Behandlungszentrum) wurde von Eitingon geführt. Melanie Klein arbeitete bereits dort (am Rande sei bemerkt, daß Balint sie in der Zeit vor 1920 in Ferenczis Wartezimmer zum erstenmal traf). In Berlin fand Balint einige Landsleute wieder wie Rado und Harnik. Kurz danach traf Helene Deutsch aus Wien ein. Zweifellos war die Atmosphäre des Instituts sehr anregend für Balint. Dennoch war er mit seiner persönlichen Analyse unzufrieden; er hatte das Gefühl, sie sei einer Unterweisung, also einer Indoktrinierung zu nahe geblieben. So beschloß er zusammen mit Alice im Jahre 1924, nach Budapest zurückzukehren. Beide nahmen ihre Analysen bei Ferenczi wieder auf. Michaels erste Analyse bei Sachs hatte zwei Jahre gedauert; die zweite lief wieder über zwei Jahre, bis Ferenczi Ende 1926 Ungarn verließ, um acht Monate in New York zu verbringen. In dieser Zeit hatte Balint das Empfinden, wirklich eine Identität als Analytiker zu bekommen. Von 1924 bis 1926 hatten seine Veröffentlichungen sich auf das Gebiet von Bakteriologie und Chemie bezogen; 1925 erschienen seine ersten psychoanalytischen Arbeiten.

Nach Budapest zurückgekehrt, bekleidete er zwei Jahre lang eine

Stellung als Forschungsassistent an einer der medizinischen Kliniken der Universität. Und so schreibt er über diese Zeit: »Nach meiner Rückkehr nach Budapest im Jahre 1924 bat ich Professor Korányi um die Erlaubnis, diese Arbeit (psychosomatische Medizin) in seiner Abteilung fortsetzen zu dürfen... Professor Korányi war im Prinzip mit meiner Bitte einverstanden, doch die praktischen Schwierigkeiten ihrer Verwirklichung waren so groß, daß ich gezwungen war, diesen Plan aufzugeben.«

»Eine Zeitlang bot mir L. Friedrich an, in seiner gastro-enterologischen Abteilung zu arbeiten. Obwohl diese Zusammenarbeit mir sehr interessant erschien, mußte ich wegen der Schwierigkeiten ihrer praktischen Durchführung darauf verzichten. Der einzige Raum, der für die Psychotherapie zur Verfügung stand, wurde auch von der Radiologie benutzt: es handelte sich um ein kleines, dunkles Zimmer, das mit seltsamen Apparaten vollgestellt war. Da meine analytische Klientel sich entwickelte und mehr Zeit in Anspruch nahm, beschloß ich, den Kampf nicht fortzusetzen...« (Balint, 1970c, S. 457) Er sollte später, in London, darauf zurückkommen...

In seiner Eigenschaft als Psychoanalytiker wurde er sehr schnell Mitglied der ungarischen psychoanalytischen Gesellschaft, dann, ab 1931, stellvertretender Direktor und schließlich, von 1935 an, Direktor des Budapester Instituts für Psychoanalyse (Ferenczi war 1930 dessen erster Direktor gewesen).[6]

Er spielte eine wichtige Rolle bei der Gründung der »psychoanalytischen Klinik«, einer ambulanten Abteilung, welche die meisten Patienten aufnahm (mehr als in Wien oder Berlin) und sich ohne irgendwelche offiziellen Subsidien nur durch die Arbeit der Mitglieder der ungarischen psychoanalytischen Gesellschaft und einiger Schenkungen aus den gleichen Kreisen finanzierte.

Die Poliklinik wurde in der Mészáros-Straße Nr. 12 eingerichtet (»Fleischer-Straße«). »Imre Hermann, Michael Balint, Sigmund Pfeiffer, Ladislas Révész, Robert Bak, Géza Dukesz, Frau Robert Felszeghy, Edit Gyömröi, Lilly Hajdu und Géza Roheim verkehrten hier« (Farkasházy, 1982). Die Balints wohnten im vierten Stock des Hauses, das Friedrich Kovacs gehörte; er war auch der Architekt gewesen. Er war der zweite Ehemann von Vilma Kovacs, der Mutter von Alice Balint; Vilma war selbst Psychoanalytikerin und unter anderem Autorin eines bemerkenswerten Artikels über die Ausbildung (»Training and Control-Analysis«, 1936, zitiert in Kapitel 4). Friedrich Kovacs war ein großzügiger Familienvater und ein fleißiger Mann, der zum wohlhabenden Bürger geworden war. Er wohnte auf dem Naphegy (dem

»Sonnenhügel«) in Buda, dem rechten Ufer der ungarischen Hauptstadt, ein Viertel, in dem sich 1930 auch Ferenczi niederließ. Letzterer verkehrte übrigens auch bei der Familie Kovacs und den Künstlern und Intellektuellen, die diese empfing. Gegen Ende des Krieges brannte dieses Haus ab.

Michael Balint war sportlich: er ruderte auf der Donau, lief im Stadtpark von Budapest Schlittschuh und fuhr auch in der Umgebung Ski. Wie es bei der ungarischen Bourgeoisie üblich war, verbrachte er jedes Jahr mit seiner ganzen Familie und seinen Freunden einen Ferienmonat in Österreich (in Tragörs).

In diesem kulturell blühenden Budapest (beschrieben in Kapitel III) lebte Balint umgeben von Künstlern und Intellektuellen. Er verkehrte beispielsweise mit dem Maler Robert Berényi, mit Leo Wiener, dem Komponisten und hochgebildeten Musikwissenschaftler, mit Grete Varo, der Begründerin einer Musikschule in Budapest und dann in Chicago, und mit dem Maler Jószef Rippl-Rónay. Natürlich hatte er auch Freunde unter seinen Kollegen, wie Istvan (Stefan) Hollós, von dem wir schon gesprochen haben. Zu seinen besten Freunden gehörten Géza Roheim und Otto Fenichel. Man weiß, daß letzterer der sogenannten »Freudianischen Linken« angehörte (siehe Jacoby, 1983). Mit Fenichel gab es lebhafte Diskussionen über die Bedeutung des sozialen Umfeldes im psychoanalytischen Verständnis. Balint liebte den Gedankenaustausch mit seinen Freunden; er konnte sehr lebhaft sein, ob mündlich oder schriftlich.

Seit der Machtergreifung der radikalen rechten Regierung des jungen Offiziers Gömbös im Jahre 1932 (die rassistisch und pro Hitler eingestellt war), mußten alle Versammlungen der ungarischen Gesellschaft für Psychoanalyse und alle Seminarien bei der Polizei angemeldet werden. Die Atmosphäre wurde immer drückender. Balint beschreibt das so: »Man schrieb die dreißiger Jahre, und die Situation in Ungarn wurde von Tag zu Tag angespannter. Es schien sehr unwahrscheinlich, daß irgendeine Institution mir die notwendigen Möglichkeiten bieten konnte, um meine Ideen auf die Probe zu stellen. Ich beschloß also, einige Allgemeinärzte in einer Art Seminar zu versammeln, das der Untersuchung der psychotherapeutischen Möglichkeiten in ihrer täglichen Praxis gewidmet war. Obwohl ich nur sehr vage Vorstellungen von den Bedürfnissen meiner Kollegen hatte (so begann ich das Seminar beispielsweise mit einer Reihe von Kursen, von denen ich heute weiß, daß sie vollkommen nutzlos waren), blieb das Interesse doch so groß, daß eine zweite Gruppe gegründet wurde. Inzwischen verschlechterte sich die politische Situation weiter. Man befahl uns, der Polizei die Namen der Teilnehmer unserer Zusammenkünfte zu melden, und ein Polizist in Zivil nahm daran teil und machte sich ausführliche Notizen über alles, was gesprochen wurde. Wir konnten den Inhalt dieser Notizen nie in Erfahrung bringen und auch nicht, wer sie las. Das unseres Wissens einzige praktische Resultat bestand darin, daß der Polizist nach mehreren Versammlungen einen von uns wegen seiner eigenen Person, seiner Frau oder seiner Kinder konsultierte. Das amüsierte uns sehr, doch unter derartigen Umständen war keinerlei Diskussion denkbar, und die Ärztegruppe löste sich auf« (Balint, 1970c, S. 458).

Nach dem »Anschluß« – Freud und seine Familie fanden Zuflucht in England – bat Balint Ernest Jones und John Rickman um Hilfe, um ebenfalls dorthin emigrieren zu können. So trafen Michael, Alice und ihr Sohn John Anfang 1939 in Manchester ein.[7]

Dort verstarb Alice ganz plötzlich am 29. August 1939. Am Sonntag, dem 27., waren sie noch zusammen spazieren gegangen und hatten sich über die Entwicklung der Arbeitsmöglichkeiten in ihrem neuen Heimatland gefreut. Am folgenden Tag wurde Alice, als sie bei einer Freundin zu Besuch war, bewußtlos. Michael holte sie ab, legte sie ins Bett und rief den Arzt, weil er an Verdauungssymptome glaubte. Am folgenden Morgen wurde Alice erneut bewußtlos, während sie sich frisierte, und der herbeigerufene Arzt konnte nur noch ihren Tod feststellen. Sie war an den Folgen des Durchbruchs einer Pulsadergeschwulst gestorben, und zwar im Alter von vierzig Jahren. Das Ehepaar Balint hatte übrigens von der Existenz dieser Anomalie gewußt und daher im Schatten der Möglichkeit eines plötzlichen Todes gelebt.

Michael Balint blieb in Manchester, wo er psychiatrischer Berater am *Northern Royal Hospital* und Direktor zweier Erziehungsberatungsstellen wurde: 1944 der *North East Lancashire Child Guidance Clinic* und 1945 der *County Borough of Preston Child Guidance Clinic*. Zwischen 1945 und 1947 war er Direktor der *Chislehurst Child Guidance Clinic*.

Nachdem er die britischen medizinischen Qualifikationen erhalten hatte, verfaßte er eine Abhandlung über »Die individuellen Unterschiede bei Säuglingen« mit dem Ziel, den *»Master of Science«* in Psychologie an der Universität von Manchester zu erhalten. Eine seiner in dieser Arbeit veröffentlichten Entdeckungen betrifft den individuellen Saugrhythmus: Jedes Kind unterscheidet sich von den anderen durch einen charakteristischen und konstanten Rhythmus. Eine gute Kinderbeobachtung, lange, ehe ein solches Thema Mode geworden war![8]

Im Juli 1944 heiratete Michael seine zweite Frau, Edna Oakeshott. Ihre Beziehung endete im März 1947 (Sutherland, 1971, S. 331), und im Jahre 1952 wurden sie offiziell geschieden. Das war eine sehr schwierige Zeit für ihn bis zu seiner Verheiratung mit Enid Flora Eichholz, geborene Albu, im Jahre 1953.

1945 erfuhr Michael Balint vom Tod seiner Eltern; sie hatten sich das Leben genommen, als die ungarischen Nazis gekommen waren, um sie zu verhaften. Er schrieb (am 15.1.45) an seine Schwägerin Olga Dormandi (die Schwester von Alice): »Es stimmt, daß ich mich schon lange von meinem Vater gelöst hatte. Wir hatten uns nie allzu gut verstanden. Wir sind nie wirklich Freunde gewesen. Doch von ihm habe ich meine Intelligenz, meinen logischen Verstand, meine Arbeitskapazität. Meine Mutter liebte ich sehr. Sie stand mitten im Leben; es ist ihr nie wirklich gut gegangen, und dennoch war sie niemals verzweifelt.« Manche glauben, er habe die Gruppen, die seinen Namen tragen, natürlich auch in dem Wunsch geschaffen, ganz allgemein zu einer guten Medizin beizutragen, doch vor allem, um seinem Vater bei den Problemen seiner Praxis zu helfen.

1946 beschloß die britische psychoanalytische Vereinigung, einen Emissär nach Budapest zu entsenden, um die wissenschaftlichen Beziehungen wieder aufzunehmen. Balint wurde als Abgesandter ausgewählt. Man kann sich vorstellen, daß diese Reise durch das Europa der Nachkriegszeit bis in das verwüstete Ungarn sehr schwierig war.

Inzwischen, im Oktober 1945, hatte er sich in London niedergelassen (zunächst wohnte er in New Grove House, Hampstead Grove, dann am Devonshire Place), wo er 1947 die englische Staatsbürgerschaft erhielt: von jetzt ab praktizierte er die Psychoanalyse.[9] Als Berater an der *Tavistock Clinic* begann er sich auch für Gruppenarbeit zu interessieren. Seine Entwicklung führte ihn dann, ähnlich wie seinen Lehrer Ferenczi, zu Experimenten mit zwischenmenschlichen Beziehungen. Diese Experimente mit Ärzten bezogen sich auf Möglichkeiten, diese für die unbewußten Interaktionen mit den Patienten zu sensibilisieren. Das Ziel bestand darin, die psychotherapeutischen Interventionen durch psychoanalytisches Verständnis wirksamer zu machen. Er stieß auf das gleiche Problem wie Sándor Ferenczi und Franz Alexander, ebenfalls ein gebürtiger Ungar, der damals in Chicago praktizierte, nachdem er zuvor in Berlin gelebt hatte: Ist eine analytische Psychotherapie möglich, und wenn ja, unter welchen Bedingungen? Dies war der Gegenstand zahlreicher Veröffentlichungen, die er teils allein, teils in Zusammenarbeit mit Enid Balint und später mit P. Ornstein verfaßte. In einer dieser Publikationen über die Fokaltherapie (1972a) erlebt man Balint in seiner Praxis, denn er beschreibt ausführlich eine seiner Behandlungen.

Von 1948 bis 1961 war er Berater an der *Tavistock Clinic*. Während der zwölf Jahre nach ihrer Gründung im Jahre 1920 hatte die *Tavistock Clinic* sich im wesentlichen mit der Einführung psychotherapeutischer Methoden für Patienten befaßt, die an Psychoneurosen und verwandten Störungen litten (Dicks, 1970; und Gosling, 1966a). Etwa ab 1932 widmete das Personal der Klinik einen wachsenden Teil seiner Zeit der Verbreitung psychologischer Kenntnisse und Techniken unter verschiedenen Arten von sozialen und pflegerischen Berufen. Nach und nach entwickelte das Team der *Tavistock Clinic* und des Tavistock-Instituts für menschliche Beziehungen (eine soeben entstandene angeschlossene Institution) Interesse an der Struktur und Funktion dieser Ausbildungsgruppen (vgl. die Arbeit Bions). Es weitete sein Arbeitsgebiet auf die Untersuchung natürlicher Gruppen wie Paare und Familien aus.

In London gelang es ihm, sich wieder einen Freundeskreis zu schaffen; dazu gehörte Paul Ignotus (der Sohn des Dichters Hugo Ignotus, des Freundes von Ferenczi), Historiker und Publizist, Autor des unserer Ansicht nach besten Buches über die Geschichte Ungarns (Ignotus, 1972). Auch Louis Kentner gehörte dazu, der berühmte Londoner Pianist ungarischer Abstammung, der selbst ein interessantes Buch über Musik geschrieben hatte[10] und mit der Schwester der Ehefrau von Yehudi Menuhin verheiratet war. Unter den Londoner Kollegen stand ihm John Rickman am nächsten (der erste Analytiker von W. Bion), mit dem Balint besonders gern diskutierte. Rickman war übrigens ein Analysand Ferenczis gewesen; in diese Analyse war auch Jones verwickelt worden (siehe Masson, 1984). Ernest Jones sah er häufig; Melanie Klein gehörte zu seinen Freunden, obwohl sie starke Meinungsverschiedenheiten hatten; auch Anna Freud betrachtete sich als seinem Freundeskreis zugehörig. Seine freie Zeit teilte er mit der Familie Sandler und mit W. Joffe: John D. Sutherland und seine Familie standen ihm ebenfalls sehr nahe. Berufliche Beziehungen unterhielt er mit Tom Main, Max Clyne, Michael Courtenay, Cyril H. Gill und vielen anderen. Außerdem hatte er zahlreiche Freunde im Ausland, beispielsweise in Cincinnati, wo er Gastprofessor war; dort verkehrte er mit der Familie von Dr. Morris Levine sowie mit seinen Kollegen Paul und Anna Ornstein; in Paris mit den Raimbault, den Gendraut und Michel Sapir; in der Schweiz mit Boris Luban-Plozza und vielen anderen.

Im Jahre 1947 arbeitete die künftige Enid Balint am *Family Discussion Bureau* (dem späteren Institut für Eheforschung); sie erbat die

Hilfe des Tavistock-Instituts für zwischenmenschliche Beziehungen und der *Tavistock Clinic*, um Techniken zu erarbeiten, die Menschen mit Eheschwierigkeiten helfen sollten, sowie Ausbildungsmethoden für die Anwendung dieser Techniken. 1948 wurde ein Seminar für Sozialarbeiter geschaffen, das zum Eheberatungszentrum wurde. Anfang 1949, als Michael Balint an die *Tavistock Clinic* kam, bat man ihn, sich diesem Seminar anzuschließen. Die Zusammenarbeit von Enid und Michael führte dann zur Entwicklung des »Seminars zur Falldiskussion«, das lange Mittelpunkt der Arbeit des Instituts für Eheforschung blieb (dieses folgte auf das Eheberatungszentrum). Enid Balint war zugleich Gründerin und Seele des Eheberatungszentrums. Diese Gruppe von Sozialarbeitern war es, für die sie und Michael Balint zusammen die Ausbildungsmethode entwickelten, die später für die Ausbildung von Allgemeinpraktikern übernommen wurde. Enid war an diesem neuen Unternehmen von Anfang an beteiligt, zunächst als Ko-Leiterin und Fall-Supervisorin, dann als Leiterin eines Forschungsseminars, das für Allgemeinpraktiker bestimmt war. Diese Art von Seminaren wurde von einer Reihe anderer Berufe zur Grundausbildung übernommen.

Später nahm Michael Balint seine alte Idee wieder auf und organisierte Seminare für *»Research cum Training«* (Forschung mit Ausbildung), bestimmt für praktische Ärzte, die die emotionalen Probleme, denen sie in ihrer täglichen Arbeit begegneten, besser verstehen wollten. Angeregt vom Beispiel Ferenczis, der bereits Seminare und Kurse für praktische Ärzte geschaffen hatte (vgl. Korrespondenz Freud–Ferenczi), und mehreren eigenen Versuchen, die er in den dreißiger Jahren in Budapest unternommen hatte, gelang es Michael Balint, vom Herbst 1950 an in London diese Seminare für Allgemeinpraktiker einzurichten, denen er sich bis zu seinem Lebensende widmete.

Im übrigen praktizierte er weiterhin bis zu seinem Tode mindestens sechs Stunden täglich als Psychoanalytiker. Nach seinem Abschied von der *Tavistock Clinic* bei seiner Pensionierung im Jahre 1961 arbeitete er noch beinahe zehn weitere Jahre lang (bis 1968) am *University College Hospital* mit Studenten und Allgemeinpraktikern.

Er war glücklich über seine akademischen Erfolge und stolz auf seine Professur in London (wie auch auf die seines Sohnes in den Vereinigten Staaten). Außerdem wurde er *»Visiting Professor«* in Cincinnati in den USA und Präsident der medizinischen Abteilung der britischen psychologischen Gesellschaft. Er hatte mehrere Ämter in der britischen Gesellschaft für Psychoanalyse inne; von 1951 bis 1953 war er ihr Sekretär, ab 1968 bis zu seinem unerwarteten Tod am 31. Dezember

1970 ihr Präsident. Von ihm ging die Anregung und Einrichtung der französisch-britischen Konferenzen aus, und unter seiner Präsidentschaft entstanden in London die Konferenzen für die englischsprachigen Mitglieder der europäischen Gesellschaften.

Er reiste häufig auf den Kontinent, sprach und lehrte in Paris und in der Schweiz. Er kehrte sogar nach Deutschland zurück, wo er versuchte, beim Aufbau der neuen deutschen Psychoanalyse zu helfen (Mitscherlich und Loch waren in London seine Analysanden gewesen). Vielleicht blieb er wirklich dieser so prickelnden kosmopolitischen Kultur des vorhitlerischen Berlin der Weimarer Zeit verbunden, das er bei seinem Aufenthalt an der Spree in den zwanziger Jahren kennengelernt hatte.

Das Werk von Enid Balint ist eng mit dem Michaels verbunden; so verfaßten sie gemeinsam etliche Bücher wie *Psychotherapeutische Techniken in der Medizin* (1961 a), manchmal auch zusammen mit anderen Autoren, etwa *A Study of Doctors* (1966 a) mit R. Gosling und P. Hildebrand oder *Fokaltherapie*[11] mit E. Ornstein. Enid allein schrieb mit J. S. Norell die Studien über die Interaktionen bei der allgemeinmedizinischen Konsultation (*Six Minutes for the Patient*, 1973; dt.: *Fünf Minuten pro Patient*, 1975). Auch ein psychoanalytisches Werk wie das, das Michael über die Regression schrieb, enthält im Hauptteil Kapitel und Fälle von Enid. In *What is Psychoanalysis?* (1968) spricht Enid von den »unbewußten Kommunikationen zwischen Mann und Frau« (es handelt sich um öffentliche Vorträge, die von der britischen Gesellschaft für Psychoanalyse veranstaltet wurden). Sie schreibt da: »Vielleicht geht die Ehe in gewisser Weise über den Rahmen der natürlichen Interessen des Analytikers hinaus, der sich vor allem mit dem Individuum beschäftigt – seinen Motiven und Trieben, seinem Privatleben – und folglich mit seinen Träumen und Phantasien, seinen Hoffnungen, seinen Wünschen und Enttäuschungen, seiner Familie, wie er sie gekannt hat – oder wie er sie gekannt zu haben meint.« Ihre persönlichen Forschungen gehen weiter als das natürliche Interessengebiet (*»natural field of interest«*) der Psychoanalyse – und vielleicht macht das sie so aufregend. Im Werk Enid Balints ist die Psychoanalyse aufgebrochen, um zum Verständnis des Paares, der Familie und der Kommunikation Arzt–Patient zu gelangen. Gleichzeitig bleibt ihre Arbeit dem Geist der großen psychoanalytischen Entdeckungen des 20. Jahrhunderts treu: einerseits Intuition, andererseits Arbeit und Methodologie. Das Unbewußte gibt seine Geheimnisse nicht leicht preis. Erst schwierige Arbeit führt zu ihnen. Freud sprach von »Durcharbeiten«, von »Trauerarbeit«, von »Verarbeitung«, von »Traumarbeit«;

im Werk der Balints haben die Methodologie und die wissenschaftliche Arbeit in der Tradition Sigmund Freuds unauslöschliche Spuren hinterlassen. Eines der Ziele der Seminare ist es, Mittel zu finden, um die Veränderungsfähigkeit der Teilnehmer zu erfassen. Diese »bedeutende, aber umschriebene« Veränderung der Persönlichkeit hängt natürlich wesentlich von den Motivationen der Seminarteilnehmer ab.

»Die Ausbildung als Stimulans der Ichentwicklung« (»*Training as an impetus to ego development*«, 1967) ist der – sehr vielsagende – Titel einer der Arbeiten von Enid Balint. Der Analytiker befindet sich wie der Arzt in ständiger Entwicklung. Die Ausbildung soll ermöglichen, daß diese Entwicklung im Kontakt mit seiner beruflichen Arbeit stattfinden kann. »Faire Anteile und gegenseitige Fürsorge« (»*Fair shares and mutual concern*«, 1972) ist ein weiterer Titel, der viel über die Arbeit aussagt, die in den Gruppen mit praktischen Ärzten oder Sozialarbeitern geleistet wird...

Die Identifikationsprozesse sind der Dreh- und Angelpunkt der emotionalen Schulung, die nicht zu einer Abhängigkeit werden darf. Ist das nicht einer der Hauptgedankengänge der Balints?

Die Arbeiten von Enid sind gekennzeichnet durch ein ständiges Hin und Her zwischen Klinik und Theorie. Man findet darin weder das tröstliche und »philosophische« Schnurren ohne klinisches Material noch jenen »Willen zur Weltveränderung«, der gewissen postfreudianischen Entwicklungen eigen ist.

Und wenn die Untersuchung sich der »Droge Arzt« zuwendet, veranlaßt sie die Ärzte, sich Fragen nach sich selbst zu stellen, nach dem, was sie den Kranken geben können und auch nach der Tatsache, daß sie möglicherweise gefährlich werden können wie eine »Droge«; mit anderen Worten, es handelt sich um eine Untersuchung der Gegenübertragung, der Rolle des Arztes in der Arzt-Patient-Beziehung. Enid schreibt: »Ich beschäftige mich nicht nur mit der Ausbildung von Allgemeinpraktikern, sondern auch mit der von Psychoanalytikern, und ich bin immer wieder überrascht festzustellen, wie schwer es den psychoanalytischen Kandidaten fällt, die ich in der Ausbildung oder Kontrolle habe, die Mitteilungen des Patienten zu verstehen. Gewöhnlich handelt es sich um fertige Ärzte und oft sogar um qualifizierte Psychiater. Als ich begann, diese Kontrollen durchzuführen, habe ich es für ausgeschlossen gehalten, daß so gut ausgebildete Mediziner, die Erfahrung hatten, die analysiert waren, die eingehend Freud gelesen und an Vorlesungen und Seminarien teilgenommen hatten, nicht verstehen, was dem erfahrenen Analytiker als sehr einfache Mitteilung erschienen wäre, die dem Patienten relativ leicht zu deuten ist. Natürlich muß man dabei bedenken, daß es immer leicht ist, das Material eines anderen zu verstehen, und immer schwierig, das zu verstehen, was direkt von einem Patienten kommt. Doch selbst unter Berücksichtigung dieser Tatsache bin ich im Laufe der Jahre zu der Überzeugung gekommen, daß die klinische Erfahrung durch nichts zu ersetzen ist, daß die klinische Erfahrung allein aber nicht zu einem vollständigeren Verständnis führt, wenn keine Ausbildung nach der Art der von Michael Balint eingeführten stattgefunden hat« (Enid Balint, 1973, S. 17).

Das berühmte Buch Michael Balints, *Der Arzt, sein Patient und die Krankheit* (1957a), erschien 1961 in ungarischer Sprache. Es war die erste psychoanalytische Veröffentlichung nach der Stalin-Zeit. Obwohl das Werk bei Erscheinen angegriffen wurde – es galt als »bürgerlich« –, kehrte Balint in diesem Jahr nach Budapest zurück, wo er – vielleicht zum erstenmal in seinem Geburtsland – nach Gebühr von den Autoritäten der ungarischen Akademie, den Herausgebern und vielen seiner Kollegen gefeiert wurde; sie repräsentierten eine Generation dieses Landes, die ihn zuvor nicht gekannt hatte.

Balint legte immer Wert darauf, gesund zu erscheinen, trotz einer Zuckerkrankheit, die außer einigen Vorsichtsmaßnahmen bei der Ernährung keine Behandlung erforderte. In seinen letzten Lebensjahren litt er allerdings unter einem Glaukom, das zwei chirurgische Eingriffe nötig machte. Einen ersten Myokardinfarkt erlitt er 1955, einen zweiten im Dezember 1970 im Alter von 74 Jahren; er erholte sich davon, doch zwei Wochen nach seiner Entlassung verstarb er plötzlich (wahrscheinlich aufgrund einer heftigen Ventrikelfibrillation).

Seiner Freundlichkeit, seiner Humanität, seinem Verständnis, seinem Mitgefühl, seiner Abneigung gegen autoritäre oder abhängige Beziehungen kam nur seine geistige Unabhängigkeit gleich. Seine Überzeugung, daß die Psychoanalyse sich mit Hilfe unabhängiger Denker weiterentwickeln muß, die nur vom Streben nach Wahrheit beseelt sind, und daß sie einen wesentlichen Beitrag zur Kenntnis des Menschen darstellt, haben ihn zu der Auffassung geführt, daß sie eine der wichtigsten Disziplinen überhaupt *im Dienst* des Menschen und der Menschheit ist. Deshalb gingen ihm die Mängel und die Kleinlichkeit gewisser mit diesen Forschungen beschäftigter Personen sehr nahe. Er glaubte daran, daß die Psychoanalyse als Wissenschaft wie als Methode eine wichtige Berufung hat. Er war überzeugt, daß sein Mitwirken am Verständnis des Austausches zwischen dem Arzt und seinem Kranken einen Beitrag *der Psychoanalyse* zu einem wichtigen Gebiet der menschlichen Aktivität leistete: der Medizin. In seinen Forschungen wollte er als *Psychoanalytiker* seinen Anteil zur Kenntnis und Aufklärung der menschlichen Beziehungen beitragen.

Er war ein ausdauernder Arbeiter, ein unersättlicher Leser (er las alles, was ihm in die Hände fiel, von Philosophen bis zu Kriminalromanen) und intensiv im Leben wie in der Liebe. Manchmal geriet er in Zorn, konnte verachtungsvoll und ungeschickt sein, oft provozierend und ein Bilderstürmer. Er war schlagfertig und liebte geistreiche Bemerkungen. Er war belebt von einer intensiven Vitalität, einem Bedürfnis, zu lieben und geliebt zu werden, und ausdauernder Begeisterung für Wissenschaft und Forschung. In der britischen Umgebung konnte er als »der wilde Ungar« gelten. Er war ein Mann großer Dimensionen, maßlos, doch indem er diese Charakterzüge meisterte, gelang es ihm in seinem beruflichen Leben, sich sanft zu verhalten und maßvoll zu handeln. Diese augenscheinlich friedliche Einstellung kam ihm bei den Konflikten über das Erbe Ferenczis zugute und auch bei denen, die anläßlich der Anwendung psychoanalytischer Kenntnisse auf die Beziehung zwischen dem Arzt und seinem Kranken auftauchten. Für manche kam diese Anwendung einem billigen »Ausverkauf« der Psychoanalyse gleich, für andere wieder waren seine Auffassungen »allzu psychoanalytisch«. Seine geistige Unabhängigkeit gestattete ihm, solchen Kontroversen standzuhalten.

Er hatte einen geschmeidigen Stil – nicht ohne Humor und Provokation. Seine intensive Neugier umfaßte breit gefächerte Phänomene, von den Heilungen in Lourdes (Balint, 1955a, *in:* 1956a, S. 194) bis zum Test und den Arbeiten Szondis (Balint, 1948c, *in:* 1957a, S. 261). Er verstand es, das Interesse seiner Schüler zu wecken, doch diese gingen aus einer Supervision nie »indoktriniert« hervor (Joffe, 1971). Er inspirierte mehr, als daß er lehrte.

Balint war politisch nicht aktiv. Wir wissen, daß einige Labour-Parlamentarier Englands zu seinem Freundeskreis gehörten. Nach dem Krieg – in der allgemeinen Begeisterung – stand er der Reorganisation der Medizin im *»National Health Service«* positiv gegenüber, obwohl er wie die meisten Mediziner – und vor allem die seiner Generation – eine gewisse Aversion gegen die Entscheidungsrolle von nichtmedizinischen Verwaltungsbeamten auf dem Gebiet der Gesundheit hatte.

Als freier Denker bewahrte Michael Balint auch die kulturellen Bindungen an die traditionellen Institutionen seines Herkunftslandes, doch nicht ohne Überraschung vernahm man, daß er am Ende seines Vortrages vor dem internationalen Kongreß in London im Jahre 1953 (1954c) die Devise der unitarischen Kirche Ungarns zitierte, die seiner Meinung auch für die Ausbildung von Psychoanalytikern gelten sollte:

»Semper reformari debet« … »unablässig reformieren« (Balint, 1965a, S. 300). Seine Nachfolger befinden sich in erster Linie in der englischen *Middle Group*, aber auch unter Autoren, die Cremerius (1983, S. 1004) als geistige Abkömmlinge Ferenczis bezeichnet. Außer Winnicott rechnet Cremerius hierzu Masud Khan, Margaret Mahler, Margaret Little, Wilfried Bion, René A. Spitz, Sacha Nacht, Heinz Kohut, Donald Meltzer, Harold Searles etc.

Seinen Kollegen gegenüber war Balint gleichzeitig duldsam und kritisch. Er fand, die Psychoanalyse sei voller Versprechungen – soweit die Psychoanalytiker die Perspektiven der vier Wände ihres Sprechzimmers überschritten. Gleichzeitig war er – wie sein Lehrer Ferenczi – der Meinung, die Entdeckungen, die aus der Anwendung der psychoanalytischen *Methode* hervorgingen, seien wichtig und nicht die Spekulationen, die allzu weit vom ursprünglichen Feld dieser Disziplin entfernt sind.

Letztendlich gehörte er keiner parteilichen Gruppierung an, weder politisch noch beruflich. Aus diesem Grunde konnte er als Professor am *University College Hospital* und als Präsident der psychoanalytischen Gesellschaft eine Integrationsfigur sein. Er gehörte niemandem außer sich selbst.

Anmerkungen

1 1780 bis 1790.

2 Dies entsprach einer ganzen Magyarisierungsbewegung: 1850 gab es 56 % deutsche und 36 % ungarische Einwohner, 1880 schon 56 % Ungarn und 34 % Deutsche, und zwanzig Jahre später, 1900, waren es 85 % Ungarn und 9,4 % Deutsche. »Die Magyarisierung war auf dem Höhepunkt. Ehemalige Deutsche und Juden wurden die Vorkämpfer der nationalen Bewegung« (Molnar, 1985).

3 Sein Diplom erhielt er 1924.

4 »Dr. phil.« in der germanisch-mitteleuropäischen Tradition (Ph. D. in der anglo-amerikanischen Welt).

5 Durch Peter Rona, Biochemieprofessor ungarischer Abstammung an der Charité, wurde er Wilhelm His empfohlen, der durch sein Labor bekannt war, und dem berühmten Professor Zondeck von der Ersten Medizinischen Klinik, sämtlich an der Charité. So wurde es ihm ermöglicht, diese Tätigkeit auszuüben.

6 Balint war nie Präsident der ungarischen Gesellschaft (wie man in manchen Biographien lesen kann).

7 L. Kentner (1976): Piano. Hatier, Paris, 1978.
8 Sie wohnten 1, Mayfair Cottage, Fielden Park.
9 René Spitz und Margaret Mahler, Pioniere auf diesem Gebiet, stammten übrigens wie Balint ursprünglich aus der ungarischen Kultur.
10 Der erste Vortrag, den Balint bei der britischen Gesellschaft hielt, hatte die »Übertragung« zum Thema, was nicht verwunderlich sein dürfte.
11 Das Buch *Fokaltherapie* trägt den Untertitel: »Ein Beispiel angewandter Psychoanalyse«.

Literaturverzeichnis

BALINT, E. (1967): Training as an impetus to ego development. The Psychoanal. Forum, 2/1: 55–70.

BALINT, E. (1968): Unconscious communications between husband and wife, *in:* JOFFE, W. G. (Hrsg.): What is psychoanalysis? Baillière, Tindall & Cassell, London, S. 40–51.

BALINT, E. (1972): Fair shares and mutual concern. Int. J. Psycho-Anal., 53: 61–65.

BALINT, E. (1973): Michael Balint: l'élaboration de ses idées sur le remède-médecin. Rev. Méd. Psychosom., 4: 3–18, 1974.

BALINT, E. und NORELL, J. S. (1973): Fünf Minuten pro Patient, Suhrkamp, Frankfurt am Main, 1975.

BALINT, M. (1948 c): On Szondi's »Schicksalsanalyse« and »Triebdiagnostik«. Int. J. Psycho-Anal., 29/4: 240–249 (wieder abgedruckt *in:* 1956 a, S. 261–280).

BALINT, M. (1952 a/1965 a): Die Urformen der Liebe und die Technik der Psychoanalyse. Stuttgart, Klett, 1966; dtv, 1988.

BALINT, M. (1954 c): Analytische Ausbildung und Lehranalyse, *in:* Die Urformen der Liebe und die Technik der Psychoanalyse. Stuttgart 1966; dtv, 1988, S. 267–288.

BALINT, M. (1955 a): Notes on parapsychology and parapsychological healing. Int. J. Psycho-Anal., 36/1: 31–35 (wieder abgedruckt *in:* 1956 a, S. 188–197).

BALINT, M. (1956 a): Problems of human pleasure and behavior. Classic essays in humanistic psychiatry. Liveright, New York.

BALINT, M. (1957 a): Der Arzt, sein Patient und die Krankheit. Stuttgart, Klett-Cotta, 1957.

BALINT, M. (1970 c): La génèse de mes idées. Gazette méd. de France, 77: 457–466.

BALINT, M. und BALINT, E. (1961 a): Psychotherapeutische Techniken in der Medizin. Huber, Bern/Klett-Cotta, Stuttgart, 1962.

BALINT, M., BALINT, E., GOSLING, R. und HILDEBRAND, P. (1966 a): A study of doctors. Tavistock Publ., London, 1966.

BALINT, M., ORNSTEIN, P. H. und BALINT, E. (1972a): Fokaltherapie. Ein Beispiel angewandter Psychoanalyse. Suhrkamp, Frankfurt am Main, 1973.

CREMERIUS, J. (1983): »Die Sprache der Zärtlichkeit und der Leidenschaft«. Reflexionen zu Sándor Ferenczis Wiesbadener Vortrag von 1932. Psyche, 37: 988–1015.

DICKS, H. V. (1970): Fifty years of the Tavistock Clinic. Routledge & Kegan Paul, London.

GOSLING, R. (1966): Historisches, *in:* BALINT, E., GOSLING, R. und HILDEBRAND, P. (1966a): A study of doctors. Tavistock Publ., London.

IGNOTUS, P. (1972): Hungary. E. Benn, London.

HERMANN, I. (1974): Souvenirs de Michael Balint (1896–1970). Le Coq-Héron, No. 85, S. 45–47, 1982.

JACOBY, R. (1983): The repression of psychoanalysis. Basic Books, New York.

JOFFE, W. G. (1971): Nachruf (daktylographiertes Exemplar). Balint-Archive, Genf.

KOVACS, V. (1936): Training and control-analysis. Int. J. Psycho-Anal., 17: 346–354.

MASSON, J. M. (1984): Was hat man dir, du armes Kind, getan? Sigmund Freuds Unterdrückung der Verführungstheorie. Rowohlt, Reinbek, 1986.

MOLNAR, M. (1985): Budapest 1900 (in Vorbereitung).

SUTHERLAND, J. (1971): Obituary: Michael Balint. Int. J. Psycho-Anal., 52: 331–333.

VII. Auftauchende Perspektiven: Zu den Kontroversen in der Psychoanalyse

»Kultur ist Aktivität des Denkens und Empfänglichkeit für Schönheit und menschliches Fühlen.«
(»Culture is activity of thought, and receptivenesse to beauty and human feeling.«)
(Alfred North Whitehead, Aims of education)

»Überzeugungen sind gefährlichere Feinde der Wahrheit als Lügen.«
(Friedrich Nietzsche, Menschliches, Allzumenschliches)

Wie wir wissen, hat Freud die analytische Situation *aufgrund seiner Persönlichkeit geschaffen*, ausgehend von der Hypnose. So konnte er sagen: »Ich vertrage es nicht, acht Stunden täglich (oder länger) von anderen angestarrt zu werden« (Freud, 1913 c, S. 467). Man findet hier übrigens eine Reihe von Problemen wieder, die mit seiner persönlichen Entwicklung verbunden waren – unter anderem eine ständige Spannung zwischen seinem Interesse für das Verstehen des anderen und der Notwendigkeit einer methodologischen Forschung im Hinblick auf das therapeutische Ergebnis; sein Manöver zur Beendigung der Analyse des »Wolfsmannes« (Freud, 1918 b) ist hierfür ein Beispiel. »Unsere Technik ist an der Behandlung der Hysterie erwachsen und noch immer auf diese Affektion eingerichtet. Aber schon die Phobien nötigen uns, über unser bisheriges Verhalten hinauszugehen«, schrieb er (Freud, 1919 a [1918], S. 191). Da diese Suche nach einer optimalen Technik notwendigerweise über aufeinanderfolgende »Versuche und Irrtümer« verlief, nahm er sie nicht wieder auf; es war Ferenczi, der seine Arbeit in diese Richtung orientierte. Vielleicht teilweise deshalb, weil er unzufrieden mit seiner eigenen Analyse und auch von einem größeren Wunsch zu heilen beseelt war als Freud, versuchte er vom Ende der zehner Jahre an bis zu seinem Tod im Jahre 1933 herauszufinden, wie er das analytische Feld so verändern könnte, daß es seinem Wunsch entsprach, Veränderungen herbeizuführen. Dies veranlaßte ihn dazu, Freud zu kritisieren; wie beider Korrespondenz zeigt, war er der Ansicht, dieser sei nicht immer der ideale Analytiker, den er sich gewünscht hatte. Ferenczi hatte sogar das Gefühl, Freud gestatte ihm nicht, er selbst zu werden.

Diese Kontroverse war für beide Protagonisten schmerzlich und auch für die anderen Analytiker, die Zeugen dieser Zwistigkeiten waren. Nach einer Zeit des Schweigens – verbunden mit etwas, das Balint als echtes »Trauma« ansah (Balint, 1968a) – wurden die Arbeiten wiederaufgenommen, nun auf ein besseres Verständnis der analytischen Situation und des analytischen Prozesses hin orientiert. In ihre Nachfolge gehört das Werk von Michael und Alice Balint, besonders ihr Artikel von 1939 über die Gegenübertragung (Balint, 1939a). Vor allem Michael Balint hat Ferenczis ganze Fragestellung wieder aufgegriffen in einer erneuten Bearbeitung des Problems der Regression, der archaischen Schablonen der analytischen Beziehung (vgl. seine Konzepte von »Oknophilie« und »Philobatismus«) und der Wechselwirkung von Übertragung und Gegenübertragung, einem Eckstein seiner Forschungen. Dies hat – parallel zu der von Melanie Klein, ebenfalls einer Schülerin Ferenczis, bestimmten Richtung – zu einer gedanklichen Renaissance geführt, die es möglich machte, die analytische Technik neu zu überdenken, und deren große Namen unter anderem Donald Winnicott und Paula Heimann sind.

Freud hatte erklärt, die These von der Übertragung stehe im Mittelpunkt der Analyse; gleichzeitig blieb er den Prinzipien des *wissenschaftlichen* Geistes eng verbunden und sah den Analytiker als einen empirischen Wissenschaftler, der – völlig neutral – sein Objekt, nämlich den Analysanden, *beobachtet*. Man weiß allerdings, daß er sich in seiner Praxis nicht so verhielt. Außerdem begünstigte er eher die Deutungen, die den Patienten auf seine Vergangenheit verwiesen. Der Analytiker und die analytische Situation waren nicht Gegenstand eines interpretativen Ansatzes. Es war Ferenczi, der betonte, die Analyse sei ein »eminent sozialer Prozeß« (Ferenczi, 1985, S. 27 der deutschen Ausgabe). Im Verlauf seiner »Experimente« hat er die Bedeutung einer durch den Analytiker geschaffenen unaufdringlichen Atmosphäre entdeckt – des für die gemeinsame Arbeit günstigen Rahmens. Balint hat sich Gedanken gemacht über die psychoanalytischen *Folgen* der *verschiedenen Techniken*, etwa jener, die darin besteht, zu Idealisierung und Abhängigkeit anzuregen. Das gab Anlaß zu echten Bewußtwerdungen bezüglich der Natur der psychoanalytischen Situation und der Verbindungen, die sich daran anknüpfen. Die Einstellung, die eine systematische Berücksichtigung der Gegenübertragung (im weiten Sinne des Wortes) vorsah und die Sándor Ferenczi vertrat, wird von den ihm nachfolgenden Autoren im wesentlichen geteilt. Für Ferenczi, der den Begriff »Introjektion« prägte und dessen fundamentalen Charakter erforschte – Fundament der seelischen Struktur –, erwies sich die Dimension von Intro- und Projektion als äußerst fruchtbares begriffliches Werkzeug zum Verständnis der Dynamik der Austauschvorgänge zwischen Analytiker und Analysand.

Die Veränderungen, die das analytische Zuhören (Wahrnehmung dessen, was der Analysand äußert, *wie auch* dessen, was der Analytiker fühlt), die Auffassung von der *Rolle* des Analytikers (und des analytischen »Rahmens«) und der der *Regression* beigemessene Sinn (über die Rekonstruktion hinausgehend in der Perspektive einer Erfahrung, die sich auf einen »Neuanfang« hin öffnet) erfuhren, führten schließlich zu der Frage, ob es tatsächlich *zwei Arten* von Analyse gibt: die erste väterlich, rational, auf den Erinnerungen und der Einsicht basierend, also »klassisch«; und eine zweite, mütterlich, regressiv, auf Interaktion, Erfahrung und infraverbalen Mitteilungen beruhend sowie »tiefer«. Eine solche Dichotomie entspricht einer Geisteshaltung, die sich auf binäre Systeme bezieht, in denen automatisch das eine »gut« und das andere »schlecht« ist – das eine »wir«, das andere »die anderen«. Eine solche »Typologie« würde jedoch die Tatsache verdunkeln, daß es mehrere *analytische* Stile gibt, was mit unterschiedlichen Sensibilitäten, Erziehungsweisen und kulturellen Umgebungen zusammenhängt. Man würde es sich zwar zu leichtmachen, wenn man sagte, daß es ebenso viele Analytiker wie Personen gibt, doch die Behauptung einer *Einheitlichkeit* der analytischen Praxis konnte nicht aufrechterhalten werden, zumindest nicht mehr seit Glovers Untersuchungen Ende der dreißiger Jahre (Glover, 1940). Es zeichnet sich jedoch auch eine *gemeinsame Zweckbestimmtheit* der Analyse ab, die in der Erweiterung des Bewußtseinsfeldes durch Reintegration des bislang Unbewußten sowie der Entwicklung und Überschreitung der Persönlichkeit liegt und für die jedes analytische Paar *andere Wege* wählt. Man kann natürlich eine Dichotomie zwischen der klassischen Technik, die sich für die »klassischen Neurosen« eignet, und der Analyse von stärker regredierten Personen herstellen, die eine entsprechende »Anpassung« der analytischen Situation erfordern würde. Bei Ferenczi, dem Spezialisten für »besonders schwere Fälle« (Ferenczi, 1931 [292], S. 493), wie bei Balint finden wir in den Texten Absätze, die in diese Richtung weisen. Dennoch ließen Ferenczi und Balint auch eine andere Lesart zu: Ferenczi beispielsweise versichert, jeder Analysand (»auch die aus beruflichen Gründen Analysierten«!) könne Nutzen aus einer vertieften Analyse ziehen. »...da zeigt sich denn, daß auch die Charakterformung als entfernte Folge von recht starken Infantiltraumen anzusehen ist. Ich glaube aber, daß das kathartische Resultat dieses Untertauchens in Neurose und Kindheit am Ende erquickend wirkt und, wenn zu

Ende geführt, keinesfalls schadet« (Ferenczi, 1931 [292], S. 509). Dies könnte implizieren, daß eine Ausdehnung der Technik gestattet, auch bei den weniger regredierten Analysanden andere Zonen zu finden, deren Erforschung interessant ist; das heißt, daß aus diesen Entdeckungen neue Perspektiven hervorgehen, die auch solchen Patienten nützen, »die sich als klassische Fälle darbieten.«

Der Begriff *»klassisch«* hat übrigens im Laufe der gedanklichen Entwicklung im wesentlichen *zwei Bedeutungen* bekommen, die sich überschneiden: die *eine*, von Ferenczi genannt (Freud, 1965 a, Rundschreiben vom 15.2.1924) spielt auf die technischen Regeln an, wie Freud sie vorgeschrieben hatte, insbesondere auf die rezeptive, nichtaktive Haltung des Analytikers, die er streng kritisiert: »Die analytische Situation: die reservierte Kühle, die berufliche Hypokrisie und die dahinter versteckte Antipathie gegen den Patienten, die dieser in allen Gliedern fühlte, war nicht wesentlich verschieden von jener Sachlage, die seinerzeit – ich meine in der Kindheit – krankmachend wirkte. Indem wir bei diesem Stande der analytischen Situation dem Patienten auch noch die Traumreproduktion nahelegten, schufen wir eine unerträgliche Sachlage; kein Wunder, daß sie nicht andere und bessere Folgen haben konnte als das Urtrauma selbst. Die Freimachung der Kritik, die Fähigkeit, eigene Fehler einzusehen und zu unterlassen, bringt uns aber das Vertrauen der Patienten. *Dieses Vertrauen ist jenes gewisse Etwas, das den Kontrast zwischen der Gegenwart und der unleidlichen, traumatogenen Vergangenheit statuiert*[1], den Kontrast also, der unerläßlich ist, damit man die Vergangenheit nicht mehr als halluzinatorische Reproduktion, sondern als objektive Erinnerung aufleben lassen kann. Die versteckte Kritik meiner Patienten z. B. entdeckte mit Scharfblick die aggressiven Züge in meiner ›aktiven Therapie‹, die berufliche Hypokrisie in der Forcierung der Relaxation und lehrte mich, Übertreibungen in beiden Hinsichten zu erkennen und zu beherrschen« (Ferenczi, 1933 [294], S. 515 f.).

In einer *zweiten Auffassung* bezeichnet dieser Ausdruck »klassisch« – der sich ab Ende der dreißiger Jahre wie ein stillschweigendes Übereinkommen zwischen den Analytikern darstellt – eine Technik der Nicht-Intervention und der Nicht-Aktivität. Im Vergleich wäre etwa die Technik der Schule Melanie Kleins zu »aktiv«, um »klassisch« zu sein. Die klassische Technik bestünde also in einem *radikalen* Nicht-Eingreifen des Analytikers und einer mehr oder weniger ausschließlichen Konzentration auf die Deutung der Übertragung. Hier bleibt eine *Grauzone*, nämlich, wie viele Aktivitäten außerhalb der Übertragung im Rahmen der Definition einer »klassischen« Analyse noch zulässig wären. Diese klassische Technik, die in Wirklichkeit post-klassisch ist, nimmt ausdrücklich Bezug auf die von Freud niedergelegte Kodifizierung der Technik. Die zweite Auffassung von »klassischer« Technik nun bezieht sich auf technische Schriften, wie sie von der »Hauptströmung« der Psychoanalyse in den vierziger Jahren interpretiert werden; damals bezog sich das auf die nordamerikanische Psychoanalyse, d. h. auf die Mehrheit der Mitglieder der damaligen Internationalen Psychoanalytischen Vereinigung. Der Begriff der »Parameter« (Eissler, 1953), der in diesem Kontext entstanden ist, drückt die zulässige oder tolerierte Abweichung im Rahmen der so definierten klassischen Analyse aus. Diese Auffassung von »klassischer« Analyse wurde, wie wir gesehen haben, von Richtungen in Frage gestellt, die sich mehr oder weniger direkt an Ferenczi orientierten: diejenige der englischen *Middle School* oder der sogenannten »Unabhängigen«, die um Balint und Winnicott versammelt waren, und um Autoren in der Nachfolge Melanie Kleins. Helene Deutsch folgend, versuchte Racker (1959) später eine Klärung der durch den Analysanden beim Analytiker hervorgerufenen Gefühle: *identische* Gefühle oder *komplementäre* Gefühle. In der ersten Situation empfindet der Analytiker die gleichen Gefühle wie der Analysand, in der zweiten die einer anderen Person auf der »Bühne« (vgl. auch Sandler, 1970). Mit anderen Worten, in der ersten Situation würde es sich um eine narzißtische Übertragung handeln, in der anderen um eine Objektbeziehung nach dem Modell der alten Beziehungen des Analysanden. Als Winnicott 1947 vom »Haß in der Gegenübertragung« sprach, betonte er das Bedürfnis des regredierten Patienten, die wahren Emotionen des Analytikers zu spüren, selbst wenn diese intensiv und negativ sind. Paula Heimann (1950) definiert die Wahrnehmungen des Analytikers über sich selbst als ein sehr wichtiges Werkzeug, sofern darauf eine Durcharbeitung folgt.

Es ist nicht notwendig, die Entwicklung dieser Problematik weiter zu verfolgen, zu der die Kontroverse Freud–Ferenczi geführt hat. Der historische Hintergrund erhellt unserer Ansicht nach ausreichend, worum es in der gegenwärtigen Situation geht. Nachdem wir diese Geschichte verfolgt haben, können wir uns bereits eine Reihe von Fragen stellen; zunächst die Frage, die die *Kontroversen* selbst und die Art und Weise betrifft, wie die Protagonisten diese Meinungsverschiedenheiten erlebt haben. Man muß sofort feststellen – selbst im Vergleich zu anderen Disziplinen, bei denen es auch Rivalitäten und Feindseligkeiten gibt, manchmal auch persönliche –, daß diese Kontroversen eine besonders tragische Intensität und besonders tragische Auswirkungen hatten. Sollten diese mit der Intimität zwischen Lehrer und Schüler, zwischen Analytiker und Analysand zu tun haben, die sich im Verlauf der analytischen Ausbildung einstellt? Ein Phänomen von solcher Bedeutung gibt es in anderen Berufen nicht, vielleicht mit Ausnahme der künstlerischen Berufe[2] – wo man übrigens auch die Entstehung von Schulen sieht (man denke an die Malerei oder Bildhauerei der italienischen Renaissance). Diese Intimität wird sicher dadurch verstärkt, daß in der Analyse die verborgensten Gedanken und Gefühle aufgedeckt werden[3], sowie auch dadurch, daß das Arbeitsinstrument des Analytikers – wie das des Künstlers – seine eigene Substanz ist.

Wir erinnern hier an einen Aspekt dieser Kontroversen, nämlich den der oft anzutreffenden Argumentation, die so zusammengefaßt werden kann: Diejenigen, die nicht mit den Ansichten des *Meisters* übereinstimmen, handeln unter dem Einfluß von Widerständen. Dies impliziert, daß es also ihr »Fehler« ist, wenn sie die »Wahrheit« nicht sehen können. Paradoxerweise liegt es bei dem uns interessierenden Gebiet auf der Hand, daß die Entdeckungen tatsächlich gegen Widerstände erfolgen und daß diese das Erfassen der Bedeutung gewisser psychischer Manifestationen verhindern können. Trotzdem beraubt die Tatsache, daß alle diese Diskussionen und Dispute der »Technik des Verdachts« unterliegen, die Gesprächspartner ihrer Argumentationsmittel. Freud vermutet nicht: »Sie sehen in mir den Vater, und das kann Ihre Beziehung zu mir für Sie subjektiv schwieriger machen«, sondern er scheint zu behaupten: »Ich bin der Vater«. Jung wirft ihm diese Taktik vor: »Sie weisen rund um sich herum alle Symptomhandlungen nach, damit setzen Sie die ganze Umgebung auf das Niveau des Sohnes und der Tochter herunter, die mit Erröten die Existenz fehlerhafter Tendenzen zugeben« (Freud – Jung, 1974, S. 594). Freud antwortet: »Ich stelle nicht in Abrede, daß ich gern recht behalte. Es ist das im ganzen ein trauriges Vorrecht, da es vom Alter verliehen wird« (Freud – Jung, 1974, S. 527). Gleichzeitig bleibt er über jede Analyse erhaben: »Daß ich kein Bedürfnis nach jener vollen Eröffnung der Persönlichkeit *mehr*[4] habe, haben Sie nicht nur bemerkt, sondern auch verstanden u. auf seinen traumatischen Anlaß richtig zurückgeführt... seit dem Fall Fliess mit dessen Überwindung Sie mich gerade beschäftigt haben, ist dieses Bedürfnis bei mir erloschen« (Jones, 1955, deutsch S. 106f.). Jung meint, Freud habe die Psychoanalyse mißbraucht, um die anderen und ihre Fortschritte abzuwerten.[5] In dieser Beziehung fordert Freud durch die Problematik des »Widerstandes« hindurch schließlich – wie das auch seine Nachfolger tun – das Recht für sich, zu sagen, was Psychoanalyse ist und was nicht: »Von den hier behandelten

Bewegungen ist die Adlersche... radikal falsch« (Freud, 1914d, S. 105). Beim berühmten Münchner Kongreß, wo, wie wir gesehen haben (bei Vilma Kovacs, 1936), die leidenschaftlichen Kontroversen zuerst auftauchten, glaubte Freud zur Klärung der Situation schreiben zu müssen: »...daß ich die Neuerungen der Schweizer nicht als legitime Fortsetzung und Weiterentwicklung der von mir ausgehenden Psychoanalyse anerkenne« (ibid., S. 106). Dies ist also das Kriterium: Wenn Freud es akzeptiert, ist es Psychoanalyse; wenn er es nicht akzeptiert, ist es keine Psychoanalyse.[6]

Kompliziert wird die Situation durch die Tatsache, daß außer den Beziehungen zwischen Freud und seinen Schülern auch die Verbindungen *unter den Psychoanalytikern* im Innern ihrer Gruppe ins Spiel kommen. Daß es dort Rivalitäten und unterschiedliche Temperamente gab, ist unzweifelhaft. Eine der Besonderheiten dieser Gruppe war ihre *Marginalität*: In Wien bestand sie zum großen Teil aus Juden, die aus Ostprovinzen des Reiches stammten, in den Vereinigten Staaten aus Emigranten und aus Frauen, die in einer von Männern dominierten Gesellschaft sehr einflußreich waren. Das, was die »kompakte Majorität« (Freud, 1925d, S. 35), von der Freud so ironisch sprach, als gegeben akzeptiert, wird von den Randgruppen nicht als selbstverständlich angesehen; sie stellen es in Frage. Abweichend von dieser Mehrheit, hat die Minderheit die Tendenz, sich Fragen zu stellen, sich ihre eigenen Ideen zu bilden. Das Ergebnis hiervon kann ein »kultureller Fortschritt« sein. Dieser wird zu einem Element, das in der Interpretation Überraschungen möglich macht. Seit der Ödipuskomplex in seiner klassischen und vereinfachten Form zu einer Banalität geworden ist, muß der Analytiker, um zu überraschen, andere Aspekte des Verborgenen erfassen.[7] Der »kulturelle Fortschritt« ist allerdings nur ein Aspekt des »persönlichen Fortschrittes« des Analytikers, d. h. seiner Kenntnis seiner selbst und seines eigenen Unbewußten; er ist dem Analysanden um eine Analyse voraus.

Die ersten Psychoanalytiker, die das Bedürfnis empfanden, sich zu einer *»Bewegung«* zusammenzuschließen, schufen damit zwangsläufig eine »utopistische« Bewegung. Wie bei anderen utopistischen Bewegungen, seien sie religiös oder politisch, ist das Ziel die persönliche Entfaltung, das Glück. Dieses Ziel ist natürlich schwer zu definieren und noch schwerer zu erreichen. Der Weg, der zu ihm führt, bleibt ungewiß. Die üblichen wissenschaftlichen Kontrollen sind darauf nicht anwendbar: es bleibt beim endgültigen Wort derer, die es besser wissen, oder man nimmt Zuflucht zu einer »kollektiven Weisheit«. Die Kirche ist unfehlbar, die Partei hat immer recht; in der Psychoanalyse ist es der

Anführer, oder, falls es diesen nicht gibt, die Mehrheit, die recht hat; die anderen stehen im Verdacht, »keine Psychoanalytiker mehr« zu sein. Freud war überzeugt, wenn Ferenczi sich der Gesellschaft seiner Kollegen wieder anschließe, indem er ihr Präsident würde, wäre er »gerettet«, weil er dann wieder von Personen umgeben wäre, die kollektiv im Besitz der Wahrheit sind. Selbst der sehr treue Ernest Jones spürte diesen *quasi religiösen* Charakter dessen, was man damals als »psychoanalytische Bewegung« zu bezeichnen begann. Er setzte das Wort in Anführungszeichen, »um es sozusagen an den Pranger zu stellen (*to pillory it, so to speak*)«, schreibt er (Jones, 1959, S. 205). Und er fährt fort: »Die wissenschaftlichen Aktivitäten hatten manchmal eher die Merkmale einer religiösen Bewegung, und man zog amüsante Parallelen. Freud war natürlich der Papst einer neuen Sekte, wenn nicht eine noch höher gestellte Persönlichkeit, der alle Gehorsam schuldeten. Seine Schriften waren die Heiligen Texte, an die die angeblichen Unfehlbaren, die sich zu ihnen bekehrt hatten, ohne Diskussion glauben mußten; es fehlte auch nicht an Häretikern, die aus dem Tempel verjagt wurden. Die Karikatur war offenkundig, doch noch das kleinste Element, das sie enthalten konnte, diente dazu, eine sehr andere Realität zu verkleiden.«

»Ich entdeckte nämlich ganz im Gegenteil eine Atmosphäre heftiger Diskussionen und Meinungsverschiedenheiten, die oft zu Polemiken wurden; was die ›Orthodoxie‹ anbelangt, so wäre es nicht leicht gewesen, einen einzigen Psychoanalytiker zu finden, der nicht in dem einen oder anderen Punkt anderer Meinung war als Freud. Freud selbst allerdings war ein Mann, der jede Form von Kampf verabscheute und die sogenannten wissenschaftlichen Kontroversen mißbilligte, weil er zu Recht meinte, neun Zehntel dieser Polemiken hätten andere Motive als die Suche nach Wahrheit...« (Jones, ibid.)

Im Laufe der Geschichte der »Bewegung« folgten auf die frühen Kontroversen – die mit einer Abspaltung endeten, wie im Falle Adlers und später Jungs – solche, bei denen die Widersprechenden innerhalb der Bewegung blieben wie Ferenczi und Melanie Klein. Nach und nach entstand ein *faktischer Pluralismus*, wozu die geographische Verstreutheit und die zahlenmäßige Vervielfachung der Psychoanalytiker beitrugen. Wie bei utopischen Gesellschaften im allgemeinen besteht die Art und Weise, das Problem des Pluralismus zu behandeln – bei gleichzeitiger Abgrenzung nach außen gegen diejenigen, die nicht der Bewegung angehören – in der »ökumenischen« Tendenz: In der Psychoanalyse werden gewisse Hauptthesen als wichtig anerkannt; sie geben der Bewegung eine Einheit, und innerhalb dieser Thesen wird die Unterschiedlichkeit als legitim anerkannt.[8] Ferenczis so schmerzliche Versicherungen, er werde kein neues Stekel sein, sind nicht mehr üblich, wenn auch die typischen Mechanismen und zwischenmenschlichen Beziehungen zweier Epochen nebeneinander bestehen können.

Auch die *Zeit* und die *kulturelle Geographie* veränderten sich. Die autoritäre Struktur vom Anfang der »Bewegung« spiegelt die Jahre der österreichisch-ungarischen Monarchie von 1910 bis 1930 und der »Nachfolgestaaten« (Österreich, Ungarn, Tschechoslowakei, Jugoslawien) gut wider. Die Emigration – der »kulturelle Umzug« der Psychoanalyse in die englischsprachigen Länder, der im wesentlichen mit den Verfolgungen durch die Nazis zusammenhing – konfrontierte die Psychoanalyse mit anderen Traditionen und anderen Arten, Konflikte zu lösen: Die erste psychoanalytische Gesellschaft, welche die Koexistenz mehrerer Tendenzen ausdrücklich anerkannte, war die britische. In den romanischen Ländern – Frankreich, Italien – veränderten sich die autoritären Strukturen langsamer; als die Pariser Gesellschaft Schwierigkeiten hatte, wandte sich Lagache an Balint und die Londoner Gruppe, um ein gewisses *»fair play«* zu sichern; nach bitteren Kämpfen endete die Situation ebenfalls mit einer faktischen Koexistenz mehrerer Strömungen und mehrerer Gesellschaften. Dieses pluralistische Bild spiegelt unterschiedliche Konzeptionen der Analyse wider, unterschiedliche Interpretationen ihrer Geschichte, die man als einander widersprechende Alternativen bezeichnen könnte. Immerhin ist anzumerken, daß die Psychoanalytiker in der Praxis häufig heterogene Positionen anwenden, also eine Summe von Elementen, die von verschiedenen Horizonten herkommen.

Wenn man diese verschiedenen Kraftlinien berücksichtigt, kann man verstehen, daß für Ferenczi – und später für andere – die technischen Probleme zu *Loyalitäts*fragen in bezug auf die Ziele der Bewegungen und in bezug auf Personen werden konnten, nämlich Freud, die Kollegen, die Altersgenossen. Eine solche Situation machte jedes historische oder psychoanalytische Verständnis dieser Probleme unmöglich, ausgenommen von seiten der am Rande Stehenden selbst, wie Ferenczi und Balint, die sich, da sie unter diesem Stand der Dinge litten, bemühten, das Tabu zu brechen, während die anderen Analytiker, die ihrer »Wahrheit« sicher waren, nicht bereit waren, es anzutasten. Einmal mehr mußte man das Überwinden der »Tabuisierung« abwarten, um zu einer psychoanalytischen Untersuchung und einem psychoanalytischen Verständnis der Praxisbedingungen zu gelangen. Freuds eigene Haltung war zweifellos doppeldeutig, da er hin- und hergerissen war zwischen einer Aversion gegenüber tiefen Regressionen und einer Intuition, die ihn drängte, die Bedeutung des Problems anzuerkennen. Es gab Zeiten, in denen er interessiert war, und andere, in denen er sich zurückzog. Während der letzteren äußerte er Überlegungen wie folgende, die wir in der Korrespondenz mit Edoardo Weiss finden: »(Dieser Patient) ist ein offenbarer Lump, der Ihrer Mühe nicht wert ist« (Freud und Weiss, 1970, S. 48), oder auch jene, die in einem Brief an Ferenczi steht: »Die Patienten sind ein Gesindel. Die Patienten sind nur gut, um uns leben zu lassen und sie sind Stoff zum Lernen. Helfen können wir ihnen ja nicht« (Ferenczi, 1985, S. 148; deutsch 1988, S. 142).

Die erneute Infragestellung, die Ferenczi und Balint und nach ihnen viele andere vornahmen, gestattete ihnen, ohne irgendwelche Vorurteile wirkliche Fragen zu konzipieren und zu äußern. Sie waren sich nämlich klar darüber, daß eine fundamentale Berücksichtigung der *Praxis* zum Verständnis der Theorie unerläßlich ist. Das spiegelt sich in ihren jeweiligen Werken wider. Ferenczis »Thalassa« (1924 [268]) ist nur in Verbindung mit dem Interesse zu verstehen, das der Autor an der Regression hatte. Auch Balints Untersuchungen über die Instinkte und Triebe sind unlösbar mit seinem Bemühen verbunden, die Objektbeziehung (des Triebes) zu verstehen, wie sie sich klinisch darbietet.

Es versteht sich von selbst, daß die psychoanalytische Wissenschaft gut daran täte, diese Probleme nicht durch die Ausübung von institutionellem Druck lösen zu wollen. Ein besseres Verständnis der Ursprünge dieser Kontroversen und der Verflechtung zwischen Theorie und Praxis dagegen würde zweifellos zur Erhellung dieser Fragen beitragen.

Im übrigen stellt auch die Theorie selbst uns vor Schwierigkeiten. Die Erforschung des Unbewußten verlief nicht ohne Wechselfälle: Freuds Werk ist keineswegs linear, sondern entstand aufgrund aufgelöster Widerstände und des Auftauchens neuer Bedeutungen in sukzessiven Sprüngen. Sein Aufbau folgt keiner vorher festgelegten Absicht, sondern vollzieht sich nach einer Logik, die sich von der Logik der deduktiven oder experimentellen Wissenschaften unterscheidet. Seine Ausarbeitung erfolgte auf absolut eigene Weise. Jedes neue Element eröffnet neue Perspektiven: Die jüngeren Befunde widerlegen nicht unbedingt die früheren Gegebenheiten, sie schließen sie nicht aus, aber es gibt *auch keine* Komplementarität zwischen den verschiedenen Elementen. Es handelt sich hier nicht um eine evolutionistische Dialektik nach der Art Hegels, in der These und Antithese sich auf höherer Ebene in einer Synthese auflösen. Übrigens hat Freud nie eine definitive Synthese seines Werkes vorgelegt. Jede neue Perspektive gab Anlaß zu einer Konzeptualisierung, die ihre Aufnahme in den allgemeinen Diskurs ermöglichte. Dabei ließ Freud es bewenden. So findet man in seinem Werk nicht zwei Theorien – wie man sich in Anspielung auf die erste und zweite »Topik« zu sagen angewöhnt hat –, sondern eher vielfältige und aufeinanderfolgende Öffnungen: 1900 für die Problematik des Traumes, etwas später für die der Triebe, dann für die Übertragung, die Introjektion, die Trauer, den Todestrieb etc. Die systematischsten Werke, wie *Über Psychoanalyse* und *Neue Folge der Vorlesungen*, nehmen die Form imaginärer Vorträge an, die das »Aufwerfen von Fragen« ermöglichen...

Die Analytiker, die das Feld, das Sigmund Freud erschlossen hat, erforschen, werden die Probleme je nach ihrer Sensibilität, ihrer Erfahrung, ihren Begegnungen mit Analysanden und unter Berücksichtigung neuer Ausarbeitungen angehen, die durch dieses oder jenes kulturelle Moment begünstigt werden. Die »selektiven Affinitäten« zwischen Analytiker und Analysand, die Persönlichkeit, die Lebensphase und die Umgebung des ersteren werden im wesentlichen darüber bestimmen, welche Probleme lösbar sind. Deswegen verliert die Theorie nicht ihre Kohärenz, die in der angewandten *Methode* und den erforschten *Themen* liegt: den Abgründen der menschlichen Psyche.

Mit dem Auftauchen neuer Bedeutungen und Kenntnisse werden die Akzente anders gesetzt, das Interesse verändert sich, so daß das Spiel der Repräsentationen sich keineswegs festfährt. In dem Maße, in dem die psychoanalytische Theorie eine Deutung menschlichen Tuns ist und ihre Blickrichtung sich aus verschiedenen Quellen speist, verläuft die Organisation der verschiedenen Elemente zwangsläufig je nach der Sensibilität des einzelnen unterschiedlich. So definiert für die einen die zentrale Stellung des Ödipuskomplexes die menschliche Problematik im allgemeinen und die von Liebe und Haß im besonderen; für andere dagegen ist die Mutterbeziehung von vorrangiger Bedeutung und bestimmt folglich die Fähigkeit des Subjekts, sich der Dreiecksproblematik zu stellen. Prägenital versus genital, Vater versus Mutter, objektbezogen versus narzißtisch: um diese antithetischen Konzepte drehen sich die Diskussionen, welche die psychoanalytische Ideengeschichte kennzeichnen. Individuelle Metapsychologie oder Beschreibung des analytischen Feldes in interpersonalen oder intersubjektiven Begriffen; der Analytiker als losgelöster Beobachter oder als Beteiligter (und falls ja, in welchem Maße); die Analyse als Spiel oder als ernsthafte Angelegenheit, als Kur, als Behandlung, die für Kranke bestimmt ist; Biologie versus Umwelt als Kraft, welche die

Neurosen determiniert; einmaliges Trauma versus Einfluß langfristiger Beziehungen: zwischen ebenso vielen Alternativen oszilliert das analytische Modell.

Die Wahl der Positionen hängt weitgehend von persönlichen Erfahrungen, der individuellen Sensibilität, der intrasubjektiven Kartographie dieser unterirdischen Bereiche ab. Jeder Analytiker hat seine Theorie. Einige machen sie explizit, schreiben sie nieder und lehren sie, andere lassen sie unausgesprochen. Außerdem verändert sich diese Theorie je nach den interpersonalen Beziehungen, an denen der Analytiker beteiligt ist – in gewissem Maße verändert sie sich mit jedem Analysanden.

Die erwähnten Alternativen werden übrigens selten als solche, sondern meistens als »komplementäre« Gedanken präsentiert (für einen großen Teil der zeitgenössischen Analytiker gehören sie implizit zu den »Ergänzungen« Freuds).

Für eine Minderheit dagegen sind es alternative Ideen, denen man entweder *anhängen* oder die man *ablehnen* muß. Ferenczi als neuer Prophet oder als Abweichler, Häretiker – also Vater aller »Abweichungen«? Zweifellos nicht, meinen wir, wenn das einen Treuebruch gegenüber den fundamentalen Entdeckungen Freuds und einer gewissen von ihm geschaffenen *Praxis* als *Instrument* seiner Entdeckungen bedeuten sollte. Ja jedoch, wenn man unter »Abweichung« Experimentieren, Forschen nach Neuem und Durchbrüche zu neuen Horizonten versteht.

Zu diesen Durchbrüchen im Erbe Ferenczis, von Balint erneut untersucht und weitergegeben, gehört die Bedeutung, die der Praxis zugemessen wird, auf Kosten einer von dieser losgelösten theoretischen Spekulation; die persönliche Anteilnahme des Analytikers als Schöpfer der analytischen Situation, der nicht aufhört, beteiligt zu sein; die Untersuchung der psychoanalytischen Situation in einer mehr beschreibenden als vorschreibenden Dimension; das Bestreben, die Veränderungskräfte in der Kur zu stärken, ihre Wirksamkeit, ihre Anpassung an das persönliche Leiden, welche Tiefe dies auch haben mag, um nicht von seiner »Schwere« zu sprechen; die Beschreibung des analytischen Feldes in interpersonellen und intersubjektiven Begriffen, des menschlichen Wesens als aus einem interaktionalen Selbst bestehend; den entscheidenden Einfluß der Umgebung, selbst der Traumata, sowie der Mutter und der ersten »mütterlichen Umwelt«. Zweifellos können wir auch feststellen – schon anhand dieser Aufzählung, wie wir es überall auf unserem Weg konnten –, wie eine bestimmte Praxis in ständiger Interaktion mit einer Vorstellung vom Menschen und einer diese ausdrückenden psychoanalytischen Theorie steht.

Das Erbe Ferenczis, das von Balint – sowie in einigen seiner Aspekte von Melanie Klein – nach London gebracht und an die Gruppe der »Unabhängigen« und darüber hinaus weitergegeben wurde, hat sich in der Folge als erstaunlich fruchtbar für die Aufrechterhaltung der Öffnungen in seiner Praxis und seiner Theorie erwiesen, ebenso wie in den fundamentalen begrifflichen Orientierungen. Außerhalb dieser bedeutenden historischen Achse hat es zweifellos die technischen Forschungen von F. Alexander, die Neuerungen S. Rados, das Interesse Margaret Mahlers (die sich ebenfalls in dessen Nachfolge sah), R. Spitz' und anderer am Kinde inspiriert – ganz zu schweigen von den ferner liegenden und wahrscheinlichen, aber schwer nachprüfbaren Einflüssen sowie seinen direkten Schülern in Amerika wie G. Roheim, I. de Forest, E. Severn, G. Thompson, S. Lorand und anderen.

Eine Überlegung zweiten Grades zu diesem Thema schneidet das Problem der Kontroversen in der Psychoanalyse an. Die Epistemologie dieser Wissenschaft steht noch am Anfang. Die naive Hoffnung, eine Wissenschaft »wie alle anderen« zu schaffen, ist der Einsicht in die Tatsache gewichen, daß jener Metadiskurs, die psychoanalytische Theorie, nur unter ständiger Bezugnahme auf die Erfahrung – die Praxis – validiert werden kann, die sie begründet. Bei den *Kontroversen*, die die Psychoanalyse erlebt, ist es ihre *Praxis*, die zur Debatte steht…

Anmerkungen

1 Hervorhebung im Original.

2 Und im Altertum in der Philosophie.

3 Die besondere Geschichte der Beziehung Freuds zu seinen Schülern und der interpersonalen Beziehungen in der ersten Analytikergruppe ist von Roazen (1975) untersucht worden und in jüngerer Zeit von F. Roustang (1976) unter Berücksichtigung der Korrespondenz zwischen Freud und Jung. P. Sabourin (1985) hat dasselbe anhand der Untersuchung der Korrespondenz zwischen Freud und Ferenczi versucht.

4 Hervorhebung im Original.

5 »Über Ihren Vorwurf, ich mißbrauche die Analyse, um meine Schüler in infantiler Abhängigkeit zu halten, und sei darum für deren infantiles Benehmen gegen mich selbst verantwortlich, sowie über alles, was Sie darauf aufbauen, will ich nicht urteilen« (Freud *in:* Freud – Jung, 1974, S. 596).

6 Man beachte, daß bei eben diesem Kongreß Jung erneut zum Präsidenten der Vereinigung gewählt wurde, und zwar mit 30 Stimmen gegen 22 Enthaltungen. Allem Anschein nach hatte die Mehrheit nicht den Eindruck, seine Ideen

stellten ihn außerhalb der Psychoanalyse, und das trotz der Empfehlungen Freuds und des Komitees.

7 Das Unbewußte, das wir mit dem Licht unseres Verstehens durchdringen, zieht sich an andere, dunklere Orte zurück.

8 In dieser zweiten historischen Periode wird das schließlich zu einer Situation führen, die Freud ebenfalls vorhergesehen hatte: »Völlige Übereinstimmung in allen Detailfragen der Wissenschaft und über alle neueröffneten Themen ist unter einem halbdutzend Menschen verschiedener Natur nicht möglich und nicht einmal wünschenswert. Die Bedingung für unser fruchtbringendes Zusammenarbeiten ist nur die, daß keiner den gemeinsamen Boden der psychoanalytischen Voraussetzungen verläßt« (Freud, 1965 a, Brief vom 15.2.1924, S. 321).

Literaturverzeichnis

BALINT, M. (1968 a): Therapeutische Aspekte der Regression. Die Grundstörung. Stuttgart, Klett, 1970; dtv, 1980.

BALINT, M. und BALINT, A. (1939 a): Übertragung und Gegenübertragung, *in:* Die Urformen der Liebe und die Technik der Psychoanalyse. Stuttgart, Klett, 1966; dtv, 1988, S. 214–221.

FERENCZI, S. (1924 [268]): Versuch einer Genitaltheorie (Thalassa). Internationaler Psychoanalytischer Verlag, Wien, 1924.

FERENCZI, S. (1931 [292]): Kinderanalysen mit Erwachsenen. Bausteine III, S. 526.

FERENCZI, S. (1933 [294]): Sprachverwirrung zwischen den Erwachsenen und dem Kind. Bausteine, Bd. II, S. 511.

FERENCZI, S. (1985): Journal Clinique. Payot, Paris; dt.: Ohne Sympathie keine Heilung. S. Fischer, Frankfurt am Main, 1988.

FREUD, S. (1913 c): Weitere Ratschläge zur Technik der Psychoanalyse: I. Zur Einleitung der Behandlung. GW., Bd. VIII, S. 453.

FREUD, S. (1914 d): Zur Geschichte der psychoanalytischen Bewegung. GW., Bd. X, S. 43.

FREUD, S. (1918 b): Aus der Geschichte einer infantilen Neurose. GW., Bd. XII, S. 27.

FREUD, S. (1919 a): Wege der psychoanalytischen Therapie. GW., Bd. XII, S. 181.

FREUD, S. (1925 d [1924]): Selbstdarstellung. GW., Bd. XI, S. 119.

FREUD, S. (1965 a), und ABRAHAM, K.: Briefe 1907–1926. Fischer, Frankfurt am Main.

FREUD, S. und JUNG, C. G. (1974): Briefwechsel. Fischer, Frankfurt am Main.

FREUD, S. und WEISS, E. (1970): Briefe zur psychoanalytischen Praxis. S. Fischer, Frankfurt am Main, 1973.

GLOVER, E. (1940): The technique of psychanalysis. London, Bailliere, Tindall & Cox, 1955.
HEIMANN, P. (1950): On counter-transference. Int. J. Psycho-Anal., 31: 81–84.
JONES, E. (1955): Das Leben und Werk von Sigmund Freud. Bd. II: Jahre der Reife. Bern, Stuttgart, Huber, 1962.
JONES, E. (1959): Free Associations. Memoires of a psycho-analyst. Basic Books, New York.
KOVACS, V. (1936): Training and control-analysis. Int. J. Psycho-Anal., 17: 346–354.
RACKER, H. (1959): Übertragung und Gegenübertragung. Studien zur psychoanalytischen Technik. Reinhardt, München, 1978.
ROAZEN, P. (1975): Freud and his followers. Alfred A. Knopf, New York.
ROUSTANG, F. (1976): Un destin si funeste. Minuit, Paris.
SABOURIN, P. (1985): Ferenczi. Editions Universitaires, Paris.
SANDLER, J. (1976): Countertransference and role-responsiveness. Int. Rev. Psycho-Anal., 3: 43–47.
WINNICOTT, D. W. (1947): Haß in der Gegenübertragung, *in:* Von der Kinderheilkunde zur Psychoanalyse. München, Kindler, 1976, S. 75–88.

Abb. 1: Freud und Ferenczi in den Ferien in Österreich (1917).

Abb. 2: Sándor Ferenczi.

Abb. 3: Sándor Ferenczi.

Abb. 4: Michael Balint (bei der Arbeit mit Ärzten und Psychoanalytikern).

Abb. 5: Alice Balint, Familienfoto.

Abb. 6: Alice und Michael Balint, Familienfoto.

Abb. 7: Enid und Michael Balint.

Abb. 8: Michael Balint.

Abb. 9: Enid Balint.

Abb. 10: Karikatur von Stern & Stern.

Abb. 11: Karikatur von Stern & Stern.

Abb. 12: Michael Balint.

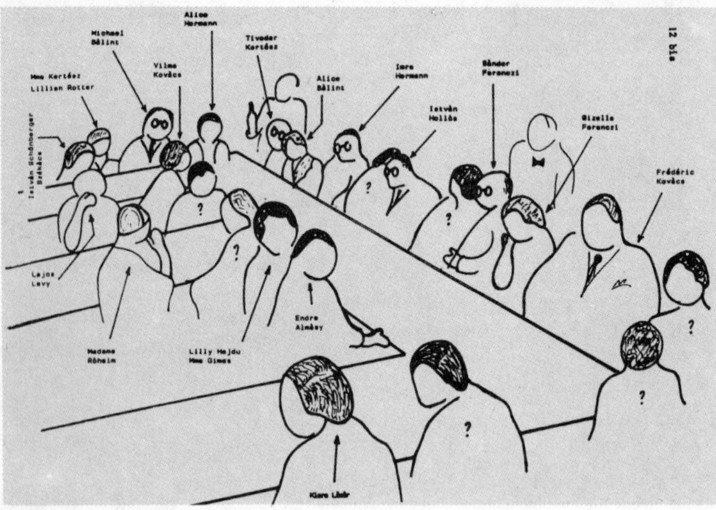

Abb. 13: Die Ungarische Psychoanalytikergruppe. Aufnahme vom Juli 1928 aus Anlaß des 55. Geburtstages von Ferenczi.

Anhänge

Kongresse der Internationalen Psychoanalytischen Vereinigung

1. Kongreß	1908	Salzburg (Österreich)
2. Kongreß	1910	Nürnberg (Deutschland)
3. Kongreß	1911	Weimar (Deutschland)
4. Kongreß	1913	München (Deutschland)
1914–1918: Erster Weltkrieg		
5. Kongreß	1918	Budapest (Ungarn)
6. Kongreß	1920	Den Haag (Holland)
7. Kongreß	1922	Berlin (Deutschland)
8. Kongreß	1924	Salzburg (Österreich)
9. Kongreß	1925	Bad Homburg (Deutschland)
10. Kongreß	1927	Innsbruck (Österreich)
11. Kongreß	1929	Oxford (Großbritannien)
12. Kongreß	1932	Wiesbaden (Deutschland)
13. Kongreß	1934	Luzern (Schweiz)
14. Kongreß	1936	Marienbad (Tschechoslowakei)
15. Kongreß	1938	Paris (Frankreich)
1939–1945: Zweiter Weltkrieg		
16. Kongreß	1949	Zürich (Schweiz)
17. Kongreß	1951	Amsterdam (Holland)
18. Kongreß	1953	London (Großbritannien)
19. Kongreß	1955	Genf (Schweiz)
20. Kongreß	1957	Paris (Frankreich)
21. Kongreß	1959	Kopenhagen (Dänemark)
22. Kongreß	1961	Edinburgh (Schottland)
23. Kongreß	1963	Stockholm (Schweden)
24. Kongreß	1965	Amsterdam (Holland)
25. Kongreß	1967	Kopenhagen (Dänemark)
26. Kongreß	1969	Rom (Italien)
27. Kongreß	1971	Wien (Österreich)
28. Kongreß	1973	Paris (Frankreich)
29. Kongreß	1975	London (Großbritannien)
30. Kongreß	1977	Jerusalem (Israel)
31. Kongreß	1979	New York (USA)
32. Kongreß	1981	Helsinki (Finnland)
33. Kongreß	1983	Madrid (Spanien)
34. Kongreß	1985	Hamburg (Bundesrepublik Deutschland) (usw.)

Bibliographie der Arbeiten Michael Balints

von Marie-Christine Beck

Diese Liste führt alle Werke von Michael Balint an, von denen wir Kenntnis haben. Unter den früheren Bibliographien ist die vollständigste die von E. Falzeder (Die »Sprachverwirrung« und die »Grundstörung« – die Untersuchungen Sándor Ferenczis und Michael Balints über Entstehung und Auswirkungen früher Objektbeziehungen. Dissertation, Universität Salzburg, 1984).

Diese Liste ist chronologisch. Jede Publikation hat eine Kennziffer, bestehend aus dem Jahr der Veröffentlichung und einem Buchstaben, der einer Klassifizierung der Werke entspricht. Die Reihenfolge innerhalb eines Jahres ist nicht chronologisch, sondern formal.

Die Tatsache, daß Michael Balint in drei Sprachen geschrieben hat (Ungarisch, Deutsch, Englisch) macht die Unterscheidung zwischen Original und Übersetzung manchmal schwierig. Wir haben uns bemüht, Zweifel darüber auszuräumen, wo immer das möglich war.

Die Übersetzungen folgen in der Liste auf die Erwähnung der Originalveröffentlichung, also unter dem Jahr, in dem das Original erschienen ist.

1924

1924 a [1923] Eine jodometrische Bestimmung des Natriums (mit M. Petow). Biochem. Z., 145/3–4: 242–243, 1924.

1924 b Eine jodometrische Mikrobestimmung des Natriums. Berlin, Dissertation. Gekürzte Fassung *in*: Biochem. Z., 150/5–6: 424–443, 1924.

1924 c Ein Beweis der Konstanz der (H') der lebenden Bakterienzelle. Biochem. Z., 152/1–2: 92–93, 1924.

1924 d Eine Mikromethode zur Bestimmung von organischen Substanzen (mit P. Ruszezynski). Biochem. Z., 152/3–4: 246–249, 1924.

1925

1925 a Wasserstoffionenkonzentration und »Elektropie«, I. Biochem. Z., 165/4–6: 465–472, 1925.

1925 b Perversio vagy hysteriás tünet? (Perversion oder hysterisches Symptom?) (Vortrag vor der Psychoanalytischen Gesellschaft Berlin, 1923). Gyógyászat 65/49: 1104–1105, 1925.
– englisch: Perversion or a hysterical symptom? *in*: 1956 a, S. 182–187.

1925 c Buchbesprechung: »Zur Periodenlehre« von W. Fliess. Int. Z. Psa., 11: 491, 1925.

1925 d Buchbesprechung: »Warum wir sterben?« von A. Liepschütz. Int. Z. Psychoanal., 11: 491, 1925.

1925 e Buchbesprechung: »Der Ursprung des Lebens« von R. Stölzle. Int. Z. Psychoanal., 11: 491, 1925.

1926

1926 a Psychoanalyse und klinische Medizin. Z. Klin. Med., 103/5–6: 628–645, 1926.
– ungarisch: Psychoanalysis és belgyószat. Gyógyászat, 66/19: 439–445, 1926.

1926 b Hydrogenion-concentratio és »elektropia«, II (Wasserstoffionenkonzentration und »Elektropie«, II). Gyógyászat 66/26: 611–613, 1926.

1926 c Gepuffertes Wasser für die Romanowsky-Giemsa-Färbung. Klin. Wschr. 5/4: 147–148, 1926.

1926 d A pszichotherapiáról a gyakorló orvos számára (Über die Psychotherapien für den praktischen Arzt). Therapia, (Budapest), 5: 148–173, 1926 (Wiederabdruck *in*: Therapia (Bratislava), 6/22: 1–5, 1927.

1926 e Buchbesprechung: »Testi tünetek psychogenesise és psychotherapiája« (Psychotherapie und Psychogenese somatischer Symptome) von O. Schwarz. Gyógyászat, 66/13: 310–311, 1926.

1927

1927 a Buchbesprechung: »Die höchste Nerventätigkeit (das Verhalten) von Tieren. Eine zwanzigjährige Prüfung der objektiven Forschung. Bedingte Reflexe« von I. Pawlow (deutscher Titel, ungarischer Text mit deutschen Zitaten) Gyógyászat, 67/43: 964–970, 1927.
– englisch: I. P. Pawlow, *in*: 1956 a, S. 223–234.

1928

1928 a Über die Todesangst. Ein kasuistischer Beitrag (Vortrag vor der Ungarländischen Psychoanalytischen Gesellschaft am 19. November 1927). Zusammenfassung *in*: Int. Z. Psa., 14/2: 289, 1928.

1930

1930 a Az orvosi praxis válsága (Die Krise der medizinischen Praxis). Gyógyászat, 70/19: 373–375, 1930.

1931

1931 a Diskussionen zur Kritik der Libidometrie nach Bernfeld und Feitelberg (mit P. Csillag) (Vortrag vor der Ungarländischen Psychoanalytischen Gesellschaft vom 31. Mai 1929). Imago, 17/3: 410–413 (resp. 410–420, einschließlich der Antwort von S. Bernfeld und S. Feitelberg), 1931.

1932

1932 a Psychosexuelle Parallelen zum bioenergetischen Grundgesetz. Imago,
[1930] 18/1: 14–41, 1932 (Wiederabdruck *in*: 1956 a, S. 13–44).
– ungarisch: Vortrag (unveröffentlicht) vor der Ungarländischen Psychoanalytischen Gesellschaft, 1933.
– französisch: Parallèles psychosexuels de la loi biogénétique fondamentale, *in*: 1965 a, S. 13–42.

– englisch: Psychosexual Parallels to the fundamental law of bioenergetics, *in*: 1952a und 1965a, S. 3–30.

1933

1933a Az érzelemátvitelröl (Zur Übertragung von Affekten) (Vortrag vor der Ungarländischen Psychoanalytischen Gesellschaft, 1933), Gyógyászat, 73/12–13: 13 (Auszug: S. 1–12).
– französisch: Le transfert des émotions, *in*: 1965a, S. 190–203.
– englisch: On transference of emotions, *in*: 1965a, S. 165–177.
– (N. B. Die ungarischen Beispiele sind durch britische ersetzt).
– deutsch: Zur Übertragung von Affekten, *in*: 1965a, S. 203–218.

1933b Az öregedés lelki problémái (Psychische Probleme des Alterns) (Vortrag vor der Medizinischen Gesellschaft von Budapest, 1933). Gyógyászat, 73/33: 505–509, 1933.
– englisch: The psychological problems of growing old, *in*: 1956a, S. 69–85.

1933c Zwei Notizen über die erotische Komponente der Ich-Triebe. Int. Z. Psa., 19/3: 428–433, 1933 (Wiederabdruck *in*: 1965a, S. 45–51).
– französisch: Deux remarques concernant la composante érotique des instincts du Moi, *in*: 1965a, S. 43–49.
– englisch: Two notes on the erotic component of the ego-instincts, *in*: 1965a, S. 31–36.

1933d Über die Psychoanalyse des Charakters (Vortrag vor der Ungarländischen Psychoanalytischen Gesellschaft). Zusammenfassung *in*: Int. Z. Psa., 19/3: 449, 1933.

1933e A jellemanalizis és az újrakedés (Charakteranalyse und Neubeginn) (Vortrag vor der Ungarländischen Psychoanalytischen Gesellschaft) mit einer Einführung von S. Freud. Lélekelemzési Tanulmányok, Hrsg. Béla Somló, Budapest, 1933, S. 65–79.
– deutsch: Charakteranalyse und Neubeginn. Int. Z. Psa., 20/1: 54–65 (Wiederabdruck *in*: 1965a, S. 187–202).
– französisch: Analyse de caractère et renouveau, *in*: 1965a, S. 175–189.
– englisch: Character analysis and new beginning, *in*: 1952a, S. 159–173, und 1965a, S. 151–164.

1933f Buchbesprechung: »Die Krise der Medizin. Lehrbuch der Konstitutionstherapie« von B. Aschner. Int. Z. Psa., 19/3: 452–453, 1933.

1934

1934a Der Onanieabgewöhnungskampf in der Pubertät. Z. Psychoanal. Pädagogik, 8/11–12: 374–391, 1934.
– englisch: The adolescent's fight against masturbation, *in*: 1956a, S. 49–68.

1934b Dr. Sándor Ferenczi as a psycho-analyst (Gedenkrede vor der Ungarländischen Psychoanalytischen Gesellschaft vom 3. Oktober 1933). In-

dian J. Psychol., 9: 19–27, 1934 (Wiederabdruck *in*: 1956a, S. 235–242).
– ungarisch: Ferenczi Sándor mint orvos. Gyógyászat, 74/20: 312–315, 1934.
– deutsch: Dr. Sándor Ferenczi als Arzt (Maschinenmanuskript).

1935

1935a A contribution on fetishism (Vortrag vor der Ungarländischen Psychoanalytischen Gesellschaft vom 7. Dezember 1934). Int. J. Psycho-Anal., 16/4: 481–483 (Wiederabdruck *in*: 1956a, S. 171–173).
– deutsch: Ein Beitrag zum Fetischismus. Int. Z. Psa., 23/3: 413–414, 1937.

1935b Zur Kritik der Lehre von der prägenitalen Organisation der Libido (Vortrag vor der Ungarländischen Psychoanalytischen Gesellschaft vom 27. April 1934 unter dem Titel »Prägenital und extragenital« und vom 15. Mai 1935 vor der Wiener Psychoanalytischen Gesellschaft). Int. Z. Psa., 21: 525–543, 1935 (Wiederabdruck *in*: 1965a, S. 52–76.
– französisch: Remarques critiques concernant la théorie des organisations prégénitales de la libido, *in*: 1965a, S. 50–73.
– englisch: Critical notes on the theory of the pregenital organizations of the libido, *in*: 1965a, S. 37–58.

1935c Das Endziel der psychoanalytischen Behandlung (Vortrag vor dem Internationalen Psychoanalytischen Kongreß in Luzern am 31. August 1934). Int. Z. Psa., 21/1: 36–45, 1935 (Wiederabdruck *in*: 1965a, S. 219–231).
– englisch: The final goal of psycho-analytic treatment. Int. J. Psycho-Anal., 17/2: 206–216 (Wiederabdruck *in*: 1965a, S. 178–188).
– französisch: Le but final du traitement psychanalytique, *in*: 1965a, S. 204–215.

1936

1936a Eros und Aphrodite (Vortrag vor der Ungarländischen Psychoanalytischen Gesellschaft vom 23. Mai 1936 und beim Internationalen Psychoanalytischen Kongreß in Marienbad am 7. August 1936). Int. Z. Psa., 22/4: 453–465, 1936 (Wiederabdruck *in*: 1965a, S. 77–92).
– englisch: Eros and Aphrodite. Int. J. Psycho-Anal., 19/2: 199–213, 1938 (Wiederabdruck *in*: 1952a und 1965a, S. 59–73).
– französisch: Eros et Aphrodite, *in*: 1965a, S. 74–90.

1936b Ferenczi Sándor, *in*: Uj Lexikon: A tudás és a gyakorlati élet egyetemes enciklopédiája 6 kötetben, Dante-Pantheon. Ed., Budapest, Bd. III, S. 1229, 1937–1938.

1937

1937a A contribution to the psychology of menstruation (Vortrag vor der Ungarländischen Psychoanalytischen Gesellschaft vom 17. November 1933). Psychoanal. Quart., 6: 346–352, 1937 (gekürzte Fassung). Erweiterte Fassung *in*: 1956a, S. 174–181.

1937b Frühe Entwicklungsstadien des Ichs: primäre Objektliebe (Vortrag bei der 2. Vierländertagung in Budapest vom 15.–17. Mai 1937). Imago, 23: 270–288, 1937 (Wiederabdruck *in*: 1965a, S. 93–115).
– englisch: Early developmental stages of the ego: primary object-love. Int. J. Psycho-Anal., 30/4: 265–273 (Wiederabdruck *in*: 1965a, S. 74–90).
– französisch: Les premiers stades de développement du Moi. Amour d'objet primaire, *in*: 1965a, S. 91–109.

1938

1938a Ferenczi Sándor, *in*: Uj Idök Lexikona, Singer és Wolfner Ed., Budapest, Bd. IX–X, S. 2412, 1938.

1939

1939a On transference and counter-transference (mit Alice Balint). Int. J. Psycho-Anal., 20/3–4: 223–230, 1939 (Wiederabdruck *in*: 1952a, S. 201–208).
– französisch: Transfert et contre-transfert, *in*: 1965a, S. 229–236.
– deutsch: Übertragung und Gegenübertragung, *in*: 1965a, S. 246 bis 254.

1939b Ich-Stärke, Ich-Pädagogik und »Lernen« (Vortrag vor der Ungarländischen Psychoanalytischen Gesellschaft vom 4. November 1938 und beim 15. Internationalen Psychoanalytischen Kongreß in Paris, 1938). Int. Z. Psa., 24/4: 417–427, 1939 (Wiederabdruck *in*: 1965a, S. 232–245. Siehe auch 1971c).
– englisch: Ego Strength and education. Psychoanal. Quart. 11/1: 87–95, 1942 (Wiederabdruck *in*: 1965a, S. 189–200).
– französisch: Force du Moi, éducation du Moi et »apprentissage«, *in*: 1965a, S. 216–228.

1941

1941a Buchbesprechung: »Race, sex and environment« von J. R. de la Marett. Brit. J. Med. Psychol., 18: 273, 1939–41.

1942

1942a Reality testing during schizophrenic hallucinations. Brit. J. Med. Psychol., 19/2: 201–214, 1942 (Wiederabdruck *in*: 1956a, S. 153–170, unter dem Titel »Contributions to reality testing«).

1945

1945 a Individual differencies of behavior in early infancy. Manchester, Medical Sciences, Dissertation. Gekürzte Fassung *in*: J. Genet. Psychol., 73: 57–59 und 81–117, 1948 (Wiederabdruck *in*: 1956 a, S. 125–149).

1948

1948 a On genital love (Vortrag an der Konferenz der Europäischen Psychoanalytiker in Amsterdam am 26. Mai 1947). Int. J. Psycho-Anal., 29/1: 34–40, 1948 (Wiederabdruck *in*: 1952 a und 1965 a, S. 109–120).
– französisch: L'amour génital, *in*: 1965 a, S. 129–142.
– deutsch: Über genitale Liebe, *in*: 1965 a, S. 136–150.

1948 b On the psycho-analytic training system (Vortrag vor der Britischen Psychoanalytischen Gesellschaft vom 5. November 1947). Int. J. Psycho-Anal., 29/3: 163–173, 1948 (Wiederabdruck *in*: 1965 a, S. 253–274).
– französisch: A propos du système de formation psychanalytique, *in*: 1965 a, S. 285–308.
– deutsch: Über das psychoanalytische Ausbildungssystem, *in*: 1965 a, S. 307–332.

1948 c On Szondi's »Schicksalsanalyse« and »Triebdiagnostik« (a review). Int. J. Psycho-Anal., 29/4: 240–249, 1948 (Wiederabdruck *in*: 1956 a, S. 261–280).

1949

1949 a Dr. Sándor Ferenczi, obiit 1933 (Einführung der Ferenczi gewidmeten Nummer, basierend auf dem Vortrag vom 5. Mai 1948 vor der Britischen Psychoanalytischen Gesellschaft zum 15. Todestag Ferenczis). Int. J. Psycho-Anal., 30/4: 215–219, 1949 (Wiederabdruck *in*: 1956 a, S. 243–250).

1950

1950 a Changing therapeutical aims and techniques in psychoanalysis (Vortrag vom 2. März 1949 vor der Britischen Psychoanalytischen Gesellschaft und vom August 1949 beim 16. Internationalen Psychoanalytischen Kongreß in Zürich). Int. J. Psycho-Anal., 31/1–2: 117–124, 1950 (Wiederabdruck *in*: The Yearbook of Psychoanalysis, 7: 175–188, 1951, und *in*: 1965 a, S. 209–222).
– französisch: L'évolution des buts et des techniques thérapeutiques en psychanalyse, *in*: 1965 a, S. 237–251.
– deutsch: Wandlungen der therapeutischen Ziele und Techniken in der Psychoanalyse, *in*: 1965 a, S. 255–271.

1950 b On the termination of analysis (Vortrag vom 2. März 1949 vor der Britischen Psychoanalytischen Gesellschaft). Int. J. Psycho-Anal., 31/3: 196–199, 1950 (Wiederabdruck *in*: 1952 a und 1965 a, S. 223–229.
– französisch: La fin de l'analyse, *in*: 1965 a, S. 252–259.

– deutsch: Über die Beendigung der Psychoanalyse, *in*: 1965 a, S. 272–279.
– spanisch: Rev. Uruguaya, 1962/63.

1951

1951 a The problem of discipline (gekürzte Fassung). The New Era, 32: 104–110, 1951 (erweiterte Fassung *in*: 1956 a, S. 34–48).
– französisch: Le problème de la discipline. Rev. Franç. Psychanal., 15/4: 463–477, 1951.
– deutsch: Das Problem der Disziplin (Übersetzung der erweiterten Fassung), *in*: Der psychoanalytische Beitrag zur Erziehungswissenschaft, von P. Fürstenau (Hrsg.), Wissenschaftliche Buchgesellschaft, Darmstadt, 1974, S. 165–182.

1951 b On punishing offenders, *in*: »Psychoanalysis and culture. Essays in honour of Géza Róheim« von G. B. Wilbur und W. Muensterberger (Hrsg.). Int. Univ. Press, New York, 1951, S. 254–280 (Wiederabdruck *in*: 1956 a, S. 86–116).

1951 c Buchbesprechung: »Exploring the unconscious« und »The book of the Id« von G. Groddeck. Int. J. Psycho-Anal., 32: 250, 1951.

1951 d Buchbesprechung: »Tensions affecting understanding« von O. Klineberg und H. Cantril (Hrsg.). Int. J. Psycho-Anal., 32: 251, 1951.

1951 e Buchbesprechung: »The inner experience of a psychoanalyst« von Th. Reik. Int. J. Psycho-Anal., 32: 326, 1951.

1952

1952 a Primary love and psycho-analytic technique. Hogarth Press, London, International Psychoanalytic Library, 1952.
– amerikanische Ausgabe: Liveright Publishing, New York, 1952.
Siehe auch 1965 a.

1952 b New beginning and the paranoid and the depressive syndromes. Int. J. Psycho-Anal., 33/2: 214–224, 1952 (Wiederabdruck *in*: 1952 a und 1965 a, S. 230–249).
– französisch: Le renouveau et les syndrômes paranoïde et dépressif, *in*: 1965 a, S. 260–281.
– deutsch: Der Neubeginn, das paranoide und das depressive Syndrom, *in*: 1965 a, S. 280–303.

1952 c On love and hate (Vortrag beim 17. Internationalen Psychoanalytischen Kongreß in Amsterdam, 1951). Int. J. Psycho-Anal., 33/4: 335–362, 1952 (Wiederabdruck *in*: 1952 a und 1965 a, S. 121–135).
– deutsch: Über Liebe und Haß. Psyche, 6/1: 19–33, 1952/53 (Wiederabdruck *in*: 1965 a, S. 151–169).
– französisch: L'amour et la haine, *in*: 1965 a, S. 143–159.

1952 d Notes on the dissolution of object-representation in modern art. J. Aesthetics and Art Crit., 10/4: 323–327, 1952 (Wiederabdruck *in*: 1956 a, S. 117–124).

1952e General concepts and theory of the psycho-analytic therapy (mit S. Tarachow). Ann. Surv. Psychoanal., 1: 227–240, 1952.
[1950]

1952f Buchbesprechung: »Group life« von M. I. Greco, Int. J. Psycho-Anal., 33/1: 63, 1952.

1952g Buchbesprechung: »Soviet psychiatry« von J. Wortis. Int. J. Psycho-Anal., 33/1: 63–64, 1952.

1952h Buchbesprechung: »Neurosis and human growth« von K. Horney. Brit. J. Med. Psychol., 25: 166, 1952.

1953

1953a Herausgabe und Vorwort: »The psychoanalysis of the nursery« von Alice Balint. Routledge & Kegan Paul, London, 1953 (Übersetzung von »A gyermekszoba pszichologiàja«, vermutlich von der Autorin selbst).
– amerikanische Ausgabe: »The early years of life«. Basic books, New York, 1954.
– deutsch: Vorwort zu: »Psychoanalyse der frühen Lebensjahre«. Reinhardt, München/Basel, 1966, S. 7–8.
– Das Buch erschien ebenfalls auf Ungarisch (1931), auf Deutsch (1932), auf Französisch (1937), auf Spanisch (1939).

1954

1954a Method and technique in the teaching of medical psychology. II: Training general practitioners in psychotherapy. Brit. J. Med. Psychol., 27/1–2: 37–41, 1954.

1954b Training general practitioners in psychotherapy. Brit. Med. J., 1: 115–131, 1954.
– gekürzte Fassung: Brit. J. Med. Psychol., 27/1–2: 37–41, 1954.
– deutsch: Psychotherapeutische Ausbildung des praktischen Arztes (aus dem Englischen von M. von Niederhöffer). Psyche, 9/6: 370–389, 1955.
– französisch: Formation des omnipraticiens à la psychothérapie (aus dem Englischen von D. Lagache). Psychanalyse, 2: 221–242, 1956.

1954c Analytic training and training analysis (Vortrag vom 28. Juni 1953 vor dem Internationalen Kongreß für Psychoanalyse in London). Int. J. Psycho-Anal., 35/2: 157–162, 1954 (Wiederabdruck *in*: 1965a, S. 275–285).
– deutsch: Analytische Ausbildung und Lehranalyse. Psyche 7/11: 689–699, 1953/54 (Wiederabdruck *in*: 1965a, S. 333–346).
– französisch: Formation analytique et analyse didactique, *in*: 1965a, S. 309–321.

1954d Géza Roheim: An obituary. Int. J. Psycho-Anal., 35/4: 434–436, 1956 (Wiederabdruck *in*: 1956a, S. 256–260, unter dem Titel: »Géza Roheim, 1891–1953«).

1954e Buchbesprechung: »The life and ideas of the Marquis de Sade« von

G. Gover. Int. J. Psycho-Anal., 35/1: 78–83, 1954 (Wiederabdruck *in*: 1956a, S. 251–255).

1955

1955a Notes on parapsychology and parapsychological healing. Int. J. Psycho-Anal., 36/1: 31–35, 1955 (Wiederabdruck *in*: 1956a, S. 188–197).

1955b The doctor, his patient and the illness (Vortrag vom 26. Januar 1955 vor der Medizinischen Sektion der Britischen Gesellschaft für Psychologie). Lancet, S. 683–688, 2. April 1955 (Wiederabdruck *in*: 1956a, S. 198–220).
– ebenfalls *in*: Samiksa (Indische Psychoanalytische Gesellschaft), 9/3: 173–195, 1955.
Zusammenfassung *in*: B. P. S. Bulletin No. 26, Mai 1955, S. 54–59.
– portugiesisch: O medico, o doente e a doença, 1960.

1955c Friendly expanses – horrid empty spaces (Vortrag vom 20. Oktober 1954 vor der Britischen Psychoanalytischen Gesellschaft). Int. J. Psycho-Anal., 36/4–5: 225–241, 1955.

1955d Dynamics of training in groups for psychotherapy (mit Enid Balint). Brit. J. Med. Psychol., 28/2–3: 135–142, 1955.

1955e Herausgeber von: »Final contributions to the problems and method of psychoanalysis« von Sándor Ferenczi. Hogarth Press, International Psychoanalytic Library, London, 1955.
– amerikanische Ausgabe: Basic Books, New York, 1955.

1955f Buchbesprechung: »Five copy-books« von M. Bonaparte. Int. J. Psycho-Anal., 36/6: 412–414, 1955.

1956

1956a Problems of human pleasure and behaviour. Classic essays in humanistic psychiatry. Liveright, New York, 1956.
– englische Ausgabe: Hogarth Press, London, 1957.
– Paperback-Ausgabe: Liveright, New York, 1973.

1956b Pleasure, object and libido: some reflexions on Fairbairn's modifications of psychoanalytic theory. Brit. J. Med. Psychol., 29/2: 162–167, 1956 (auch erschienen *in*: 1956a, S. 281–291).
– ebenfalls *in*: Brit. J. Med. B. M. A., Brighton, Bd. 29, Teil 2, S. 162–167, 1956.
– deutsch: Lust, Objekt und Libido. Einige Überlegungen zu Fairbairns Modifikationen der Psychoanalytischen Theorie (aus dem Englischen von M.-C. Beck). Zschr. für Psychoanalytische Theorie und Praxis, Amsterdam/Assen, in Vorbereitung) (ebenfalls übersetzt von E. Falzeder. Psychoanalyse, in Vorbereitung).

1956c Perversions and genitality, *in*: Perversions. Psychodynamics and psychotherapy. Random House, New York, 1956, S. 16–27 (Wiederabdruck *in*: 1965a, S. 136–144).

– französisch: Perversions et génitalité, *in*: 1965a, S. 160–169.
– deutsch: Perversionen und Genitalität. Psyche 20/7: 520–528, 1966 (ebenfalls erschienen *in*: 1965a, S. 170–180).

1956d Domiciliary consultation in psychiatric practice (Brief). Lancet, 2: 1938, 1956.

1956e Herausgeber von: »Perversions. Psychodynamics and therapy« (mit Sándor Lorand). Random House, Gramercy Books, New York, 1956.

1957

1957a The doctor, his patient and the illness. Pitman Medical Publishing Co., London, 1957 (siehe auch 1964a).
– amerikanische Ausgabe: International Universities Press, New York (Neuaufl. 1964).
– deutsch: Der Arzt, sein Patient und die Krankheit. Klett-Cotta, Stuttgart, 1957 (aus dem Englischen übersetzt von K. Hügel).
– französisch: Le médecin, son malade et la maladie. P. U. F., Paris, 1960 (aus dem Englischen übersetzt von J. P. Valabrega).
– ungarisch: Az orvos, a betege és a betegség. Akadémiai kiadó, Budapest, 1961.
– italienisch: Il medico, il paziente et la malattia. Feltrinelli, Mailand, 1961 (aus dem Englischen übersetzt von C. Ranchetti).
– spanisch: El médico, el paciente y la enfermedad. Libros Basicos, Buenos Aires, 1961 (aus dem Englischen übersetzt von A. Leal).
– japanisch: Y. Ikemi, Tokyo, 1967.
– schwedisch: Läkaren, patienten och sjukdomen. Natur och Kultur, Stockholm, 1972 (aus dem Englischen übersetzt von Ph. Wiking).

1957b Psychotherapy and the general practitioner, I (Annual Meeting Address).
– gekürzte Fassung *in*: Brit. Med. J., 1/5011: 156–158, 1957.
– deutsch: siehe 1957c.

1957c Beitrag zu »Freud in der Gegenwart«, *in*: Frankfurter Beiträge zur Soziologie, Bd. 6, Frankfurt am Main, Europäische Verlagsanstalt.
Enthält:
– »Psychotherapie durch den praktischen Arzt«, S. 87–126, deutsche Übersetzung von zwei Kapiteln aus »The doctor, his patient and the illness«, *in*: 1965a, S. 172–191 und 192–212.
– »Sexualität und Gesellschaft«, S. 127–149, Ansprache vor den Universitäten von Heidelberg und Frankfurt während der Hundertjahrfeiern zu Freuds Geburtstag im Mai 1956.
– englisch: Sex and society, *in* 1956a, S. 11–33.

1957d Training medical students in psychotherapy (Vortrag vor den Ärzten der Abteilung für Psychologische Medizin des University College Hospital, London, im Oktober 1957). Lancet, S. 1015–1018, November 1957.
– deutsch: Die psychotherapeutische Ausbildung der Medizinstuden-

ten (aus dem Englischen übersetzt von K. Hügel). Psyche, 12/1: 73–80, 1958.

1957e Criticism of Fairbairn's generalization about object-relation. Brit. J. Philos. Sci., 7/28: 323–324, 1957.

1957f Die drei seelischen Bereiche. Psyche, 11/6: 321–344, 1957 (Wiederabdruck *in*: 1968a, S. 11–42).
– englisch: The three areas of the mind: theoretical considerations. Int. J. Psycho-Anal., 39/5: 328–340, 1958 (Wiederabdruck *in*: 1968a, unter dem Titel: Part I: »The three areas of the mind«).
– französisch: Les trois niveaux de l'appareil psychique. Psychanalyse, 6: 283–312, 1961 (Wiederabdruck *in*: 1968a, S. 9–49, unter dem Titel: »Les trois zones de l'appareil psychique«, aus dem Englischen übersetzt von V. N. Smirnoff).

1958

1958a The concepts of subject and object in psychoanalysis. Brit. J. Med. Psychol., 31: 83–91, 1958.

1958b »Eröffnungszüge« in der Psychotherapie. Dtsch. Med. Wochenschr., 83/48: 2117–2122, 1958.
– englisch: Opening moves in psychotherapy. J. Hillside Hosp., 8/1–2: 9–20, 1959.

1958c Sándor Ferenczi's last years (Brief an den Herausgeber) Int. J. Psycho-Anal., 39/5: 68, 1958 (mit einem Kommentar von E. Jones).
Ebenfalls *in*: Int. J. Psycho-Anal., 49/1: 99, 1968.
– französisch: Lettre à l'éditeur: Les dernières années de Sándor Ferenczi, *in*: Torok, M. (1948 [1983]): La correspondance Freud–Ferenczi. La vie de la lettre dans l'histoire de la psychanalyse. Confrontations, 12: 117–118, 1984.

1959

1959a Thrills and regressions (mit einer Studie von Enid Balint). Hogarth Press, London, 1959.
– amerikanische Ausgabe: International Universities Press, New York, 1959.
– deutsch: Angstlust und Regression. Beitrag zur psychologischen Typenlehre. Klett, Stuttgart, 1960 (aus dem Englischen übersetzt von K. Wolff unter Mitarbeit von A. Mitscherlich und M. Balint).
– französisch: Les voies de la régression. Payot, Paris, 1972 (aus dem Englischen übersetzt von M. Viliker und J. Dupont).

1959b La responsabilité du médecin (Vortrag vom 1. Juli 1959 an The Thames Valley Faculty of the College of General Practitioners): Auszug aus Rev. Med. Psychosom. 1/1: 1–12, 1959 (Wiederabdruck *in*: 1961a, S. 127–139).
– englisch: The doctor's responsability. Med. World, 92/6: 529–540, 1960 (Wiederabdruck *in*: 1961a, S. 104–115).

– deutsch: Die Verantwortung des Arztes. Psyche, 13/10: 561–573, 1960 (Wiederabdruck *in*: 1961 a, S. 140–154).

1960
1960 a The marital problem clinic: a problem child of the F. P. A. Family Planning, 9/1: 18–20, 1960.
1960 b Primary narcissism and primary love. Psychoanal. Quart., 29/1: 6–43, 1960 (Wiederabdruck *in*: 1968 a, S. 34–76).
– deutsch: Primärer Narzißmus und primäre Liebe, *in*: Jahrbuch der Psychoanalyse, Bd. 1, S. 3–34, 1960 (Wiederabdruck *in*: 1968 a, S. 44–93).
– französisch: Narcissisme primaire et amour primaire, *in*: 1968 a, S. 47–105.
1960 c The regressed patient and his analyst (3. Konferenz in memoriam Frieda Fromm-Reichmann im Nat. Inst. of Health, Bethesda, Maryland, Oktober 1959). Psychiatry: Journal for the Study of Interpersonal Processes, 23/3: 231–243, 1960 (Wiederabdruck *in*: 1968 a, S. 157–188).
– deutsch: Der regredierte Patient und sein Analytiker. Psyche, 15/5: 253–273, 1961/62 (Wiederabdruck *in*: 1968 a, S. 193–228).
– französisch: La régression du patient et l'analyste. Psychanalyse, 7: 313–339, 1964 (Übersetzung aus dem Englischen von V. Smirnoff, Wiederabdruck *in*: 1968 a, S. 213–252, unter dem Titel: »Le patient en état de régression et son analyste«).
1960 d Training for psychosomatic medicine, *in*: Fortschritte der Psychosomatischen Medizin/Advances in Psychosomatic Medicine/Progrès en Médecine Psychosomatique, von A. Jores und B. Stokvis (Hrsg.), Karger, Basel/New York, 1960, S. 167–179.
– amerikanische Ausgabe: A. Jores und H. Freyburger (Hrsg.), R. Brunner, New York, 1960, S. 167–179.
1960 e Examination by the patient. Excerpta Medica, Nr. 53, S. 9–14, 1960 (Wiederabdruck *in*: 1961 a, S. 47–60).
– französisch: Examen du malade par lui-même (Vortrag vom 11. März 1961 vor der Soc. Franç. Méd. Psychosom.). Extrait de Rev. Méd. Psychosom., 3/2: 1–8, 1961 (auch *in*: 1961 a, S. 65–80).
– deutsch: Untersuchung durch den Patienten. Med. Monatsspiegel, Heft 5, S. 111–115, 1965 (erschienen *in*: 1961 a, S. 73–90, unter dem Titel »Die Beteiligung des Patienten an der Untersuchung«).

1961
1961 a Psychotherapeutic techniques in medicine (mit Enid Balint). Tavistock Publications, London, 1961.
– amerikanische Ausgabe: Charles C. Thomas, Springfield, Ill., 1962.
– deutsch: Psychotherapeutische Techniken in der Medizin. Huber, Bern/Klett-Cotta, Stuttgart, 1962 (aus dem Englischen übersetzt von K. Hügel, 3. Aufl. 1980).

als Paperback: Kindler, München, 1970.
– französisch: Techniques psychothérapeutiques en médecine. Payot, Paris, 1966, Neuaufl. 1967, 1970, 1976 (aus dem Englischen übersetzt von J. Dupont und J. P. Valabrega).
als Taschenbuch: Payot, Paris, 1970.
– spanisch: Técnicas psicoterapeuticas en medicina. Siglo Veintiuno Editores, Mexico, 1966 (Übersetzung aus dem Englischen von M. Rodriguez Cabo).
– italienisch: Tecniche psicoterapiche in medicina. Piccola Biblioteca Einaudi, Turin, 1970 (Übersetzung aus dem Englischen von L. Schittar).

1961 b The other part of medicine (gekürzte Fassung von: »The place of psychotherapy in medicine«) (Vortrag vom 29. April 1960 bei der Jahresversammlung der Deutschen Gesellschaft für Psychotherapie und Tiefenpsychologie, Wiesbaden). Lancet, S. 40–42, 7. Januar 1961 (auch *in*: 1961 a, S. 116–129).
– deutsch: Der Platz der Psychotherapie in der Medizin. Psyche, 16/6: 355–372, 1962 (auch *in*: 1961 a, S. 154–171).
– französisch: Place de la psychothérapie en médecine, *in*: 1961 a, S. 140–155).

1961 c Training of general practitioners and medical students in their role in mental health. Arbeitspapier Nr. 2, Comité d'Experts de la Santé Mentale, Weltgesundheitsorganisation, Genf, 1961.
– französisch: Comment préparer les praticiens de médecine générale et les étudiants en médecine à s'acquitter de leur rôle dans le domaine de la santé mentale. Praxis, 52/41: 1231–1235, 1963.
Siehe auch 1961 d.

1961 d The pyramid and the psychotherapeutic relationship (gekürzte Fassung von 1961 c). Lancet, S. 1051–1054, 11. November 1961.

1961 e Experiences of a psychiatrist with postgraduate training of general practitioners in groups. Auszug aus Huisarts en Wetenschap, 4/5: 1–8, 1961.
– deutsch: Erfahrungen eines Psychiaters bei der Fortbildung von praktischen Ärzten im Gruppenverband, *in*: Medizinische Psychologie in der hausärztlichen Praxis, Hippokrates-Verlag, 1: 27–41, 1963.

1961 f The present and the absent patient (Bericht über ein Symposium zu den emotionalen Störungen in der Allgemeinpraxis, vorgetragen in Torre Abbey, Torquay, am 6. Mai 1961). Beilage zur J. Coll. Gen. Practitioners, 4/4: S. 9–21, 1961 (auch erschienen *in*: 1961 a, S. 82–103).
– deutsch: Der anwesende und der abwesende Patient, *in*: 1961 a, S. 115–139.
– französisch: Le malade présent et le malade absent, *in*: 1961 a, S. 104–126.

1961 g Vorwort zu »Night calls« von Max B. Clyne. Tavistock Publ., London, S. IX–X, 1961.

– amerikanische Ausgabe: Charles C. Thomas, Springfield, Ill., S. IX–X, 1962.
– deutsche Ausgabe: Der Anruf bei Nacht. Eine psychologische Untersuchung aus der ärztlichen Praxis (aus dem Englischen übersetzt von M. von Eckhardt). Klett, Stuttgart, 1964, S. 9–11.

1962

1962 a Ein Zwischenfall: Bericht über eine nichtverbale analytische Intervention. Jb. Psychoanal., 2: 161–173, 1961/62.
– englisch: Examination of a non-verbal intervention (Maschinenmanuskript, nicht datiert).

1962 b The theory of parent–infant relationship (Beitrag zum Symposium des 22. Internationalen Kongresses für Psychoanalyse in Edinburgh im Jahre 1961). Int. J. Psycho-Anal., 43/4–5: 251–252, 1962 (Wiederabdruck *in*: 1965 a, S. 145–147).
– deutsch: Beitrag zum Symposium über die Theorie der Eltern-Kind-Beziehung, *in*: 1965 a, S. 181–183.
– französisch: Contribution au Symposium sur la théorie de la relation parent-nourisson, *in*: 1965 a, S. 170–172.

1962 c Vorwort zu: »Virgin Wives« von Leonard J. Friedman. Tavistock Publ., London, S. VII–X, 1962.
– amerikanische Ausgabe: Charles C. Thomas, Springfield, Ill., 1962, S. VII–X.
– deutsch: »Virginität in der Ehe« (aus dem Englischen übersetzt von K. Hügel). Klett, Stuttgart, 1963, S. 7–10.
– als Taschenbuch: Kindler, München, 1971, S. 7–11.

1963

1963 a The younger sister and prince charming. Int. J. Psycho-Anal., 44/2: 226–227, 1963.
– spanisch: La hermana menor y el principe azul. Rev. Psicoanal., 22/1: 10–12, 1965.

1963 b The malignant and the benign forms of regression. Bull. Ass. Psycho-Anal. Med., 3/2: 20–28, 1963 (Wiederabdruck unter dem Titel: »The benign and the malignant forms of regression« *in*: 1968 a, S. 117–156, und *in*: New perspectives in psychoanalysis, Sándor Rado Lectures 1957–1963, hrsg. von G. K. Daniels, Grune & Stratton, New York, 1965).
– französisch: Formes bénignes et malignes de la régression, *in*: 1968 a, S. 161–211.
– deutsch: Gutartige und bösartige Formen der Regression, *in*: 1968 a, S. 143–190.

1963 c Buchbesprechung: »Adventure in psychiatry: social change in a mental hospital« von D. V. Martin (Bruno Cassirer, Oxford, 1962). Brit. Med. J., 23. Februar 1963.

1964

1964a The doctor, his patient and the illness. 2. erweiterte und durchgesehene Auflage (1. Aufl. 1957a). Pitman Medical Publ., London, 1964, 10. Aufl. 1984).
als Paperback: Pitman Medical Publ., London 1968.
– deutsch: Der Arzt, sein Patient und die Krankheit. Klett-Cotta, Stuttgart, 1965 (aus dem Englischen übersetzt von K. Hügel, 5. Aufl. 1980).
als Taschenbuch: Fischer, Frankfurt am Main, 1970.
– holländisch: De doktor, de patient, de ziekte. Aula Boeken, Anvers, 1965/Spectrum, Utrecht, 1977 (aus dem Englischen übersetzt von S. Pannekoek-Westenburg).
– französisch: Le médecin, son malade et la maladie. Payot, Paris, 1966 (aus dem Englischen übersetzt von J. P. Valabrega).

1964b Understanding the patient (2. Internationale Konferenz über die psychologische Ausbildung von Ärzten). Praxis, 27/28: 957–963, 1964.
auch *in*: Medical World, 102/3: 192–203, 1965.
auch *in*: Abbottempo, Bd. 2, Interspan, London, 1965, S. 9–12.
– französisch: Comment comprendre le malade, *in*: »La formation psychologique des médecins«, hrsg. von R. Kourilsky, A. Gendrot und E. Raimbault. Maloine, Paris, 1964; auch *in*: Rev. Med. Psychosom., 7/2: 197–211, 1965.

1964c The two-way telephone system for seminars using post office trunk lines. Lancet, S. 1293–1294, 12. Dezember 1964.

1964d Beitrag zu »Psychiatric education« (Symposium zum 14.–15. März am Institut für Psychiatrie, Maudsley Hospital, London), hrsg. von D. L. Davies und M. Shepherd. Pitman Medical Publ., London, 1964.

1964c Entretien avec les Drs M. Balint et P. M. Turquet. Rev. Méd. Psychosom., 6/3: 327–340, 1964.

1964f Vorwort zur 2. Auflage von »Bausteine zur Psychoanalyse«, Bd. I, von Sándor Ferenczi. Huber, Bern/Stuttgart, 1964, S. 7–8.

1964g Vorwort zu »Psychanalyse« (Œuvres complètes) von Sándor Ferenczi, Bd. 1, Payot, Paris, 1968 (Neuaufl. 1982), S. VII–XI.

1964h Einführung (englisch) zu »Advances in psychosomatic medicine«, hrsg. von A. Jores und B. Stokvis. Karger, Basel/New York, 1964, S. 1–3.

1965

1965a Primary love and psychoanalytic technique. 2. durchgesehene und erweiterte Auflage. Tavistock Publ., London, 1965 (1. Aufl. 1952a).
– amerikanische Ausgabe: Liveright, New York, 1965.
– deutsch: Die Urformen der Liebe und die Technik der Psychoanalyse. Huber, Bern/Klett, Stuttgart, 1966 (aus dem Englischen übersetzt von K. Hügel u. Mitarbeitern)
als Taschenbuch: Fischer Taschenbuch Verlag, Frankfurt am Main, 1969.

– französisch: Amour primaire et technique psychanalytique. Payot, Paris, 1972 (aus dem Englischen übersetzt von J. Dupont, R. Gelly und S. Kadar).

1965 b Secondary frigidity (mit Ian Hector). Medical World, 102: 108–113, 1965.

1965 c Whole person medicine. New Soc., 131: 16–17, 1. April 1965.

1965 d The doctor's therapeutic function (Ansprache bei der 2. Internationalen Konferenz über die Ausbildung von Allgemeinpraktikern, Versailles, 22. März 1964). Lancet, S. 1177–1180, 5. Juni 1965.
– französisch: La fonction thérapeutique du médecin. Rev. Méd. Psychosom., 8/2: 145–154, 1966.
– ungarisch: As orvos gyógyitó szerepének fejlödésmenete (Die Entwicklung der therapeutischen Rolle des Arztes). Orvosi Hetilap, Budapest, 106/29: 1345–1350, 1965.

1965 c Zur Klinik psychosomatischer Erkrankungen. Helv. Med. Acta, 32/4: 374–380, 1965.

1965 f Vorwort zu: »Marriage and first pregnancy« von E. R. Goshen-Gottstein. Tavistock Publ. und J. B. Lippincott Co., London, S. IX–X, 1965.

1965 g Buchbesprechung: »The wild analyst (G. Groddeck)« von C. M. und S. Grossman. New. Soc., 144: 26, 1. Juli 1965.

1966

1966 a A study of doctors (mit Enid Balint, R. Gosling und P. Hildebrand): Tavistock Publ., London, 1966. Beiträge von M. Balint: »The need for selection«, S. 30–42 (Kap. 3) und »Conclusions«, S. 106–129.
– amerikanische Ausgabe: Lippincott, Philadelphia, 1966.
– französisch: Le médecin en formation. Payot, Paris, 1979 (aus dem Englischen übersetzt von Th. Guichoux).

1966 b Die technischen Experimente Sándor Ferenczis (aus dem Englischen übersetzt von K. Hügel). Psyche, 20/12: 904–925, 1966.
– englisch: Sándor Ferenczi's technical experiments, in »Psychoanalytic techniques«, hrsg. von B. B. Wolman. Basic Books, New York, 1967, S. 147–167.
– französisch: Les expériences techniques de Sándor Ferenczi (übersetzt von der Übersetzergruppe des Coq-Héron: S. Achache-Wiznitzer, J. Dupont, S. Hommel, G. Kassaï, F. Samson, P. Sabourin, B. This). Le Coq-Héron, 26: 2–9, 27: 2–7, 28: 2–10, 1967.

1966 c Psychoanalysis and medical practice. Int. J. Psycho-Anal., 47/1: 54–62, 1966.
– französisch: Psychanalyse et pratique médicale (Vortrag vom 9. Oktober 1964 am Institut für Psychoanalyse in Chicago und am Institut für Psychoanalyse in Melbourne zum 25. Jahrestag). Rev. Méd. Psychosom., 8–9/4: 243–257, 1967.

1966 d La psychothérapie par les non-psychiatres (mit Enid Balint). Rev. Méd.

Psychosom., 8/1: 71–79, 1966 (aus dem Englischen übersetzt von J. Dupont und J. P. Valabrega) (bereits erschienen *in*: 1961 a, S. 19–27).
– englisch: Psychotherapy by non-psychiatrists, *in*: 1961 a, S. 3–10.
– deutsch: Psychotherapie durch Nicht-Psychiater, *in*: 1961 a, S. 23–32.

1966 e The drug »doctor«, *in*: »Medical care. Readings in the sociology of medical institutions«, hrsg. von W. R. Scott und E. H. Volkart. John Wiley & Sons, New York, 1966, S. 281–291.

1966 f Vorwort zu »One man's practice« von R. S. Greco und R. A. Pittenger. Tavistock Publ., London, 1966.
– amerikanische Ausgabe: Lippincott, Philadelphia, 1966.

1966 g Vorwort zu: »Psychoanalyse der frühen Lebensjahre« von Alice Balint. Ernst Reinhardt, München/Basel, 1966, S. 7–8.
– englisch: The psychoanalysis of the nursery. Routledge & Kegan Paul, London, 1953.
– amerikanische Ausgabe: The early years of life. Basic Books, New York, 1954.

1966 h Vorwort zu: »Asthma, attitude and milieu« von A. Lask. Tavistock Publ., Mind and Medicine Monographs, London, 1966, S. IX–X.

1967

1967 a Philopbatism and ocnophilia, *in*: »Motivations in play, in games and sports«, hrsg. von R. Slovenko und J. A. Knight. Charles C. Thomas, Springfield, Ill., 1967, S. 243–247 (bereits erschienen *in*: 1959 a, S. 26–31).
– französisch: Philobatisme et ocnophilie, bereits erschienen *in*: 1959 a, S. 29–36.
– deutsch: Philobatismus und Oknophilie, bereits erschienen *in*: 1959 a, S. 23–27.

1967 b Médecine psychosomatique: valeur des séminaires associant l'enseignement et la recherche. Médecine et Hygiène, 25: 139–140, 1967.

1967 c Therapeutische Regression, Urform der Liebe und die Grundstörung. Psyche 21/10: 713–727, 1967 (Wiederabdruck *in*: 1968 a, Kapitel 24, unter dem Titel: Therapeutische Regression, primäre Liebe und Grundstörung).

1967 d Zur Neuauflage der »Bausteine zur Psychoanalyse« von Sándor Ferenczi. Psyche, 21/4: 254–255, 1967.

1967 e Il lavoro di gruppo, *in*: »La psicoterapia in Italia«, hrsg. von P. F. Galli, La formazione degli Psichiatri, Centro di Studi di Psicoterapia Clinica, Mailand, 1967.

1967 f Mi az általános orvosi gyakorlat é mi lehetne? Orvosi Hetilap, 108/21: 961–966, 1967.
– französisch: Qu'est-ce que la médecine générale et que pourrait-elle être? Médecine et Hygiène, 26: 124–127, 1968.

1967 g Interview: Psychiatrist-physician relations discussed by Dr. Michael

Balint, *in*: Roche Report: Frontiers of clinical psychiatry, Bd. 4, Nr. 7, 1967, S. 1–8.

1967h La formazione psicologica del medico. Gesprächsrunde beim 1. Nationalen Kongreß der Italienischen Gesellschaft für Psychosomatische Medizin, Rom, 11.–14. September 1967.

1967i Buchbesprechung: »Sick humans: doctors and patients« von M. Hodson. New Soc., 250: 57, 14. Juli 1967.

1967j Buchbesprechung: »Personality and arousal« von C. S. Claridge. New Soc., 266: 642, 2. November 1967.

1967k Buchbesprechung: »Psychoanalytic pioneers«, hrsg. von F. Alexander, S. Eisenstein und M. Grotjahn. Psychoanal. Forum, 2/4: 373–375, 1967.

1968

1968a The basic fault: therapeutic aspects of regression. Tavistock Publ., London, 1968.
– amerikanische Ausgabe: Barnes and Noble Inc.
– deutsch: Therapeutische Aspekte der Regression. Die Theorie der Grundstörung. Rowohlt, Reinbek/Hamburg, 1973 (aus dem Englischen übersetzt von K. Hügel).
als Taschenbuch: Klett, Stuttgart, 1970.
– französisch: Le défaut fondamental. Aspects thérapeutiques de la régression. Payot, Paris, 1971, 1977, 1979 (aus dem Englischen übersetzt von J. Dupont und M. Viliker).
als Taschenbuch: Payot, Paris, 1979.

1968b The structure of training-cum-research seminars and its implications for medicine, *in*: Proceedings of the 7th APA Colloquium for Postgraduate Teaching of Psychiatry, New Orleans, S. 5–18, 1968 (Wiederabdruck *in*: J. Roy. Coll. Gen. Practic., 17/81: 201–211, 1969) (auch vorgetragen beim 7. Internationalen Kongreß für Pychotherapie in Wiesbaden, 1967).
– deutsch: Die Struktur der Training-cum-Research-Gruppen und deren Auswirkungen auf die Medizin. Jb. Psychoanal., 5: 125–146, 1968.
– französisch: Les séminaires de formation et recherche: leur structures et leurs implications en médecine (aus dem Englischen übersetzt von J. Morche). Rev. Méd. Psychosom., 10/4: 367–391, 1968.

1968c Erfahrungen mit Ausbildungs- und Forschungs-Seminaren (Beitrag zu einem Symposium über die Ausbildung von Psychiatern des Gruppo Milanese per lo sviluppo della Psicoterapia, November 1966) (übersetzt von J. Bally). Psyche, 22/9–11: 679–688, 1968.

1968d Medicine and psychosomatic medicine. New possibilities in training and practice. Compr. Psychiat., 9/4: 267–274, 1968.

1968e Vorwort zu »Sexual discord in marriage« von M. Courtenay. Tavistock Publ. und J. B. Lippincott Co., London, S. IX–XII, 1968.

1968f Letter to the Editor. Int. J. Psycho-Anal., 49/1: 99, 1968.

1968g Buchbesprechung: »Adventure in psychiatry: social change in a mental hospital« (2. Aufl.) von D. V. Martin (Bruno Cassirer, Oxford, 1968). Brit. Med. J., 13. Juli 1968.

1969

1969a Trauma and object relationship. Int. J. Psycho-Anal., 50/4: 429–435, 1969; auch *in*: Brit. Psychoanal. Soc. Bull., 34: 1–16, 1969.
– deutsch: Trauma und Objektbeziehung (aus dem Englischen übersetzt von K. Hügel). Psyche, 24/5: 346–358, 1970.

1969b Training medical students in patient-centered medicine (mit D. H. Ball und M. L. Hare). Compr. Psychiat., 10/4: 249–258, 1969; auch *in*: Synapse: J. Edinburg Med. School, 20/2: 17–23, 1970, unter dem Titel: »Teaching patient-centered medicine«.
– deutsch: Unterrichtung von Medizinstudenten in patientenzentrierter Medizin (aus dem Englischen übersetzt von L. Rosenkötter). Psyche, 23/7: 532–546, 1969.
– französisch: Formation des étudiants en médecine à la médecine centrée sur le malade. Rev. Méd. Psychosom., 12/2: 131–143, 1970.

1969c Pädiatrie und Psychotherapie in der ärztlichen Praxis. Erfahrungen mit Ärzteseminaren, *in*: Handbuch der Kinderpsychotherapie, hrsg. von G. Biermann. Ernst Reinhardt, München/Basel, 1969, S. 1030–1036 (Übersetzung eines auf Englisch gehaltenen Diskussionsbeitrages bei der Britischen Vereinigung für Pädiatrie, der nicht veröffentlicht wurde, im Jahre 1961).

1969d Thoughts on the problem of membership of the society. President's News Bull., 13: 3–15, 1969.

1969e The problem of membership: the next steps. President's News Bull., 14:2–3, 1969.

1969f The discussions in the scientific meetings of our society. President's News Bull., 16: 2–3, 1969.

1969g Leitartikel: L'approche du malade (mit B. Luban-Plozza). Médecine et Hygiène, 27: 121–122, 1969.

1969h Mitarbeit an: Jahrbuch der Psychoanalyse. Beiträge zur Theorie und Praxis. Band 6, hrsg. von K. Dräger, E. Meistermann, A. Mitscherlich, P. Parin, H. E. Richter, G. Scheunert und W. Solms-Rödelheim. Huber, Bern/Stuttgart/Wien, 1969.

1969i Einführung in das Tagebuch von S. Ferenczi, *in*: »Journal clinique (janvier–octobre 1932)« von Sándor Ferenczi (aus dem Deutschen übersetzt von der Übersetzergruppe des Coq-Héron, siehe 1966b). Payot, Paris, 1985, S. 13–15.

1969j Notizen zu einem Vorwort, *in*: »Journal clinique (janvier–octobre 1932)« von Sándor Ferenczi (aus dem Deutschen übersetzt von der Übersetzergruppe des Coq-Héron, siehe 1966b). Payot, Paris, 1985, S. 16–18.

1969k Buchbesprechung: »Beyond the therapeutic community. Social learning and social psychiatry« von M. Jones. Brit. Med. J., 1: 304–305, 1. Februar 1969.

1969 l Buchbesprechung: »Sex and society in Sweden« von B. Linner. Brit. Med. J., 2: 564, 5. April 1969.

1969 m Buchbesprechung: »The hostage seekers: a study of childless and adopting couples« von M. Humphrey. Brit. Med. J., 4: 218, 4. Oktober 1969.

1970

1970 a Treatment or diagnosis: a study of repeat prescriptions in general practice (mit J. Hunt, D. Joyce, M. Marinker und J. Woodcock). Mind and Medicine Monographs, Tavistock Publ., London, 1970.
– amerikanische Ausgabe: Lippincott, Philadelphia / Toronto, 1970.
– dt.: Das Wiederholungsrezept: Behandlung oder Diagnose? (aus dem Englischen übersetzt von K. Hügel). Klett, Stuttgart, 1975.

1970 b Repeat prescription patients: are they an identifiable group? Psychiat. in Med., 1 / 1: 3–14, 1970 (auch *in*: 1970 a, Kap. 2, S. 18–47).
– deutsch: Bilden die langfristig mit den gleichen Rezepten versorgten Patienten eine identifizierbare Gruppe? (aus dem Englischen übersetzt von K. Hügel). Psyche, 27 / 2: 101–117, 1973.

1970 c La genèse de mes idées. Gaz. Méd. France, 77 / 3: 457–466, 1969.

1970 d Research in psychotherapy and the importance of the findings for psychoanalysis (Vortrag beim Internationalen Kongreß der Französischen Gesellschaft für Psychosomatische Medizin, Paris, September 1970). Rev. Méd. Psychosom., 10 / 3: 225–240, 1970 (Abdruck *in*: Proceedings of the 4th Int. Congr. Psychosom., *in*: Med. Psychother. Psychosom., 21 / 1: 9–27, 1972–73, und *in*: »Psychotherapeutic action of the physician / Action psychothérapeutique du médecin«, hrsg. von L. Chertok und M. Sapir. Karger, Basel, 1973).
– französisch: Recherches sur la psychothérapie et l'importance des résultats pour la psychanalyse (aus dem Englischen übersetzt von J. Morche). Rev. Méd. Psychosom., 10 / 3: 55–72, 1971.
– deutsch: Psychotherapeutische Forschung und ihre Bedeutung für die Psychoanalyse (aus dem Englischen übersetzt von J. Bally). Psyche, 26 / 1: 1–19, 1972.

1970 e Herausgabe der »Schriften zur Psychoanalyse« von S. Ferenczi, Bd. 1, S. Fischer, Frankfurt am Main, 1970.
Vorwort: Sándor Ferenczi. Einleitung des Herausgebers, S. IX–XXII.

1970 f Vorwort zu »Psychanalyse« (Œuvres complètes) von S. Ferenczi, Bd. II (aus dem Englischen übersetzt von J. Dupont und M. Viliker, unter Mitarbeit von Ph. Garnier). Payot, Paris, 1970 und 1978, S. 7–10.

1971

1971 a Les interruptions de grossesse vécues par le médecin de famille en Grande-Bretagne (mit A. M. Sandler). Gaz. Méd. France, 78 / 4: 509–516, 1971.
– englisch: Abortion paper (Maschinenmanuskript, nicht datiert).

1971 b Ichstärke, Ichpädagogik und »Lernen« (siehe auch 1939 b), *in*: Psychoanalyse und Erziehungspraxis, hrsg. von J. Cremerius. Fischer, Frankfurt am Main, 1971, S. 92–102 (Wiederabdruck *in*: »Psychologie des Ich. Psychoanalytische Ich-Psychologie und ihre Anwendungen (Wege der Forschung, Bd. 259)«, hrsg. von P. Kutter und H. Roskamp. Wissenschaftliche Buchgesellschaft, Darmstadt, 1974, XIII, S. 91–104.

1971 c The family doctor and patient's secrets. Psychatr. in Med., 2: 98–107, 1971.

1971 d The family and its doctor. Auszug aus Scient. Bull., 53: 1–15, 1971. auch *in*: Psychiat. in Med., 2: 98–107, 1971.

1972

1972 a Focal psychotherapy – An example of applied psychoanalysis (mit P. H. Ornstein und Enid Balint). Tavistock Publ., London und Lippincott, Philadelphia / Toronto, 1972.
– deutsch: Fokaltherapie. Ein Beispiel angewandter Psychoanalyse (aus dem Englischen übersetzt von K. Hügel). Suhrkamp, Frankfurt am Main, 1973.
Taschenbuch in Vorbereitung, Suhrkamp.
– italienisch: La psicoterapia focale. Un esempio di psicoterapia applicata. Casa Editrice Astrolabio – Ubeldini Editore, Roma, 1974 (aus dem Englischen übersetzt von M. Cuzzolaro).
– französisch: La psychothérapie focale. Un exemple de psychanalyse appliquée. Payot, Paris, 1975 (aus dem Englischen übersetzt von J. Dupont und R. Gelly).

1972 b Beitrag zur Diskussion über »Supervision by tape: a new method of case supervision« von J. A. Lindon, *in*: Psychoanal. Forum, hrsg. von J. A. Lindon, Bd. 4. International Universities Press, New York, 1972, S. 419–422.

1972 c Aufzeichnung eines Interviews *in*: Patient centered medicine, hrsg. von Ph. Hopkins. Regional Doctor Publ., London, 1972, S. 316.

1972 d Herausgabe der »Schriften zur Psychoanalyse« von Sándor Ferenczi, Bd. II, S. Fischer, Frankfurt am Main (Einleitung von J. Dupont).

1973

1973 a Research in Psychotherapy (veränderte Version von 1970 d), *in*: Six minutes for the patient: interactions in general practice consultation, hrsg. von Enid Balint und J. S. Norell. Tavistock Publ., London / New York, S. 1–18, 1973.
– deutsch: Forschung in der Psychotherapie, *in*: Fünf Minuten pro Patient. Eine Studie über die Interaktionen in der ärztlichen Allgemeinpraxis. Suhrkamp, Frankfurt am Main, 1975, S. 35–37 (aus dem Englischen übersetzt von K. Hügel).
– französisch: La recherche en psychothérapie, *in*: Six minutes par pa-

tient. Interactions en consultation de médecine générale. Payot, Paris, 1976, S. 27–48 (aus dem Englischen übersetzt von R. Barisse).

1974
1974 a Vorwort (englisch) zu: »Psychosomatic disorders in general practice« von B. Luban-Plozza und W. Pöldinger. Editions Roche, Basel, 1974, S. 11–13.
– französisch: Vorwort zu »Le malade psychosomatique et le médecin praticien«. Ed. Roche, Basel, 1974, S. 7–9.

1986
1986 a Considérations au sujet du développement mental précoce, du traumatisme et d'une nouvelle science appelée pédagogie expérimentale (Präsentation: A. Haynal). Le Bloc-Notes de la Psychanalyse, Georg, Genf, Nr. 6, S. 97–107.

Nicht oder ohne Publikationshinweis veröffentlichte Arbeiten:

Buchbesprechung: »The teaching and learning of psychotherapy« von R. Ekstein und R. S. Wallerstein (Basic Books, New York, 1958).

Interview vom 6.–7. August 1965 durch Bluma Swerdloff, Columbia University, Oral History Research Office, New York.

Buchbesprechung: »Psychotherapy: myth and method« von I. Ehrenwald (Grune & Stratton, Orlando, Florida, 1966).

Zusammenkunft vom 13.–14. August 1968 (verschiedene Ärzte stellen Balint Fälle vor).

Buchbesprechung: »The psychoanalytic revolution – Sigmund Freud's life and achievement« von Marthe Robert (nicht datiert).

Some general remarks on over-eating and obesity (undatiert).

Discrete and continous – man's eternal need for paradoxes and contradictions (undatiert).

The place of psychology in education (undatiert).

Verzeichnis der Abbildungen

1. Freud und Ferenczi in den Ferien in Österreich (1917). Wiedergabe mit freundlicher Genehmigung von Sigmund Freud Copyrights. Photo entnommen aus: »Sigmund Freud. Lieux, visages, objets«. Ed. Complexe, Brüssel, 1979.

2. Sándor Ferenczi. Photo entnommen aus Dahmer, H.: »Sándor Ferenczi. Zur Erkenntnis des Unbewußten«. Kindler, München, 1978.

3. Sándor Ferenczi. Gemälde (1932) von O. Dormandi (-Székely-Kovacs).

4. Michael Balint (bei der Arbeit mit Ärzten und Psychoanalytikern). Photo von Guy Lavallée, Paris, aufgenommen im August 1968 in Schloß Kernuz in der Bretagne.

5. Alice Balint, Familienphoto, Abdruck mit freundlicher Genehmigung von Dr. Judith Dupont, Paris.

6. Alice und Michael Balint, Familienphoto, Abdruck mit freundlicher Genehmigung von Dr. Judith Dupont, Paris.

7. Enid und Michael Balint, Photo von Frau Burke (September 1970).

8. Michael Balint, von O. Dormandi (1970), Zeichnung, veröffentlicht im Coq-Héron, No. 5.

9. Enid Balint, von O. Dormandi (1970), Zeichnung, veröffentlicht im Coq-Héron, No. 19.

10. und 11. Karikaturen von Stern & Stern in einem Glückwunschschreiben an M. Balint zu seinem 70. Geburtstag am 3. 12. 1966 (Balint-Archiv, Genf).

12. Michael Balint, Photo von E. Stein, veröffentlicht in »Patient Centered Medicine«, hrsg. von Philip Hopkins, Regional Doctor Publications Ltd., London, 1972.

13. Die Ungarische Psychoanalytikergruppe. Aufnahme vom Juli 1928 aus Anlaß des 55. Geburtstags von Ferenczi (Juca Gimes, Zürich). Abdruck mit freundlicher Genehmigung von Livia Nemes, Budapest. Ebenfalls veröffentlicht im Coq-Héron, No. 98, 1986, S. 12.

Namen- und Sachregister

(Die Namen aus dem Anhang wurden nicht aufgenommen.)